史书上的寥寥数语，囊括了紫禁城的诞生始末。这庞大的建筑群背后倾注了太多人的心血。在时光的流转中，朝代更迭，王座之上的人来来去去，唯有紫禁城镌刻着历史的记忆，凝聚成一个文化符号，折射出我们对历史的梦幻想象。

以整个故宫来说，那样庄严宏伟的气魄；那样富于组织性，又富于图画美的体形风格；那样处理空间的艺术；那样的工程技术，外表轮廓和平面布局之间的统一整体。无可否认的，它是全世界建筑艺术的绝品，它是一组伟大的建筑杰作，它也是人类劳动创造史中放出异彩的奇迹之一。

——林徽因

这个故宫很有趣儿

江上渔者 著

天地出版社 | TIANDI PRESS

图书在版编目（CIP）数据

这个故宫很有趣儿/江上渔者著.—成都：天地出版社，
2021.10（2023年10月重印）

ISBN 978-7-5455-6309-2

Ⅰ.①这… Ⅱ.①江… Ⅲ.①故宫—北京—通俗读物
Ⅳ.①K928.74-49

中国版本图书馆CIP数据核字（2021）第046361号

ZHE GE GUGONG HEN YOUQUER

这个故宫很有趣儿

出 品 人	杨　政
作　　者	江上渔者
责任编辑	杨永龙　曹志杰
封面设计	今亮后声
内文排版	麦莫瑞文化
责任印制	王学锋

出版发行　天地出版社
　　　　　（成都市锦江区三色路238号 邮政编码：610023）
　　　　　（北京市方庄芳群园3区3号 邮政编码：100078）
网　　址　http://www.tiandiph.com
电子邮箱　tianditg@163.com
经　　销　新华文轩出版传媒股份有限公司

印　　刷　玖龙（天津）印刷有限公司
版　　次　2021年10月第1版
印　　次　2023年10月第7次印刷
开　　本　710mm×1000mm　1/16
印　　张　20.25
字　　数　324千字
定　　价　68.00元
书　　号　ISBN 978-7-5455-6309-2

历史是一面镜子，处于这面镜子中蕴含和沉淀了民族智慧的建筑景观遗存，在历史与现实的接合部，对焦和折射出民族传统文化的精华。诚如梁思成所说："历史上每个民族的文化都产生了它自己的建筑。但遗憾的是，并不是每个民族都能从古建筑中理解并发扬自己的文化。"无比幸运的是，在中华民族古老的建筑中，故宫及其建筑群，依景山而立，熠熠生辉。它自明代起，历经清代，徐徐走进新时代。它凝结了中国传统建筑艺术的美学精髓，历经近六百年，被列入世界文化遗产名录。

故宫作为中国封建王朝最后的皇家宫殿群，完美地融合了帝制时代的建筑风格与中华民族悠久、深厚的历史文化，成为连接过去、现在与未来的记忆密码，记录了朝代更迭的风风雨雨，镌刻出王座之上的人来人去，凝聚了宫殿艺术独有的精华，衍生出独特的故宫学，并在无数人的解读下散发着永恒的魅力。

1406年，明成祖朱棣昭告天下，营建皇宫。以江苏吴县（即今江苏省苏州市吴中区）鱼帆村人蒯祥为首的工匠们，通过规划、设计和历时十多年的精心构造与施工，于1420年初步完成故宫的雏形。从彼时至今，故宫已是现存最大、最完整的木质结构的古代皇家宫殿建筑群，跻身于世界五大宫之首，与法国的凡尔赛宫、英国的白金汉宫、美国的白宫和俄罗斯的克里姆林宫齐名。诚然，故宫今日的辉煌，经受了六个世纪沧桑岁月的洗礼，其间有毁坏，有翻修，有增建，最终留存下来，呈现给我们今天所看到的模样。

伫立景山，放眼远眺，在宫墙围起的宫殿楼宇中，掩藏着明、清两代国家运转的奥秘。在治理朝政的大殿之上，安放着帝王的御座，天子在此发号施令，雄视天下。群臣百官、番邦属国，匍匐于天子脚下，山呼万岁。国家的大政方针自这里制定、颁布，黎民的社会规则于这里定夺、晓谕。这里是国家运转的中枢与灵魂，是中国封建王朝财富的聚集处，是中华民族乃至世界文明的遗产，需要今人与后人传承且发扬光大。

故宫金黄的殿顶和朱红的宫墙格外耀眼。它的设计者把房屋作为画布，取传统文化中被视为喜庆的红色与象征皇权的黄色为颜料，勾画出这座巍峨的建筑群。有关皇室建筑的色彩运用，据说，自周代以后，宫殿涂料便开始普遍使用红色，寓意庄严、幸福与吉祥。而黄色与中国早期哲学《易经》中的"五行"学说相关，位于中央方位的土为黄色，故以其显示尊贵。自西汉武帝刘彻确立"汉居土德"后，黄色便正式成为皇家独享的颜色。以庄严、尊贵的颜色配合建筑屋顶飞檐、正吻和脊兽，不仅增加了建筑的美感，还为庄严的宫殿点缀了些许灵气。不过，这些都是坊间流传的版本。若挖掘文献，不难发现，在宋人的《营造法式》中已有明确记载。明代的宫殿建筑色彩与唐、宋不同，此时的宫殿建筑风格呈现"黄绿瓦面，青绿梁枋，朱红墙柱，白色栏杆"的布局样式，彰显其大气恢宏。清承明制，继往开来。当然，与建筑浑然一体排列在宫殿檐角的"龙、凤、狮子、天马、海马、狻猊、狎鱼、獬豸、斗牛和行什"琉璃釉面小兽，既蕴含兴云作雨、灭火防灾、祛邪避灾和祈福祥瑞的寓意，也显示了以至尊"天子"为首的皇家接近现实、享乐人间烟火的日常。

明、清时期，居住于紫禁城的帝王中，有爱养宠物的皇帝。比如颇有争议的明世宗朱厚熜，对猫情有独钟，并且给自己最喜爱的两只宠物猫取名霜眉和狮猫。为了和猫一起玩耍，他甚至会忘记时间，常年不理朝政。清世宗爱新觉罗·胤禛，就是那位在清宫戏里被大家熟知的雍正帝，这位勤于朝政的帝王居然也是一位"铲屎官"。据说，雍正帝让太监在宫内养了许多狗，并且常常忙里偷闲去逗狗，还把最喜欢的两条狗叫作"造化"和"百福"。他还曾亲自给爱犬设计、制作服装。今天，在紫禁城红墙周边的办公区里，我们也常常可见悠闲自得的喵星人。

在长达六个世纪的漫长岁月里，紫禁城的主人演绎了怎样的日常与辉煌？那些不为人知的往事，或许更为人们所津津乐道。作者通过资料汇集、史海钩沉，将那些沉淀于宫内不言一语的一砖一瓦、院墙角落的一草一木、文献记载与坊间传说中的一个又一个有趣的逸闻故事，一一呈现于读者面前，竭力展示被宫墙隔开的往事。作者希望以此作为连接故宫与读者的桥梁，通过读者的眼睛和心灵宣扬故宫，宣扬我们古老的建筑美学。希望通过这本书，将这座融高远、博大、深厚、精致的建筑艺术景观与厚重文化底蕴及古代高度文明结晶为一体的亮丽瑰宝，镶嵌于中华民族历久弥新的精神与物质文明之中，世代相传，万世永存！

谨以此数言代序，推荐本书于读者。

国家清史编纂委员会传记组专家

中国人民大学历史学院教授

目　录

『柒』 宫廷服饰

『捌』 前世今生

「壹」巍峨宫殿

紫禁城的建造是非常讲究的，布局、造型……每一处细节都蕴含着『君权神授』『皇权至上』的理念，即使是颜色也不例外。

故宫有多少"宫"

　　提起故宫，人们就会想起数不尽的宫殿楼阁，走不完的回廊小径，以及似乎永远也无法数清的"宫"。那么，故宫里到底有多少"宫"呢？

　　偌大的紫禁城，从建筑布局来看，大体可分为外朝和内廷两部分。外朝中心建筑为三大殿，内廷是皇帝处理日常政务、供奉神祇以及宫眷生活的地方。

　　明代时修建的外朝三大殿，分别是奉天殿、华盖殿和谨身殿。但是，建成的第二年即遭焚毁，尔后又重建，再遇火灾。明嘉靖四十一年（1562年），三大殿改名为皇极殿、中极殿和建极殿。清朝入主中原后，于顺治二年（1645年）将三大殿更名为太和殿、中和殿和保和殿，从此固定下来，延续至今。

　　太和殿在外朝三殿中最为重要，建筑面积最大，同时形制规格也最高。太和殿后面是中和殿，再后面是保和殿，三大殿都在故宫的中轴线上。三大殿左右两翼辅以严格对称的文华殿和武英殿两组建筑。

　　以乾清门为界，与外朝相对的是内廷部分。内廷的建筑布局与外朝一脉相承，严格按照南北中轴贯穿。主体建筑依次是乾清宫、交泰殿和坤宁宫。

　　乾清宫是内廷正殿，为明代皇帝的寝宫和平时处理政务的地方。"乾清宫"之名来自《易经》的"乾，天也，故称乎父"和《道德经》的"天得一以清"。自明永乐十八年（1420年）建成后，曾数次被焚毁，现在我们看到的乾清宫是清嘉庆年间修建的。

交泰殿在乾清宫后，得名于《周易》的"天地交泰""天地交而万物通也"，含"天地交合、康泰美满"之意。交泰殿始建于明嘉靖年间，清顺治十二年（1655年）、康熙八年（1669年）两次重修。嘉庆年间乾清宫失火，殃及此殿，后重建。清朝二十五宝玺就曾储藏在此殿，乾隆以后，此殿不再使用。

坤宁宫在交泰殿之后，其名来自《易经》的"坤，地也，故称乎母"和《道德经》的"地得一以宁"。乾清宫代表阳，坤宁宫代表阴，以表示阴阳结合，天地合璧之意。坤宁宫自明朝永乐十八年（1420年）建成后，于正德九年（1514年）、万历二十四年（1596年）两次被毁于火患，万历三十三年（1605年）重建。清代承袭明制，于顺治二年（1645年）对坤宁宫重新进行了修缮，顺治十二年（1655年）仿照盛京（今沈阳）清宁宫再次重修。嘉庆年间乾清宫失火，延烧此殿前檐，后重修。

中轴线两侧各平行纵向建有六座宫阙，称为东、西六宫，是皇帝的后妃们生活起居之所。明初修建时，东六宫为长寿宫、长宁宫、永安宫、永宁宫、长阳宫和咸阳宫；明嘉靖十四年（1535年）改为延禧宫、景仁宫、永和宫、承乾宫、景阳宫和钟粹宫。西六宫原为长乐宫、未央宫、万安宫、长春宫、寿昌宫和寿安宫；同年又改为毓德宫、启祥宫、翊坤宫、永宁宫、储秀宫和咸福宫。东、西六宫占地三万多平方米，布局规整、严谨，各宫院之间南北走向有两条长街，俗称一长街、二长街。东西走向的巷道纵横相连，巷口有巷门，街口有街门，井井有条，构成了十二个相互独立的院落。每座宫院占地2500平方米，呈正方形，四周都是高墙，布局为两进院的三合院形式，由前殿、后寝、东西配殿组成，墙高院深，门户森严。

东、西六宫在建筑格局上严格遵循封建正统思想的建筑模式。这十二宫将代表"天""地"的乾清宫、坤宁宫如众星捧月般地围在内廷的正中，清晰地反映"王者必居其中"的营建思想。此外，东、西六宫严格对称，各以一条长街为轴线，将六宫一分为二，各为三宫，形成了横二宫、纵三宫的建筑格局。在以乾清、坤宁两宫为中心横向排开的同时，又相对保持了各宫的纵向排列，相得益彰。每一宫的前殿、后寝以及配殿为一正两厢，严格对称，间数、屋顶的形式也完全一致，就连各宫院内水井的位置也丝毫不差，西六宫的水井均在后寝的左前方，东六宫的水井均在后寝的右前方。严格的对称使得十二座宫殿整齐规范、威严宏伟。

外朝中路上的午门（左侧"凹"型建筑）、太和门、太和殿

　　太和殿始建于永乐元年（1403年），原名奉天殿。奉天是根据儒家的天命论，说皇帝是奉天之命来统治人民的，所以称为"天子"。因而古代传国玺上刻有"受命于天，既寿永昌"八个字。明代嘉靖朝重建时改名为皇极殿，表达了皇建无极、永远统治的愿望。清代又改名为太和殿。"太和"二字出自《周易》，意为在天道的主宰下，阴阳和合，太和元气常运不息，万物和谐共存。

此外，东、西六宫在造型艺术方面也颇具特色，一律采用飞檐斗拱的传统形式，宫顶饰以黄色琉璃瓦，金碧辉煌。内檐及窗棂点金彩画，描龙绘凤，栩栩如生。各宫门前均建有琉璃影壁一座，不仅避免了内宫暴露无遗，又给人以幽深、神秘之感。清代又在各宫内添建游廊，使之更加生动、活泼。整肃的宫殿和曲折的游廊互为映衬，相映成趣。

清代，东、西六宫虽不时修缮，但大多只限于局部的修补。嘉庆年间，西六宫做了大规模的改动，使得东、西六宫的整体布局发生了变化，严格的对称已经不复存在。

此外，内廷里还有供皇子们居住的乾东、西五所，皇太后居住的慈宁宫、寿康宫、寿安宫，太上皇居住的宁寿宫，众多的宫殿形成多座院落的组合。在宫殿建筑之外，还有皇家苑囿太液池，或称西苑，即现在的中南海和北海，以及御花园、戏台、藏书楼等文化娱乐、宗教活动设施和场所。

九千九百九十九间半

人们都说，皇帝是上天的儿子，是上天在人间的全权代表。皇帝在人间的衣、食、住、行等各方面都要彰显自己的身份与众不同。在住的方面，为了能够神化自己的形象，皇帝便声称故宫有九千九百九十九间半的房子，以便使居所无限接近神祇的一万间，但又要有所区别，所以少了半间。那么，故宫里的房子真有九千九百九十九间半吗？

关于故宫有多少间房子，流传着这样一个故事：明成祖朱棣修建紫禁城时，打算把宫殿的总间数定为一万间。可是，在颁下圣旨后的一天晚上，他做了一个梦，梦中玉皇大帝把他召到天宫的凌霄殿，满脸怒气地质问他，为什么要将紫禁城宫殿的房间数定为一万间，这可是等同天宫房间的数量。朱棣见势不妙，赔罪道："玉帝息怒，小臣凡间的宫殿数怎能超过您这天宫的呀！"玉皇大帝听他这么说，怒气全消，然后朱棣就醒了。接着，朱棣将姚广孝召进宫，把自己的梦原原本本讲了出来。姚广孝听后，心中一惊，说道："那玉皇大帝可是惹不得的，还是顺从了他吧！他的天宫是一万间，咱就建它九千九百九十九间半，这样既不扫玉帝的颜面，又不失皇家的气派和天子的尊严。"朱棣觉得他说的有道理，就采纳了这个建议。

等到紫禁城建好，姚广孝就带着朱棣在宫里转悠，只见雕梁画栋，金碧辉煌，要多气派有多气派。朱棣很是高兴。

突然，朱棣问道："这宫里的房子是不是九千九百九十九间半？"

姚广孝连忙回答："正是！"

朱棣四下里看，问道："那半间在何处？"

姚广孝躬身答道："回陛下，就在后廷西边的一间配房里。"

朱棣很高兴，重重地赏赐了姚广孝。

相传，紫禁城的那半间房子在文渊阁。文渊阁中有两根柱子，柱子间的距离只有五尺多，所以就只能算半间。

当然，这只是一个民间传说。紫禁城始建于明代，其计算房间的标准是"四柱一

文渊阁碑亭

间"。因为中国古建筑都是木结构，由梁、柱等大木件组合成骨架，有的大建筑需要几十根立柱，面积达上千平方米，而把四柱之间的正方形或长方形地面以上的立体空间称为一间，也就是所谓的"四柱一间"。根据这样的标准，文渊阁的"半间"实际是一间，而非半间，只是房间较小，从而形成一种错觉。此外，文渊阁是清代乾隆时期为收藏《四库全书》而建，不是明代建筑。据文献记载，文渊阁形制为六间，并非五间半。文渊阁的形制仿自位于今浙江省宁波市海曙区的天一阁。天一阁建于明代，为嘉靖时兵部侍郎范钦的私人藏书楼。传说建阁之初，院内开凿水池，池中隐有"天一"二字，因悟"天一生水"之义，所以阁建为六间，取"地六成之"之意。文渊阁沿袭天一阁形制，定为六间建置，两梢为楼梯间，宽仅一步架，但也确为一间，而非半间。

应该说，紫禁城的营建及修缮是一个长期的过程。永乐十八年（1420年），紫禁城的修建还没有显现完整的布局，随着后面几代皇帝的继续修建，紫禁城逐渐具备了完备的形态。在这期间，紫禁城的几处宫殿遭毁坏，之后又重建，总体来说，数量肯定不是固定的。

明代中期以后，宫殿兴造频繁，紫禁城内外屡兴土木，逐渐形成固定的格局：紫禁城为主体，称"大内"；北、中、南三海（包括今府右街以西邻近区域）为"西内"，或称"西苑"；东华门外直至今南河沿以内，为"南内"，或称"东苑""南苑""小南城"。明末时，紫禁城范围内，包括大内、西苑和东苑，共有宫殿七百八十六座，每座少则一二间，多则八九间乃至十几间不等，总数虽没有准确的记载，但数量显然超过一万间，在两万间以上。

到了清代，虽然舍弃了南苑，但紫禁城的房间数量还是有一万间以上。道光之后，由于财政紧张，对宫殿的修缮工作延迟拖沓，致使一些次要建筑逐渐自然损毁，还有一些被人为拆除。

辛亥革命以后，紫禁城的建福宫花园于1923年发生火灾，德日新斋、延春阁、静怡轩、广生楼、中正殿、香云亭等园内建筑全部被焚毁。1914年和1925年，古物陈列所和故宫博物院成立后，根据当时的建筑状况，又对一些附属建筑，如西华门外围房等予以拆除。

中华人民共和国成立后，故宫又清除了一部分无法修缮的附属建筑，如东华门内上驷院（养马处）。由此可见，紫禁城的房屋在很长一段时间内，一直处于递减的状态，数量上无法统计出一个确切的数字。

1972年，经考古专家们的调查，并以"四柱一间"的标准进行统计，故宫大小宫殿、堂、楼、斋、阁等共有八千七百零七间。

宫殿的色彩美学

故宫是何其壮观，远远地望过去，金色的顶子，朱红的城墙，红黄相衬对立，彰显着不可一世的皇家气派。身处其中，除了感受到鲜明的色彩带来的视觉冲击，还能在不经意间体会到庄严和恢宏。

紫禁城的建造是非常讲究的，布局、造型……每一处细节都蕴含着"君权神授""皇权至上"的理念，即使是颜色也不例外。从某种意义上来说，颜色对于皇权更加重要。

紫禁城里到处都是红、黄两色。之所以选择这两种颜色，主要是受中国传统文化的影响。在传统文化里，红色被视为表示喜庆的正色，寓意庄严、幸福、吉祥。考古学家发现，距今三万年左右的山顶洞人就开始用红色的饰物来装饰洞穴。据有关文献记载，周代以后的宫殿就已经开始使用红色了。紫禁城承袭了以往宫殿的色彩美学，依然使用了大量的红色。至于黄色正统地位的确定，则源于华夏民族对文明起源的追溯。华夏文明起源于黄河流域，千沟万壑的黄土高原以及奔腾不息的九曲黄河，都使得黄色深深地印入炎黄子孙的心中。到了汉代，汉武帝刘彻确立"汉居土德"，至此，黄色便成了汉朝皇权的象征，以后历朝相沿不变，均以黄色为贵。

除了传统文化的影响，阴阳五行学说也对红、黄色彩作出了全新的解释。在金、木、水、火、土五行之中，黄色属土，而土居中央，系万物之本，代表至高无上的权力，因此，多数宫殿的顶部皆以金黄色釉琉璃瓦覆盖，以显示无比的尊贵。此外，根据五行相生相克的原理，土赖火生，火多土焦；火能生土，土多火晦。而火为赤色，所以宫殿的门、窗、宫墙多用红色，有滋生、助长之意，以示兴旺发达。

明清两代修建紫禁城时，延续以往的传统，殿阁楼宇大都采用红墙黄瓦，色彩强烈耀眼，对比明亮突出，从而达到金碧辉煌、和谐悦目的效果，形成气象宏伟而又肃穆的整体，既彰显了皇家的富丽堂皇，又反映了皇帝的"无上权威"和"天子至尊"。

但是，紫禁城里不是只有黄色的房顶。由于有些建筑不是皇帝居住的地方，在规格上要低一个级别，因此，有少数建筑用的是绿瓦或黑瓦。例如，南三所是皇子们居住的地方，则采用红墙绿瓦；文华殿原是皇子们读书的地方，根据五行学说，青色即绿色，为木叶萌芽之色，象征温和的春天，方位为东，故用绿色琉璃瓦。清嘉庆时，文华殿改为皇帝召见翰林学士、举行经筵讲学典礼的地方，所以屋顶也改用黄色；文渊阁是藏书楼，根据五行相克的理论，黑色代表水的颜色，意在镇火，故为克水患，墙用青绿冷色，瓦用绿剪边黑琉璃；神武门内东、西两侧原是章京护军值班所在，位北方，属水，所以也用黑瓦。

封建社会遵循严格的等级制度，这在建筑物的色彩上也要体现出来。按照规定，颜色的等级自上到下依次为黄、赤、绿、青、蓝、黑、灰。其中，黄色是最尊贵的颜色。北京城里的房子其色彩要按照级别使用，例如，紫禁城用金、黄、赤色调，公卿大员家的屋顶用绿瓦，百姓居住的民舍只能用黑、灰、白作为墙面及屋顶的色调。在北京城灰暗色调的映衬下，紫禁城的红墙黄瓦得到极大程度的凸显，气势恢宏，而强烈的颜色对比也成了"皇权至上"的最佳诠释。

五行与建筑

古代五行学说的影响广泛地波及人们衣、食、住、行等方面，皇家对此更是讲究。作为古代建筑代表之一，皇帝居住的紫禁城，其建筑理念无疑受到古代五行学说的影响。

光影故宫

故宫在设计建造时，遵循了许多儒家的思想原则，其中最重要的一条是：前朝，后市，左祖，右社。所谓前朝，是指宫殿的前面是百官议政的朝堂；所谓后市，是指皇宫的后面有一个很大的交易市场，以满足宫廷生活的需要；左祖，是指皇宫的左面是皇帝祭祀祖先的太庙；右社，是指皇宫的右面是皇帝祭祀土地神、谷物神的社稷坛。

北京城的建筑都严格遵循对称的规则，沿一条南北走向的中轴线排列，而这条中轴线上的建筑，以故宫为中心。故宫的建筑均坐北朝南，体现着皇帝的至尊地位。午门是故宫的正门，红墙黄瓦，朱漆大柱，雕梁画栋，飞檐翘角，平面呈"凹"字形，以聚生气，中间洞开三门。在午门高大砖石墩台上建有崇楼五座，正楼九开间。这些都是中国传统文化中"九五至尊"的象征。

过了太和门就是三大殿。三大殿坐落在一个"土"字形的三台上，这个三台一方面抬高了三大殿的高度，另一方面也是中国传统文化的体现。中国文化阴阳五行中"土"居中，所以故宫的设计者将故宫最重要的部分用汉白玉砌成了"土"形三台。

乾清宫与坤宁宫的名字和功用都是对应的。《易经》中，乾对天，主阳；坤对地，主阴。宁、清二字都是安定、祥和的意思。

故宫的后门为神武门，位于中轴线之北。神武门原称玄武门，为了避康熙帝玄烨之讳，将玄武门改为神武门。故宫中有一条被称为"金水河"的小河，横贯东西，将广场分为南北两半。在中国人的环境观念中，背山面水是一种理想的居住模式。金水河自紫禁城的西北角流入宫中，并流经几座重要的建筑前面，以营造背山面水的吉利环境。按五行相生之说，金生水，故名金水河。

故宫的规划与建筑布局运用了五行学说的观念。阴阳五行是中国古代的一种世界观和宇宙观。古人认为世上万物皆分阴阳，男性为阳，女性为阴；方位的前为阳，后为阴；数字中的单数为阳，双数为阴；等等。在故宫，属于阳性的帝王执政的朝廷被放在前面，皇帝、皇后生活的寝宫被放在后方，这不仅适应使用功能方面的需要，也符合阴阳之说。前朝安排了三座大殿，后宫部分只有两座宫（即乾清和坤宁二宫，交泰殿是后期增建的），符合单数为阳、双数为阴之说。又如天上五官的中官居于中间，而中官又分为三垣，即上垣太微、中垣紫微、下垣天市。中垣紫微自然又处于中官之中，成了宇宙最中心的位置，为天帝居所，故天子在地上居住的宫殿也应该称为紫微宫。明、清两朝把皇帝居住的宫城禁地称为紫禁城自然是事出有据了。唐朝长安的皇城和宋朝汴梁的宫城，它们的南门都称为朱雀门。明、清两朝紫禁城的午门也称为五凤楼。凤本属鸟类，所以午门也是朱雀门，北面的宫门自然称玄武门。

在五种颜色中，东青、西白、南朱、北黑，中央为黄色，黄为土地之色，土为万物之本，尤其在农业社会，土地更是有着非常重要的地位，所以黄色成了五色的中心。在紫禁城，几乎所有的宫殿屋顶都用黄色琉璃瓦，也就不奇怪了。

"金砖"铺地

人们在形容盛世繁华的大场面、大仪式时，会赞叹地写道"树裹织锦""金砖铺地"，这理所应当地被认为是一种夸张的写作手法。但当人们见识到皇宫里数不尽的金银珠宝、古器珍玩后，会不会恍惚觉得书中的描写就是真的呢？紫禁城啊，将天下的财富都集于一处的福地，是否真的拿金砖铺地呢？

用砖铺地，不是修建紫禁城时创建的传统。据记载，早在两千多年前的春秋末期，人们在建造房屋时，就开始用砖铺设道路。到了明代修建紫禁城时，皇帝不惜重金打造恢宏壮丽的宫殿建筑群，每一个细节都不能忽略，哪怕是踩在脚下的地，都是需要装点修饰的。实际上，皇帝的要求也的确达到了。紫禁城的金碧辉煌让百姓叹为观止，于是民间便流传着"紫禁城的地都是用金砖墁的"这样的传言。当然，大家都知道这不可能是真的。紫禁城那么大，如果真用黄金铸砖铺地，那实在是难以想象的事。

虽说紫禁城铺地的不是金砖，但也不是一般的砖，而是一种看上去光润似墨玉、踏上去不滑不涩的方砖。

明代在营建紫禁城时，铺地所用的细砖都是苏州、扬州、临清等五府烧造的，因为这些地方都位于大运河旁，土质细腻，含胶体物质多，可塑性强，澄浆容易，制成的砖质地密实，而且制成之后可就近利用运河水运到北京。

这些砖的制作工艺非常复杂。根据明代宋应星所著的《天工开物》记载，苏州出产的砖要经过二十多道复杂的工序才能铸成。首先是选取"黏而不散，粉而不沙"的泥土作为原料，经"汲水滋土，人逐数牛错趾，踏成稠泥"，叫作"练泥"。泥练好后，填满木框中，"平板盖面，两人足立其上，研转而坚固之"，然后将砖坯阴干，入窑烧制。明代，在苏州主持制砖的工部郎中张问之所写的《造砖图说》中，记载了此砖入窑烧制的情况：入窑后要以糠草熏一个月，片柴烧一个月，棵柴烧一个月，松枝柴烧四十天，凡一百三十日而出窑。这还没结束，出窑后还要在特制的桐油中浸泡百日，这样才能制作完成一批"金砖"。当时，"金砖"主要有一尺七寸、二尺和二尺二寸三种型号。

此砖在铺设过程中，要求更为严格。首先进行砍磨加工，以使墁好后表面严丝合缝，即所谓的"磨砖对缝"；然后抄平铺泥、弹线、试铺，最后按试铺要求墁好、刮平，浸以生桐油，才算完成。根据清代官书《工程做法》中规定，砍磨二尺"金砖"，每天只能砍三块。而墁地时瓦工一人加壮工二人，每天只能墁五块，可见，铺设工程的细致程度。

看了以上的描述，我们倒也不难想到为什么会称之为"金砖"了。一种说法认为，由于此砖端正完整、颗粒细腻、质地密实、颜色纯青，敲起来有金石之声，所以叫"金砖"。也有人认为，由于此砖只运到北京的"京仓"，供皇宫专用，所以叫"京砖"，京和金谐音，故称"金砖"。无论是哪种原因，此砖凝聚了那么多劳动人民的智慧与血汗，耗费了如此多的人力与物力，如果从这个意义考量，称其为"金砖"也未尝不可。

三大宫

在人们的印象中，皇帝在乾清宫里处理政务，皇后稳稳地居于坤宁宫，太后则居住在慈宁宫。这三个人的鼎立，正好说明了皇权、后权、太后权的互相制约与平衡。那么，皇帝平时是否住在乾清宫呢？坤宁宫是皇后的日常居所吗？太后的寝宫真的是慈宁宫吗？

乾清宫确实是皇帝的寝宫。自紫禁城建成以后，从明永乐帝开始，一直到清康熙年间，皇帝都是居住在乾清宫的。

乾清宫为黄琉璃瓦重檐庑殿顶，坐落在单层汉白玉石台基之上，连廊面阔九间，进深五间，建筑面积达1400平方米，自台面至正脊高20余米。殿的正中有宝座，宝座上方悬着"正大光明"匾。这个匾的背后藏有密建皇储的"建储匣"。明代，永乐帝

乾清宫

朱棣至崇祯帝朱由检，共十四位皇帝将乾清宫作为寝宫，在这里办公，处理政务。清初沿袭了明制，顺治、康熙两代皇帝仍将乾清宫作为日常办公和居住、生活之地。雍正继位以后，"实心不忍"居此宫，便移居到养心殿。从此以后，历代皇帝便居住到养心殿，而乾清宫就成为皇帝召见廷臣、批阅奏章、处理日常政务、接见外藩属国陪臣和岁时受贺、举行宴筵的重要场所。一些日常办事机构，包括皇子读书的上书房，也都迁入乾清宫周围的庑房，乾清宫的日常使用功能大大加强。另外，乾清宫还是停放梓宫的地方。清朝皇帝不论崩于何处，都要在乾清宫摆设灵堂，停放梓宫（皇帝、皇后的灵棺以梓木做成，故称为梓宫）。棺木在乾清宫停放期间，嗣皇帝、皇子、皇孙都要穿孝服吊祭并剪去一束头发，以表示对死者最大的敬仰。诸王、贝勒、贝子及文武大臣入乾清门瞻仰大行皇帝遗容，公主、福晋集乾清门内丹陛上行大殓礼。

养心殿建于明代嘉靖年间，位于内廷乾清宫西侧。这是一座独立的院落，主体建筑占地5000多平方米，东西宽约80米，南北长约63米，分为前、后两区。前区自西一长街的遵义门进入，为东西狭长的院落，南北宽约16米。养心殿为"工"字形殿，前殿面阔三间，通面阔36米，进深三间，通进深12米。从结构上看，实为三大间，但每间在额枋以下又另用两根方柱分隔，所以看上去很像九开间。黄琉璃瓦歇山顶，前檐明间和西次间接建抱厦，东次间窗前开敞，布局别致。殿前东、西各建有配殿五间，黄琉璃瓦歇山顶，与正殿檐角错落，台基又相近，组成了一个三合院式的格局。

明代，坤宁宫是皇后的寝宫，但是自皇帝移居养心殿后，坤宁宫也就不再作为皇后的寝宫，皇后平时居住在东、西六宫的任意一宫。但每当皇帝大婚时，会在坤宁宫居住两天。此外，坤宁宫还会作为萨满教祭神的主要场所。清代只有年幼登基的康熙、同治、光绪三位皇帝用坤宁宫当作洞房。溥仪大婚虽然也在坤宁宫，但当时清朝已经灭亡，所以严格说不算。清代坤宁宫仿照盛京清宁宫重建，改原明间开门为东次间开门，原槅扇门为双扇板门，其余各间的槅花槅扇窗均改为直棂吊搭式窗。室内东侧两间隔出为暖阁，作为居住的寝室，门的西侧四间设南、北、西三面炕，作为祭神的场所。与门相对的后檐设锅灶，作杀牲煮肉之用。由于是皇家所用，灶间设槅花扇门，浑金毗卢罩，装饰考究华丽。

明朝时，慈宁宫一直是前代皇贵妃的居住之地。清顺治十年（1653年），孝庄文皇后（此时徽号为昭圣皇太后）始居慈宁宫，自此，慈宁宫成为太皇太后和皇太后的居所，太妃、太嫔等人随居。慈宁宫为黄琉璃瓦重檐歇山顶，面阔七间，当中五间各开四扇双交四椀菱花槅扇门。两梢间为砖砌坎墙，各开四扇双交四椀菱花槅扇窗。殿前出月台，正面出三阶，左右各出一阶，台上陈鎏金铜香炉四座。东、西两边设卡墙，各开垂花门，可通后院。慈宁宫主要是为太后举行重大典礼的殿堂，凡遇皇太后圣寿节、上徽号、进册宝、公主下嫁，均在此处举行庆贺仪式。特别是太后寿辰时，皇帝亲自率众行礼，并与近支皇戚一同彩衣起舞，礼节十分隆重。如果皇太后去世，梓宫则被奉安于慈宁宫中，皇帝至此行祭奠礼。

慈宁宫

走向太和

走向太和殿

皇帝在"金銮殿"上行使至高无上的权力时，才是人性与神性的最大分离，皇帝的威严也尽在于此。不知不觉间，"金銮殿"不再仅仅是一座建筑，而是凝聚了帝王灵气的象征，无时无刻不散发着足以令人畏惧的威慑力。但是，在明、清故宫所有的宫殿当中，没有一座宫殿叫"金銮殿"，这个地方不存在吗？如果存在的话，指的是哪座宫殿呢？

紫禁城里的宫殿非常多，而且每座宫殿都有自己的职能、功用，并非随意修建。紫禁城自建成，随着历朝历代的不断修建，逐渐形成了外朝与内廷两大相对独立的建筑群。外朝是皇帝平时处理政务的地方，而内廷则是皇帝及其后妃日常居住之所。从人们对"金銮殿"的印象看，这座宫殿应是皇帝与众大臣议政之所，由此可见，"金銮殿"更倾向是位于外朝的一座宫殿。

外朝的主要建筑是位于中轴线上的三大殿，明永乐十八年（1420年）建成，称为奉天殿、华盖殿和谨身殿，次年被焚毁，后于明正统五年（1440年）重建。明嘉靖四十一年（1562年），三大殿改名为皇极殿、中极殿和建极殿。清朝入主中原后，于清顺治二年（1645年）将三大殿更名为太和殿、中和殿和保和殿。其中，太和殿就是人们所说的"金銮殿"。

如今我们看到的太和殿是清康熙三十四年（1695年）重建后的形制，它是中国现存最大的木结构大殿。太和殿是按照最高级别设计和建造的，紫禁城内任何一座建筑都不得超过太和殿的规格，这足以显示出太和殿的尊贵。

现存的太和殿，面阔十一间，进深五间，建筑面积2377平方米，高26.92米，连同台基通高35.05米，为紫禁城内规模最大的殿宇。其上为重檐庑殿顶，屋脊两端安有高3.40米、重约4300千克的大"龙吻"。与其他宫殿檐角最多安放九只走兽不同，该殿的檐角安放十只走兽，成为紫禁城建筑中的孤例。太和殿共有72根大柱，其中顶梁大柱最粗、最高，直径为1.06米，高为12.70米。明代时的大殿用的是楠木，采自川、广、云、贵等地；清代重建后用的是松木，采自东北三省的深山之中。

在太和殿室内外的梁枋上，绘着金龙和玺彩画，这种彩画等级最高。殿正面当中七间，全部安装大槅扇，仅于两端用格窗，窗下用彩色龟背锦琉璃砖贴面的栏墙，棂花格芯、雕龙群板、鎏金面页，在殊漆油饰的衬托中，形成一派端庄而华贵的气势。殿内"金砖"铺地，共铺二尺见方的大"金砖"4718块，故名"金銮殿"。

明间设九龙金漆宝座，即"金銮宝座"，宝座两侧排列六根直径一米的沥粉贴金云龙图案的巨柱，所贴金箔采用深浅两种颜色，使图案突出鲜明。宝座前两侧有四对陈设：宝象、甪端、仙鹤和香亭。宝象象征国家的安定和政权的巩固；甪端是传说中的吉祥动物；仙鹤象征长寿；香亭寓意江山稳固。宝座上方天花板正中安置形若伞盖向上隆起的藻井，藻井正中雕有蟠卧的巨龙，龙头下探，口衔宝珠。前左角置日晷，右角置嘉量。日晷是利用照射方位，通过指针投影于晷面的子、丑、寅、卯等刻度，求得时间；嘉量上下有斛、斗、升、合等几种量度。每当皇帝来到太和殿时，铜鼎、铜龟与铜鹤内又可点燃檀香，使太和殿在一片烟雾缭绕中，更显神秘之感。

太和殿自建成后，历经沧桑，是明、清两代皇帝举行朝政大典的主要活动场所，如新皇登基、皇帝大婚、册立皇后、命将出征等。此外，每逢万寿节、元旦和冬至三大节，皇帝要在太和殿接受文武官员的朝贺，并向王公大臣赐宴。清代初期，太和殿还是举办科举殿试的所在，直至乾隆五十四年（1789年），殿试改在保和殿举行，但"金殿传胪"仍在太和殿。

宗人府

相对于平民，八旗子弟本身是特权阶级，不受百姓的监督和管制。可是，任何事物缺少了监督管理机制，都会因极权而走向覆灭。无论是八旗子弟，还是皇亲贵族，莫不如此。于是，清代设置了宗人府，专门对特权阶级行使管理职权。那么，这是一个专门管理皇族的机构吗？

设立专门的机构对皇室成员进行管理，并非清代首创。随着皇室成员数量的不断增多，历朝历代都有专门的机构管理皇族。唐、宋设有宗正寺，明代设大宗正院，明洪武二十二年（1389年）改称宗人府，其长官为宗人令，此职为亲王担任，但后来宗人府又归于礼部管理。

清承袭明制，于顺治九年（1652年）设宗人府，长官改称宗令，由亲王或郡王内选充任。宗令以下设左右宗正、左右宗人、府丞、堂主事等官职，由贝勒、贝子、镇国公、辅国公、镇国将军充任。到了清末，宗人府的官职全部由王公大臣充任。此外，宗人府设府丞一人，由汉人掌本府汉文之事。宗人府下设堂主事、经历、理事官、主事、笔帖式、效力笔帖式等官，分别由宗室或汉人掌管宗人府各项事宜。

皇室成员根据血缘由近到远分为宗室和觉罗，谱牒、爵禄、赏罚、祭祀等一切事务，全部交由宗人府管理。宗人府所属有经历司、左司、右司、银库、黄档房、空房、左右翼宗学、八旗觉罗学等部门，分别职掌收发文件、管理宗室内部诸事、登记黄册红册、圈禁罪犯及教育宗室子弟。宗人府的级别非常高，位于内阁、六部之上，体现了皇室成员非同一般的身份及地位。

为了约束和保护皇室成员，宗人府制定了一整套严格的规章制度。首先，约束皇族人员的权力。明代对皇子们封爵列土，以便镇守各地，使得皇子们拥有了与中央直接对抗的条件和实力。明成祖朱棣能够登上皇位，也是有赖于这种制度。清代吸取了前代的教训，对宗室实行"不赐土，而其封号但予嘉名，不加郡国"的政策，以防止出现藩国割据一方、尾大不掉的局面。皇子们年幼时在皇宫里居住，成年分府后，不赏赐土地，只是在京城建邸居住。此外，出于政治的考虑，清廷还颁布了一系列"毋许"的条例来限制王公贵族的权力。例如，"王公毋许游观禁地""王公毋许与外人交接请托""王公毋许与内廷太监往来""王公毋许僭用越分之物""王公毋许与外臣往来"等。限制条例之多无法一一列举，种种的规制使得王公们的行动如履薄冰，动辄得咎。

除了对王公严格管理，清代对普通宗室、觉罗的管理也是非常严格的。例如，宗室不能擅自离京，如果有特殊情况一定要离京的，须要该族长据实呈报宗人府，才准离京。每次离京，申报手续十分烦琐。宗室若要出关，须要皇帝的亲自批准，且有时间限制，回来时要立即去宗人府销假，此后十年不准再告假出关。

除了人身自由被限制，婚姻也要被严格管制，以此来维护皇室血统的纯正。《宗人府则例》规定，宗室、觉罗不能与民人结亲，违者按律治罪。

其次，宗人府还规定了皇室成员内部的等级，以便皇室成员之间按照长幼尊卑，依礼相处。如有不忠、不孝、不仁、不义之徒，按律严办。

宗人府的设立也有防止皇室成员恣意不法、骚扰百姓的作用。如果宗室、觉罗里有人在社会上横行不法、自甘堕落、败坏社会风气，引起百姓不满，玷污皇室颜面，要严格惩办。当然，对于皇室成员的犯罪，在判罪和量刑上较之普通百姓要轻微得多，这也是出于对皇室成员的保护。

七司三院

皇宫里大大小小的事务数不胜数，如果全部交由皇帝处理，那么，即使皇帝有三头六臂，也忙不过来。日常事务的管理总要有专门的机构负责，各部门各司其职，这样才能把事做好。为了能够维持皇室的正常运转，皇宫里设置了"七司三院"来管理宫廷的日常事务。那么，这"七司三院"都是什么部门，又分别负责些什么呢？

清代，皇宫里的日常事务都是由内务府承办的。清代内务府源于满族社会的包衣制度。包衣，满语意思为家奴，是服役于皇室贵族之家的奴隶，最初主要是战争的俘虏及罪犯的子孙。他们地位低贱，隶从于主人，在法律上没有任何自由。努尔哈赤创建八旗制度时，包衣变成满洲八旗的组成部分，随从旗主活动。顺治年间，由皇帝亲统的满洲正黄、镶黄、正白上三旗中的包衣组织就演变成管理全部宫廷事务的专门机构，直接服务于皇帝及其家族，由此成立了内务府。后来，清廷事务变得越来越多，便仿照明制，设立了十三衙门，裁撤了内务府。顺治十八年（1661年），清廷裁撤十三衙门，将其职能转到内务府，此后陆续完善规制，直到康熙末年、雍正初年，终于形成了具有完整组织机构的内务府。

内务府堂设在紫禁城武英殿正北，相当于内务府大臣的办公厅，在其中工作的有郎中、主事、笔帖式、披甲人、听差人及苏拉等一百多人。内务府的最高行政长官为总管内务府大臣，是正二品级别，由皇帝从满洲王公、内大臣、尚书、侍郎中挑选，或从满洲侍卫、本府郎中、三院卿中升补，负责包衣政令和宫内事务，平时在内务府堂办公。内务府的官员多为世袭制，且全部是上三旗子弟。

完整的内务府设有广储司、会计司、都虞司、掌仪司、营造司、庆丰司、慎刑司及上驷院、武备院、奉宸苑等下属机构，称为"七司三院"，各机构各有所司，涵盖了内廷衣、食、住、行的各个方面。

内务府"七司"分为：广储司、会计司、都虞司、掌仪司、营造司、庆丰司、慎刑司。

（一）广储司职能相当于户部职能，衙署最初设在西华门内白虎殿西配房，后移至神武门内路西酒醋房南墙门内。广储司设总办郎中、郎中、主事、委署主事、笔帖式、书吏等官职，下又设银库、皮库、瓷库、缎库、衣库、茶库、银作、铜作、染作、衣作、绣作、花作、皮作、帽房、针线房等机构，是内务府中规模较大的衙门。广储司具体掌管六库事务，验收会计司、庄头处、掌仪司等处庄园的钱粮地租；验收打牲乌拉处所进的东珠、人参、貂皮及各国和各少数民族所进献的贡物；供给皇帝及宫内礼服、四季衣服、金银珠宝、绸缎、器皿等物；备办皇子、公主婚嫁仪物；制造宫中所需器皿；储存、安设宫中各种灯具；收存宫内交出的金玉册宝、印章及内务府的印章和题本等。

（二）会计司职能也相当于户部职能，衙署设在西华门外北长街，前身为内官监。会计司设郎中、员外郎、六主、委署主事、笔帖式、书吏，管理内务府所属的八百八十六个庄园，办理选验太监、宫女、乳母、保姥，以及稽核上三旗匠役、太监和无业人员领取银米等事。

（三）都虞司职能相当于兵部职能，"都"是总其事，"虞"是山泽之官，"都虞"即为总山泽之事。衙署设在西华门外路北，下设东、西档房等办事机构。都虞司设郎中、主事、委署主事、笔帖式、书吏，具体负责管理内务府所属武职官员的任免升补、查验骑射，以及引见和承接各文武官员的议叙、议处、请封、请假等事，管理上三旗官兵操练、检验军械，以及后妃、皇子、公主出入时的扈从导引等事。

（四）掌仪司职能相当于礼部职能，衙署设在西华门外南长街，是管理宫廷礼仪的机构，下设果房、神房、中和乐处、僧录司、道录司等处。掌仪司设郎中、员外郎、主事、赞礼郎、司俎官、司祝、司香、司碓、笔帖式、书吏，专门办理宫内的各种祭祀礼仪，包括奉先殿祭祖，坤宁宫祭神祭天，内廷朝贺、筵宴、大婚、分封，帝后丧葬等礼仪，也负责管理皇室果园及果品，以及太监的选验、补放，发放银米，升降迁调等。

（五）营造司职能相当于工部职能，其前身为惜薪司。营造司设员同掌仪司，负责宫廷的修缮和供应薪炭，下设木、铁、房、器、薪、炭、圆明园薪炭七库和铁、漆、花炮三作。具体职掌紫禁城岁修工程，管理司属七库三作，制造、储存、发放各种修缮物料、薪炭，以及帝后、皇子出入时清道和安置布障等事。

（六）庆丰司前身为三旗牛羊群牧处，设员同掌仪司，具体职责是管理在京的内、外牛羊圈和各地牧场，负责供应宫内祭祀、礼仪、食用所需的牛羊肉。

（七）慎刑司职能相当于刑部职能，衙署在西华门外长街之北，前身为尚方司。慎刑司设员同掌仪司，主要审理内务府所属三旗刑事诉讼案件，负责拟定内务府所属文武官员的处分，处理太监犯罪案件，以及犯人监禁、发遣等事。

内务府下设的"三院"包括上驷院、武备院和奉宸苑。

（一）上驷院衙署初设于东华门内，后移至左翼门外，前身为御马监。衙内设兼管大臣、卿、堂主事、笔帖式，下分左、右二司，有郎中、员外郎、主事、委署主事，管理、供养皇帝及宫内所用各种马匹，负责随侍帝、后、妃、嫔、皇子，并骑试、挑选御马，负责治疗马、驼疾病，管理各地牧场放牧马、驼等事。

（二）武备院在东华门外北池子路西，下设北鞍、南鞍、甲、毡四库。衙内设兼管大臣、卿、郎中、主事、委署主事、笔帖式、书吏，主要管理四库，收发修造各种器物；随侍皇帝出入并预备伞盖、兵仗等物；供给阅兵盔甲、阅射布靶、进呈皇帝弓箭；负责宫内武科殿试等事。

（三）奉宸苑在西华门外西苑门旁，衙内设总理大臣、卿、郎中、员外郎、主事、良署主事、苑丞、苑副、委署苑副、笔帖式、书吏，负责管理景山、三海、倚虹堂、钓鱼台等处苑囿河道，负责皇帝亲耕礼仪、皇后躬桑礼仪、皇帝大阅、春秋狩猎行围，以及皇帝赐宴、御视武进士等事。

此外，内务府还设有许多中小机构，如三织造处、打牲乌拉处、御茶膳房、升平署、养心殿造办处、净事房、中正殿等四十余个。

漱芳斋听戏

从没有一部清宫戏像《还珠格格》那样，掀起如此巨大的收视热潮，对一部电视剧而言，不得不说是一次巨大的成功。剧中，两位性格迥异但同样善良纯真的民间格格，在宫规森严的紫禁城里风风火火、轰轰烈烈地上演着让人瞠目结舌的戏码，更在寝官漱芳斋里翻天覆地、不分高低贵贱地大玩时尚风潮，掀起一股不小的宣扬"平等"的革命，对皇宫规制冲击不小。那么，紫禁城里是否真如电视剧里所演，有一处叫漱芳斋的宫殿呢？

尽管《还珠格格》的故事是虚构的，但是漱芳斋的存在则是不容置疑的。在紫禁城里，还真有一处名为"漱芳斋"的建筑物。

那么，"漱芳斋"在哪儿呢？在紫禁城皇宫内廷西二长街北，过百子门，其斜对门处为重华宫，始建于明代。此官在明代刚建成时，原是乾西五所的第二所，清乾隆时期，升为宫级别，而位于此官东侧的第一所也被改成了"漱芳斋"。

虽然紫禁城内确实有漱芳斋，但是漱芳斋从来没有被当作过公主的居住地。据说乾隆帝为昭彰其风雅不俗，在建重华宫时专门圈出一处雅斋，命名为漱芳斋，作为娱乐雅趣的场所。

漱芳斋是一座"工"字形殿，有前、后两座厅堂，中间有穿堂相连。中前殿与南房、东西配殿围成独立的小院，其间有游廊相连。前殿面阔五间，进深三间，黄琉璃瓦歇山顶，前檐明间安风门，余皆为槛窗。室内明间与次间以落地花罩分隔，以楠木制作，十分精细。东次室额曰"静憩轩"，为乾隆七年（1742年）御题，是乾隆帝年少时读书的地方。殿前东、西配殿各三间，东配殿明间前后皆开门，东出即御花园。

漱芳斋戏台

斋内匾额为"正谊明道"。东室悬挂着两块匾额"庄敬日强"和"高云情",对联为"花香鸟语群生乐,月霁风清造物心",匾额及楹联均为乾隆帝御笔。

漱芳斋是紫禁城内的一座中型戏台,坐北朝南,每面四柱,中心间稍宽,作为台口。台的上方设有天井,覆以重檐歇山顶,构造精巧,天花板彩饰华丽。在漱芳斋后"金昭玉粹"室内,坐西朝东,有一座四角攒尖方亭戏台,台面仅数十平方米,故称"风雅存"小戏台。"风雅存"三字据说为乾隆御笔亲书,故其中对联曰"自喜轩窗无俗物,聊将山水寄清音"。每年春节前后,乾隆都会从百忙中抽出一日,奉母亲孝圣皇太后到漱芳斋游乐,早上在"金昭玉粹"进膳。

一旦宫中举办宴会,尤其是元旦、万寿节等节日,优伶与南府太监便会在此供奉承应戏。有时甚至是在畅音阁大戏台唱过后,再移至此处接着唱。乾隆晚年时,常常召集词臣于戏台风雅酬唱,戏多为十几分钟一台的折子戏,内容大多是歌颂帝王功德、盛世升平的"清唱"小戏。

溥仪"小朝廷"时期,京剧大师梅兰芳曾应邀入宫,在漱芳斋演戏。1922年溥仪结婚时,漱芳斋连演了三天戏,梅兰芳、杨小楼、余叔岩、马连良、李万春等名角都被请上了戏台。漱芳斋内最后一次演出是在1931年夏天,当时某学术团体招待外宾,借用戏台,请名旦尚小云等人演了一台《游园惊梦》。

可见,漱芳斋确实存在,但乃戏台,而不是用于居住的。现在,漱芳斋建筑及内部装修均完好,为故宫博物院贵宾接待处,是国家领导人及外国首脑参观故宫时休息的场所,属于游人不能进入的非开放区。

上书房读书

皇子们从小就要接受严格的教育,以便日后可以承担治理国家的重任。那么,皇子们平时要到哪里上学呢?

清代对皇子们的教育比起明代,重视程度实在是超出很多。在封建社会,一个王朝的兴亡继绝，很大程度上取决于最高统治者的个人素质，因此，皇子们的教育才会备受关注。明代中后期，对皇子教育的忽视，使得统治者各方面的素质都十分欠缺，这也是明朝后期日渐衰败的原因之一。

清代吸取了前代的教训，对皇子们在统治思想、民族意识、伦理道德、文化知识以及身体素质等方面进行教育和培养，旨在造就文武兼备的继承人，使皇子们能够具有良好的应变能力、全面的知识架构、强壮健硕的体魄和旺盛的精力。

努尔哈赤和皇太极时期，就十分注重对皇子们的培养，"使之习于学问，讲明义理，忠君至上"。皇子们在未成年之前，都是住在皇宫里，但是分居在皇宫各处，所住之处就成为他们学习的主要场所。

雍正初年，在乾清宫左楹、西北向设立"尚书房"，道光年间改为"上书房"，皇子们都要来此读书，由此成为定例。而上书房如此紧靠乾清宫，主要是便于皇帝随时检查。

上书房一侧，东为安奉至圣先师及先贤、先儒神位的祀孔处，室内悬挂乾隆御笔匾额"与天地参"。祀孔处室内设至圣先师神位，旁有颜子、曾子等配位和周敦颐、程颢、张载、朱熹四贤位。皇子入学之初，先要到至圣先师神位前行礼。另外，皇帝也经常到室内拈香，朝拜先师。上书房不设首领，属日精门首领兼辖，下属太监四名，专管至圣先师神位前的香烛陈设以及洒扫和坐更等事。

按照规定，皇子六岁（按照虚岁算）即可入学，每日寅时（早三点至五点）起床去上书房，卯时（早五点至七点）开始上课。皇子未分藩者，每日未正二刻（下午一点半）放学，分藩后则与外府王、贝勒的子弟一同于午初（中午十一点）放学。一年之中，除元旦、端午、中秋和本人生日及皇帝的生日可以放假，其余日子甚至除夕仍要上学，只是放学早一些而已，可谓是寒暑不辍。每日饭食于辰初二刻（早上七点半）和午正（中午十二点）送至书房下屋。总体来讲，时间安排得相当紧凑。入上书房学习者，除皇子、皇孙，近支王公子弟也可入学。

上书房教授皇子的教师分为两种，汉文教习称师傅，由翰林出身且有威望的大臣充任；蒙文的教习称谙达，由八旗中精通弓马、满语娴熟之人充任。另外，师傅之上还有总师傅，"以贵臣为之，或一人，或二人"，有事则来，并非天天入值。这些教师都是八旗出身，谙达身份稍逊于师傅。此外，谙达也设总谙达，由满洲权贵充任。

上书房的规制十分严格，所有的教师和学生要严格遵守时刻表。学生如果遇到特殊情况，实在不能上学的，要事先具奏，或者向上书房师傅告假，必须做到出入有常，跬步必谨。上书房师傅每天上课、下课，都要登记门单，以供查询。另外规定，皇子禁止与外廷官员结交，读书时不得嬉戏玩耍，太监们也不能随意走动，随侍人员禁止喧哗，如有违反，严惩不贷。

皇子们的每日课程，一般是上午先复习前一天的功课，次学蒙古话，再学满文及翻译，剩下的时间均开汉学；午饭后写字、念古文、念诗，年龄稍长者加读通鉴；晚餐以后，练习射箭。汉学包括四书五经、史籍、策问、诗赋等汉文化经典。

关于皇子们在上书房刻苦学习的情景，乾隆时期在军机处任职的赵翼，曾记录下来并有感而发。赵翼每当值夜之时，"黑暗中残睡未醒，时复倚柱假寐，然已隐隐望见白纱灯一点入隆宗门，则皇子进书房也。吾辈穷措大专以读书为衣食者，尚不能早起，而天家金玉之体乃日日如是……"正是由于皇子们在这里受到了良好且严格的教育、训练，所以他们在长大之后，无论是在学识、能力，还是在意志、毅力方面，大多是十分优秀的，因此，清代前中期出现的盛世状况也就不难理解了。

科举殿试

科举考试是封建社会的一项创举，正是这种选拔人才的制度，给了下层人民一个改变命运的机会，给了手无缚鸡之力的读书人一个寒窗苦读的理由，使得社会能够持续地以一种较为活跃的状态前进。科举考试选拔出博学多才的文臣以及骁勇善战的武将。经过层层选拔，冲到最终的精英会由皇帝亲自主持考试，地点在皇宫内院，那么，具体是在什么地方呢？

自隋代创设科举考试制度以来，历经唐、宋、元、明、清几代的强化和完善，科举考试已形成完备的考试规制，并分为文举和武举两种。

　　最早的科举考试只设文科，完备形态下分为童生试、乡试、会试及殿试四级。童生试相当于入学考试，三年举行两次，由各省承办，通过考试的人获得生员资格，称为"秀才"。取得秀才资格的人可以参加乡试，乡试由各省承办，每三年举行一次，当年八月举行，故又称"秋闱"，通过考试的人称为"举人"，乡试第一名为"解元"。会试在京城举行，由礼部承办，每三年一次，当年春季开考，故又称"春闱"。参加考试的除各省举人外，在国子监学习的监生也可参加。考试录取前三百名，称为"贡士"，第一名为"会元"。取得"贡士"资格的人可以参加殿试，这是最高级别的考试，通过者称为"进士"。进士分为三甲，一甲三名，赐"进士及第"。第一名称"状元"，也称"鼎元""殿元"；第二名称"榜眼"；第三名称

太和殿丹墀前御路

"探花"。一甲三名很快会被授予官职。二甲若干名，赐"进士出身"，三甲若干名，赐"同进士出身"。二甲、三甲的第一名称为"传胪"，二甲、三甲安排在翰林院，一般学习三年后再授予官职。

文举殿试地点先是在天安门外，顺治十五年（1658年）改在太和殿丹墀前举行，雍正元年（1723年）始改在太和殿内。乾隆五十四年（1789年）下谕，殿试在保和殿举行，但"传胪"仍在太和殿，以后就再也没有变更过。

殿试因由皇帝亲自主持，故只设读卷官。殿试前一日，由礼部开列大学士及由进士出身的尚书、侍郎、左都御史、左副都御史、内阁学士衔名奏给皇帝，由皇帝选定大学士二人、部院大臣六人充任读卷官。读卷官受命后，齐集文华殿，密拟试题，当即送给皇帝审定。待皇帝钦定后，读卷官同赴内阁，由监试御史临场监视，内阁中书用黄纸书写试题，当夜在内阁大堂让工匠刊刻印刷。印刷时，护军统领带领护军校封闭内外门，进行严密稽查，直到第二天早晨印刷完毕才解除戒严。同时，殿试的会场——保和殿也要进行周密的准备工作，由鸿胪寺官设置黄案二处，一在殿内东边，一在殿外丹陛上正中。光禄寺官员在殿内排放试桌，编号定位，贴好应试者名签。殿试当天，应试者都朝服冠靴在丹陛前排立，王公大臣也齐集丹陛之上。待皇帝亲临后，由大学士从殿内黄案上捧出试卷交给礼部官员，放到丹陛黄案上。应试者及王公大臣齐向皇帝行礼后，礼部开始发卷。应试者跪受后，按号入座开始答卷。在答卷期间，由王公大臣及御史四人监考，护军统领稽查中左、中右二门，侍卫、护军巡逻，以防止意外事件发生。考试结束后，由专门收卷官员将试卷密封，运至文华殿，读卷官开始阅卷。根据答卷的质量，画上五等标识，最后每个读卷官都将所有的试卷轮阅后，由首席读卷官进行综合评议，拟定名次。在阅卷期间，收卷、阅卷官员一直住在文华殿内，义华门闭门上锁，钥匙交给景运门护军统领，并派护军监视，不许他们与外界接触，以防止内外潜通消息。经过反复阅定以后，读卷官将拟定的前十名试卷进呈给皇帝，由皇帝钦定名次后，拆开试卷前写有姓名、履历、家世的弥封，在卷面上用朱笔填写一甲三名次序，再书二甲七名，同时读卷官向皇帝引见前十名的考生。此后读卷官回到内阁拆开弥封，按阅卷时拟定的次序由内阁中书十二人用满、汉文填写大、小金榜。小金榜进呈皇帝御览，大金榜钤盖皇帝之宝后，于公布之日在长安左门外张挂。次日，太和殿将举行隆重的宣布殿试名次的典礼。典礼上，皇帝在太和殿升座，大臣及新科进士一起再向皇帝行三跪九叩礼，礼部尚书恭捧大金榜放在彩亭内，送至东长安门外张挂，皇帝还宫。此后经过一系列的庆祝活动，整个殿试才算基本结束。光绪三十年（1904年）五月二十一日，清廷举行了最后一次殿试，共取进士一百五十名，此后，殿试就再也没有举行过。

武科自唐代创立以来就盛行不衰。唐玄宗开元年间，武科考试内容分步射、马射、马枪三项。元代废除武科考试，到明代又复兴。明武宗正德年间，规定武科考试分为三场，考马上箭、步下箭和策论。清代承袭前代武科考试制度，有童试、乡试、会试和殿试四科。

清代武童试根据籍贯分两种形式进行：京师地区的考生分春、秋两季，由兵部考试，每季录取五十名；直隶及其他各省的考生由当地的学政考试，录取多少没有定额。考试分为外场和内场：外场考试内容为马射、步射及弓、刀、石（开弓、舞刀和举锁）三项；内场考试为策论，后改为默写《武经》。内、外场考试都通过者，即获得武乡试的考试资格。武乡试即中武举，京师地区的考生在兵部乡试，直隶各府在保定府乡试，其他省在本省布政司乡试，获得在京师举行的武会试的考试资格。武会试由兵部主持，考试内容与武乡试相同。武会试通过者，就获得了武科考试的最高级别武殿试的资格。武殿试由兵部主持，每年十月举行，先考内场策论，后考外场。考试理论上由皇帝主持，实际上都是皇帝委任大臣代为主持。外场考试内容不变，但考试的难度及合

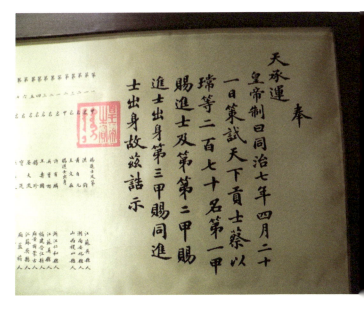

同治七年（1868年）殿试金榜

格标准提高了。考试后由兵部整理成绩，交由皇帝亲点甲第。第一甲三名，状元、榜眼、探花，赐"武进士及第"，立即授予官职。一般情况下，状元授参将，榜眼授游击，探花授都司。二甲若干名，赐"武进士出身"，授守备。三甲若干名，赐"同武进士出身"，授署守备。光绪二十七年（1901年），废除此制度。

　　武殿试在中和殿考试内场，即策文。策文的前一日，试卷由内阁刊刻，兵部奏请钦派护军统领一员，带领护军校等，在内阁前后门外严密缉查，以防泄露。外场骑射在紫光阁考试。外场考试当天，兵部就将殿试的内容、参加人员名单的黄册陈设于紫光阁，皇帝驾临亲自阅览。然后考马射和步射。考试前，皇帝先令皇子和侍卫骑射，以此作为国家重视骑射的程式，后再令考生骑射。次日，在箭亭考技勇，即开弓、舞刀和举石三项。考试全部结束后，兵部将通过考试的武举写成名笺，进呈皇帝御览，并引见恭候，接着皇帝钦定甲第。武进士"传胪"在太和殿举行盛大的御殿典礼及胪唱行礼，宣告名次完毕，由举榜官员捧着黄榜直奔长安左门张挂，晓示京城百姓。第二天，皇帝在兵部赐武宴，赏赐武状元甲胄、撒袋、鞋带、靴袜等，并赐诸进士银两。

"鲤鱼跳龙门"

　　人们常说，读书人如果可以高中状元，就如同鲤鱼跳过了龙门，从此飞黄腾达。这对通过科举考试步入仕途、扭转命运的学子们来说，的确是形象的比喻。那么，北京城里究竟有没有这样的"龙门"呢？

　　北京城外有城、城内建城的建筑布局，使得连接内外各城之间的城门成了极为重要的设施。在北京众多的城门当中，的确存在着所谓的"龙门"。当然，这与封建时代的科举制度是分不开的。

　　由隋朝起创建的科举制度，取代了过去一直以来的世袭制度，由此，学子们得到了通过科举考试来改变命运的机会，也就是相对公平的社会育才机会。科举考试分为多个级别，在历经各地区主持的考试之后，通过层层选拔的胜出者会取得到京师参加全国统一考试的机会。在京师的考试有两场——会试和殿试，而最终能够冲进殿试，并取得名次的考生，就拿到了进入仕途的入场券，成为国家的栋梁。也就是说，原本平凡无奇的"鲤鱼"跃过了"龙门"，晋级"龙族"，真可谓是"一步登天"了。

完成这一象征性加冕仪式的就是长安门。长安门分为长安左门和长安右门，始建于明永乐十八年（1420年）。长安左门位于大明门（清代改大清门，辛亥革命后改中华门，1959年拆除）内东北角（今劳动人民文化宫正门前稍东），长安右门位于大明门内西北角（今中山公园正门前稍西）。长安左门和右门是皇城通往中央官署衙门的总门，门前均竖立有巨大的石碑，上面刻有"官员人等，到此下马"的诫语，并有禁军站岗。平日，百官上朝都要从长安左、右门进入，并且无论官级大小、爵位高低，都要下马、下轿，步行进入长安门，经天街（今天安门前的长安街），过金水桥，入承天门（今天安门），继而进午门，上朝觐见皇帝。

长安两门并非都是"龙门"，只有长安左门被称为"龙门"。明初时，曾在承天门外金水桥畔设案举行殿试，后来移至太和殿。清沿用了这一形式，但之后又将殿试的场所改在了保和殿。殿试以后，凡考中进士的人，都要在殿上公布姓名，然后将名字写入"皇榜"，捧出午门，在鼓乐御杖的导引下经承天门，穿过广场，张挂在左面的"龙棚"内。参加殿试的贡生们在这里集结看榜，无论考中与否，都经由长安左门离开，所以，长安左门被称为"龙门"或是"生门"，考中进士的人被称为"登龙门"。新科状元会披红插花，骑着御赐的高头大马，经此门出游"天街"（今长安街），以显示"皇恩浩荡"。当然，这也是唯一允许在"天街"上骑马的时候。此后，金榜题名的进士们会被接到顺天府衙（位于今安定门内大街西边的东公街）饮宴祝贺，即所谓的"金殿传胪"仪式。跃过"龙门"的学子们最终不负多年寒窗苦读，一跃成为天下闻名的新权贵。

与长安左门相对的长安右门则是刑部主持全国"秋审""朝审"的地方，被称为"虎门"。每年农历八月中旬，皇帝派刑部官员会同大理寺、都察院或九卿、王公大臣在这里设案"秋审"，联合审理犯人。每逢此时，由东到西，横列几十张大八仙桌，地铺红毯，判官面北端坐，互审诸犯判文，然后再呈皇帝御览，皇帝只要用笔一勾，该犯的死刑就确定了。"朝审"则是委派兵丁将刑部监狱内的死刑犯人全部提出来，押送到长安右门，排成整齐的队列，由长安右门的南门洞走入，"一"字形跪在"朝审"公案桌前，听候审问。其间，每个犯人都不能倾诉冤情，等到这一年冬至的清早，他们就会被人用囚车押到刑场砍头。犯人由长安右门提解进广场，不免悲伤哭泣，犹如身进虎口，所以，长安右门又被称为"虎门"。1952年8月，为解决长安街的交通问题，长安左、右门被拆除。虽然现在已经找不到长安门了，但是同为改变人命运的"龙门"和"虎门"，却在历史上留下了各自的名字。

宫殿顶上的"小动物"

紫禁城各处宫殿的房顶上，有许多奇形怪状的小动物形象，这些都是出自建筑大师的手笔。皇宫是讲究庄严肃穆的地方，按照这样的逻辑，当初修建故宫时，不会仅仅为了有趣好玩，就在屋顶上安装那么多的"小动物"。这些"小动物"究竟是什么呢？安装这些，有什么特殊的含义吗？

相传，明成祖朱棣修建紫禁城时，玉皇大帝曾经下赐"飞禽走兽"，为人间的君主镇守紫禁城，因而紫禁城里就多了很多小动物。现在我们可以看到，在紫禁城建筑群的屋脊和檐角上，有许多琉璃装饰件，主要有两类：正吻和脊兽，它们都有具体的象征意义。正吻是宫廷屋顶正脊两端的装饰件——龙头和龙口，它们咬住正脊，是防火镇水的象征。脊兽就是紫禁城大小宫殿的檐角上装饰的琉璃雕饰件，每一件饰物都是自古以来传说中的麟类、羽毛类和兽类的吉祥动物形象，形态各异，含义丰富。除檐角最前有琉璃"骑凤仙人"，还有各种样式的琉璃小兽。《大清会典》上说这些琉璃釉面小兽的排列顺序为：龙、凤、狮子、天马、海马、狎鱼、狻猊、獬豸、斗牛和行什。其中天马与海马、狻猊与狎鱼之位可置换。如若数目达不到九个时，则依先后顺序置换。

故宫檐角的琉璃釉面小兽

排在最前面的是骑凤的仙人。相传，战国时期齐国国君齐湣王在一次战争中败北，被追兵紧逼，逃到江边。危急中，遇一大鸟，于是，湣王跨上大鸟，渡江而去，化险为夷。古建筑上将骑凤仙人安排在首位，表示腾空飞翔，并有祈愿吉祥意，其作用是固定垂脊下端的第一块瓦件。

接下来的小兽排列是有寓意的，龙与凤代表至高无上的尊贵。龙的角似鹿，鳞似鱼，爪似鹰，唐、宋两朝视其为祥瑞的象征，明、清将之象征帝王，皇帝称自己为真龙天子，龙是皇权的象征。

凤是传说中的百鸟之王，雄为凤，雌称凰，统称为凤凰，是祥瑞的象征，在旧时还比喻有圣德的人。

狮子作吼，群兽慑服，狮子乃镇山之王，寓意勇猛威严，在寺院中又有护法之意，寓示佛法威力无穷。唐代虞世南《狮子赋》描绘其："筋骨纠缠，殊文异制，阔臆修尾，劲豪柔毛。钩爪锯牙，藏锋蓄锐，弭耳宛足，伺间借势……遂感德以依仁。"在这里，狮子是"猛""仁"兼具的瑞兽。

天马意为神马，与海马均为古代神话中吉祥的化身。汉朝时，西域的良马被称为天马，是尊贵的象征。"天马行空，独往独来"，将其形象用于殿脊之上，有种傲视群雄、开疆拓土的气势。

海马亦称落龙子，象征忠勇吉祥，智慧与威德通天入海，畅达四方。

狻猊在古籍记载中是接近狮子的猛兽，能食虎豹，亦是威武百兽的率从。一说它日行五百里，性好焰火，故香炉上面的龙首形装饰为狻猊，有护佑平安之意。

狎鱼是海中的异兽，传说它能喷出水柱，寓其兴风作雨，灭火防火。

獬豸有神羊之称，为独角，又称一角羊。《神异经》云："东北荒中有兽焉。其状如羊，一角，毛青，四足似熊，性忠而直。见人斗，则触不直；闻人论，咋不正。"因善于辨别是非曲直，力大无比，古时的法官曾戴獬豸冠，以示善断邪正。将它用在殿脊上装饰，象征公正无私，又有压邪之意。

斗牛为传说中的虬龙，无角，与狎鱼作用相同，一说其为镇水兽，古时在发生水患之地，多以斗牛镇之。《宸垣识略》中说："西内海子中有斗牛，即虬螭之类，遇阴雨作云雾，常蜿蜒道旁及金鳌玉蛛坊之上。"故它是象征祥瑞的动物，立于殿脊之上，意有镇邪、护宅之功用。

行什因排行第十，故得此名，是一种带翅膀猴面孔的压尾兽。

脊兽的等级、大小、奇偶、数量、次序等都有严格规定，如在故宫太和殿的角脊上，排列十个琉璃坐姿小兽，成双数，为最高等级；乾清宫是皇帝理政和居住的地方，地位仅次于太和殿，檐角兽减去"行什"，为九个；坤宁宫在明代是皇后寝宫，清代为祭神和举行婚礼之用，檐角兽为七个；东、西六宫是后妃居住的地方，檐角兽为五个；宫墙门檐角则多为一个，即琉璃小兽只有"龙"一种。

紫禁城宫殿屋顶檐角上所塑造的琉璃"仙人走兽"，不仅是帝王宫殿上的装饰物，而且还是防止屋顶被雨水侵蚀渗漏和松散脱裂的重要琉璃部件，是建筑匠师们把实用构件与艺术造型巧妙结合的典范。

故宫的"大神木"

由于故宫是木结构建筑，因此，故宫的营建需要大量的木材。在收集木材的过程中，有很多巨大的木料被发掘和采伐，这些木料的巨大程度足以使人望而生畏。因畏生敬，大木头最后竟然得到了人们的崇拜。人们对大木头的崇拜，真的是因为木料很大吗？

自明成祖朱棣决定营建北京故宫起，修建故宫就注定成为一场浩大的工程而被载入史册，为此而消耗的人力、物力无以计数，仅是材料的准备就十分庞大。修建庙坛、宫殿、门阙等建筑需要大量的木材，而仅靠北京周边难以解决，因此，朱棣遣派大批官员，以监督采运木材的身份，分赴江浙、湖广、云贵和四川等盛产木材的省份采伐，采木之役自此开始。

采伐工作动用了巨大的人力，整个过程艰苦异常。曾棨所写的《明资政大夫工部尚书宋公墓铭》中记载："时议建北京，公承奉旨，取材川蜀。既至，饬有司率吏民历溪谷险峻之地，凡材之美者，悉伐而取之。由是梗楠杉桧之属出峡，道江汉，涉淮泗，以输于北者，先后相属也。"由此可知，官府组织更成之民采伐木材是强行征招的。此外，所选的木材是有严格标准的，木材按照长短和围长分成不同的等级，围长一尺以上者为六等，二尺以上者为五等，四尺以上者为头等，五尺以上的就是罕有的巨大了，被称为"神木"，所有这些符合等级标准的木材全部被砍伐。由于好的木材都是产于人烟稀少的险绝之地，经过披荆斩棘，找到它们就已经非常困难了，采伐以后，还要再辟出道路，经由水路辗转运到北京，整个运输过程异常艰难。天然长成的巨大木材本身就令人神往，而采伐的艰苦更是给巨木的出世平添了几分惊世骇俗的意味。

采于各地的木材运到北京后，工部随即设立神木厂、大木厂、台基厂、黑窑厂和琉璃厂五大厂，以作为储藏材料之所。其中神木厂设立于明永乐二十年（1422年），位置在北京城的东南郊，也就是如今的崇文门外，后来此处的街道因神木厂而被命名为"神木厂大街"（即如今的花市大街）。成书于明朝的《京师五城坊巷胡同集》一书中记载了崇北坊中有"神木厂大街"的地名；在近年出版的《明北京城复原图》中，崇文门大街迤东绘有"神木厂大街"之名，当时的神木厂大街东起铁辘轳把，西止崇文门大街。清入主中原后，清政府把明时遗留下的几株神木从崇文门外迁至广渠门外二里许，另立新厂。据《宸垣识略》记载，"神木厂在广渠门外二里许"，又记"明永乐时神木尚存"。这说明广渠门外的神木是明永乐时的遗物，神木是从崇文门外神木厂迁过去的。原神木厂大街在清代成书的《京师坊巷志稿》和《清乾隆北京全图》中则改为"花市大街"了。

由于神木厂中存放的木材太过巨大，非常罕见，所以，发现巨木的工部尚书宋礼不忍将它们剖开，在修建紫禁城的过程中也没有使用，一直将其存放于神木厂。这样的局面一直持续到清代。清代的统治者进一步神化了巨木的神格色彩。满族原本有自己的民族信奉的宗教——萨满教，而萨满教的教义就是原始的多神崇拜。物转星移，巨大的木头依然静静地停卧，尽管枝干剥落，面目全非，但庞大的身躯依然让人望而生畏。结合萨满教万物皆有神性的教义，可以想象当清统治者看到巨大木头时的震撼程度，也就不难理解为什么一根巨大的木头可以得到当时人们的崇拜了。

清代乾隆帝对巨木的崇拜是相当明显的，甚至写诗大加赞颂。他在《神木行》诗中对神木的产地、采伐原因及阅尽岁月的经历都进行了描述，并引用了《山海经》中夸父追日的典故。诗中写道："天地精英神鬼辅，化为邓林疑夸父。"在这首诗中，乾隆帝将神木比作夸父的手杖，可见对其进行了大胆的想象。除了写诗赞颂，乾隆对神木的崇拜非常实务，他不但下令在神木厂建立一座御制诗碑亭，并在周围添砌一道围墙。此外，乾隆帝又命工部于木旁周围的石栏上搭盖罩棚，每年春末时节支搭，秋后拆卸，阴雨遮盖，晴天开启，以此来抵御风雨的侵蚀。乾隆四十九年（1784年），皇帝降旨，命内务府于每年春、秋二季致祭神木，届时派一员总管内务府大臣，将所需祭品、香烛等物品备办齐全，前往敬谨行礼，此后形成定制。

清代如此推崇神木崇拜，那么，巨木究竟大到何等程度，使得人们对其如此敬畏呢？据清宫档案记载，乾隆四十九年（1784年），内务府的工匠遵旨前往神木厂，对神木进行查验。当时靠北的一根楠木，长6丈，头径圆周2.55丈，尾径圆周1.65丈。当时计量长度的单位为清营造尺，按一营造尺约等于今32厘米计算，靠北的一根最大，长约19.2米，大头直径约2.6米，小头直径约1.7米。这样巨大的木头，在自然界中实属罕见，难怪人们会将其视作神灵而顶礼膜拜了。

紫禁城内有多少对铜狮

大门口摆放一对活灵活现、雄壮威武的石狮子，对北京城里的各个大院而言，这是非常普遍的事。民间对这样的传统亦习以为常，皇宫里是不是也遵循这样的传统呢？紫禁城里有没有狮子？有多少？

故宫中有很多铜狮子、铜仙鹤、铜麒麟等陈设，其中铜狮子不少，但外朝仅有一对青铜狮，陈设在太和门前，其造型精美，与太和门的高大、华丽、雄伟协调相称，给大朝门增加了壮丽严肃的气势。这对狮子是紫禁城内最大的铜狮，也是唯一无鎏金的铜狮。专家从造型上推测为明代所铸。

故宫的内廷有五对鎏金铜狮，在阳光照射下，熠熠闪光，耀眼夺目。它们成双

太和门前的铜狮

　　故宫太和门前铜狮身上有"疙瘩烫"45个。皇帝有"九五至尊"的地位。9和5相乘，即为45。铜狮的底座为汉白玉须弥座，长约2.2米，宽约3.0米，高约1.4米。须弥座不仅体量庞大，且四面均刻有行龙（上下枋位置）、八达马（梵文，意为"莲花瓣"，位于上下枭）、椀花绶带（束腰位置，寓意"江山万代，代代相传"）、三幅云（圭角位置）等精美图案。

结对地被分别设置在乾清门、宁寿门、养性门、养心门和长春宫门前。据文献记载，乾清门前的鎏金铜狮，挺立威武，造型别致，为明代铸造。据观察，这两只铜狮子的耳朵是耷拉着的，而故宫其他的狮子则都是立着耳朵。根据故宫专家的解释，主要为警示朝臣此处是内宫禁地，要非礼勿视。另，清朝皇家禁止臣子进入后宫，更严禁后宫干预朝政。这两座铜狮子的耳朵耷拉着，就是警示后宫嫔妃和佳丽们，对前朝的政事，要少听、少议论。

位于宁寿门、养性门、养心门前的鎏金铜狮，在其胸前或铜座上都刻有"大清乾隆年造"的字样。外东路的宁寿宫区域，是乾隆帝准备做满六十年皇帝后禅位当太上

乾清门前的铜狮

皇而修建的。宁寿门前的鎏金铜狮，是乾隆帝下旨由宫中造办处将两座旧天文仪器毁掉后铸造而成的，共用去红铜6435斤、金子300余两。养心门前的鎏金铜狮则小巧精致。自清雍正帝后，养心殿成为各朝皇帝处理政务和生活起居的重要场所，故将狮子陈设于此。长春宫门前陈设的是一对不足两尺高的鎏金铜狮，这是因为慈禧太后在同治帝亲政后移居于此，所以在此陈设狮子。这对狮子是东、西六宫中唯一的一对。

紫禁城内的六对铜狮，不但造型生动、栩栩如生，而且每对均左为雄狮，伸出右腿正在玩绣球，右为雌狮，伸出左腿爱护戏逗幼狮。从形象上看，铜狮均作张口露齿、咆哮怒吼状；它们颈上有鬃，颈下系铃和璎珞，肢爪强劲有力，望之凶猛威严，不可一世。

"四九城"

以前老北京的顽主儿们会将一句话挂在嘴边："你到四九城打听打听，有谁不认识我！"霸气的话展示着老北京人无所畏惧、敢作敢当的豪放性格。这里提到的"四九城"，很显然是指北京城。那么，北京城为什么又叫"四九城"呢？其中的"四"和"九"都代表什么意思呢？

北京城之所以被称为"四九城"，是因为独特的城市结构。明代时期修建的北京城，遵循的是皇宫外面有皇城，皇城外面有都城，环环相扣、层次分明的建筑格局。北京城共有四道城墙，呈环状相套，由外至内分别是：外城、内城、皇城和紫禁城。紫禁城、皇城、内城和外城四道城池之间需要开设通道，以便将各城连接起来，于是，每道城都有多个城门以供出入，逐渐形成了"内九外七皇城四"的格局。

外城是明世宗为加强防御增修的，在内城的"前三门"以南，和内城组成了一个"凸"字形结构，因而也叫作"南城"。外城共有七座城门，分别是东便门、广渠门、左安门、永定门、右安门、广安门和西便门，其中，永定门是外城正门。

和"四九城"的来历最密切的是内城。"四九城"中的"四"，是指皇城四门，即天安门、地安门、东安门、西安门，其中天安门是主门。紫禁城，也就是皇宫，是皇帝居住的地方，等级当然不一样，将紫禁城围起来的城墙是最高、最厚的，城里、城外完全是两个世界，连接这两个世界的是四道城门，分别是午门、神武门（康熙以前叫玄武门）、东华门和西华门。

"四九城"中的"九"显然就代表内城的九个门，它们分别是东直门、朝阳门、西直门、阜成门、正阳门、宣武门、崇文门、安定门和德胜门。这九个门就是影视剧里常提到的"九门提督"管辖的九门，而"九门提督"掌管的就是这九个门的安全。内城城墙修建的位置其实和我们现在的二环路大体相同，这九个门也都分布在今天北京的二环路上，它们在当时也都有各自的用途。老北京人常说的"九门走九车"，就是说每个门进出不同功用的车，为朝廷运送不同的物资。

"四九城"就是借皇城四门和内城九门指代北京城。如果按照此说，外城部分就不算北京城了吗？这主要与清代统治者推行民族歧视政策有关。清朝统治者将民人全部驱至外城居住，内城里则是八旗军队及其家眷居住。这样，北京城便被分成两部分，内城为军事驻防地兼八旗军队的家属区，外城则是民人的居民区。内城、外城泾渭分明，旗人、民人界限森严。当时的八旗子弟很为自身的特权地位感到自豪，遂称自己的居住地为"四九城"，以此来表明自己的身份、地位，以区别于居住在外城的民人。

由此可见，所谓"四九城"是皇城的四个城门和内城的九个城门的总代称。如今，北京的发展日新月异，再以"四九城"代替"北京城"的称谓是不合适的。从地域上看，它把外城排斥在外；从历史上看，它是因民族歧视而产生的区域概念。虽然在一定的历史时期内，这种说法不无根据，但如果今天仍以"四九城"来特指"北京城"则明显欠妥。

午门"斩首"

"推出午门斩首"是我们在戏剧和影视作品中经常听到的一句话。在人们的印象中，午门是处置罪犯的行刑场地。但是经过学者们的考证，"推出午门

午门

斩首"其实是错误的说法。那么，午门是不是将犯人斩首的地方呢？

要想知道"推出午门斩首"这个说法是否正确，首先就要弄清午门在哪儿。根据史籍记载，在元代以前，史书中都没有发现"午门"这一称呼。直到1367年，即朱元璋吴元年，朱元璋在南京称吴王后开始修筑宫室，把皇城的南门命名为"午门"。这是"午门"在历史上第一次出现，但它是皇城之门，而不是宫城之门。《大明会典》中这样记载："吴元年作新内，正殿曰奉天殿，前为奉天门……周以皇城，城之门，南曰午门，东曰东华，西曰西华，北曰玄武。"到了1377年，即明洪武十年，朱元璋又在南京改修大内宫殿，决定把阀门称作"午门"，这才是皇宫的正门以"午"为名的开始。等到朱棣在北京正式修建宫殿时，一切都仿照南京皇宫的建制，其宫门的正门，也沿称"午门"，从此直到清代，始终未变。"推出午门斩首"之说中的"午门"，应是皇宫的南门，也就是紫禁城的正门。

"午门"又被称作"五凤楼"，分上、下两部分，下为墩台，正中开三门，两侧各有一座掖门，俗称"明三暗五"。这五个门洞各有用途：中门平常为皇帝专用，此外，皇帝大婚时，皇后乘坐的喜轿可以从中门进宫，通过殿试选拔的状元、榜眼、探花，在宣布殿试结果后，也可从中门出宫；东侧门供文武官员出入；西侧门供宗室王公出入；两掖门只在举行大型活动时开启。此外，午门还是颁发皇帝诏书的地方。每年腊月初一，要在午门举行颁布次年历书的"颁朔"典礼。遇有重大战争，大军胜利归来，要在午门举行向皇帝敬献战俘的"献俘礼"。这样看来，午门是个很重要的场所，把如此重要的地方作为刑场显然不合情理。

既然不合情理，为什么还会有"推出午门斩首"这样的说辞呢？

第一个原因是，在封建社会，皇宫是封建权力的象征，是国家的最高政治中心。普通人不可能了解皇宫内的生活以及发生的事情，因而许多有关宫廷方面的故事，会引起人们很大的兴趣。那些流传下来的宫廷掌故，往往夹杂了许多似是而非的成分。

第二个原因是，小说、传奇等文学作品的传播。明朝以前，从未见有"推出午门斩首"的情节，自明代以后，就逐渐出现且日益增多。《说唐后传》是我国成书较早的一本演义小说，叙述的是罗通扫北和薛仁贵东征的故事，其中就有多处关于"推出午门斩首"或"枭首"的情节。《封神演义》及《说岳全传》内也有提及午门或"推出午门斩首"的片段。这些演义小说成书的时间大约是在明代中叶；到了清代，大量的才子佳人小说、公案小说及杂剧之内，"推出午门斩首"之说就屡见不鲜了。这说明此类情节的产生和流传，仅仅是在明、清两代。

然而"推出午门斩首"这一说辞不存在，不代表午门就从未发生过行刑的事例。明朝历史上，确实是有不少官员在午门前被问罪，也确有不少官员死在午门之外。

明朝时，如果大臣触犯了皇帝的尊严，便以"逆鳞"之罪，施以"廷杖"之刑。"廷杖"就是用大棍子打屁股，行刑时，用麻布将罪犯从肩膀以下绑住，使其无法动弹，再把他双足用绳索绑住，由壮士四方牵拽固定，只露出臀部和腿部，接受廷杖。首先，由军校打三下，作为开场，然后，上百名军士一边呼喝壮威，一边轮流执杖施刑。打完，再用厚布将人裹起，几个人一齐用力，将其抛起，掷到地上。经过此刑的人，能活下来的很少，不死也会落个终身残疾。而"午门"就是这种酷刑的实施场地。

明朝创造了一个同时廷杖人数最多的纪录。正德年间，明武宗同时廷杖过一百零七位大臣。时隔不久，嘉靖帝就打破了这个纪录，同时廷杖一百二十四人，其中十六人当场死亡。廷杖制度到底是封建集权制度下的产物，是封建皇帝铲除异己、巩固统治、满足自己虚荣心及统治欲的表现。

在当时封建的观念下，杀人被认为是凶事。一般情况下，皇帝是不会让这种不吉祥的杀人之地靠近自己的宫室的。所以自古以来，杀人之地不仅不在皇宫大内的门口，而且一般要在都城外，在人多、热闹的街市。《礼记·王制》所说的"刑人于市，与众弃之"就是将犯人在街市斩首，然后抛弃在那里。清代，北京城行刑的地方就常在宣武门外菜市口。杀人砍头之所以选在菜市口这样人多的地方，是因为封建统治者既要用屠刀来维护自己的专制权威，更要借此恐吓人民。

神武门

玄武门

　　提起"玄武门"，我们并不陌生，这是一座知名度很高的城门。围绕着"玄武门"发生了许多人们耳熟能详的故事。明成祖朱棣将首都迁到北京后，延续以往朝代的做法，将紫禁城正北的大门命名为"玄武门"。到了清代，"神武"取代"玄武"，成为北面宫门新的称谓。为什么清代没有继续沿用前代名称，而是将"玄武门"改为"神武门"了呢？

康熙像

"玄武"一词源于中国古代神学文化。古人将天分为东、西、南、北四宫，每宫有七个主要星宿连线成形。古代地理学著作《三辅黄图》中记载秦汉时期的都城结构时，曾有描述："苍龙、白虎、朱雀、玄武，天之四灵，以正四方，王者制宫阙殿阁取法焉。"可见，早在秦汉时期，宫殿建筑布局就已经受到古代神学的影响，而《永乐大典》和《元河南志》在描述东汉宫廷建筑时，记述南宫四面有门，以四方之神相称，即南为朱雀门，北为玄武门，东为苍龙门，西为白虎门。此时对四灵兽的崇拜也只是体现人们对自然现象的观察，是一种表象的认知。随着时代的发展，中国的本土宗教——道教日渐兴盛。道教吸收并重新诠释了四灵兽的民间信仰，使之更为丰富和系统。东晋著名道士葛洪撰写的《抱朴子内篇·杂应》中记载，老子的侍从，左边有十二青龙，右边有二十六白虎，前面有二十四朱雀，后面有七十二玄武。通过道学的阐释，四灵兽已经具备了保护神的职能，而"玄武"较之其他三个灵兽"神性"更大，且人格神的形象日趋鲜明。唐代统治者自诩老子后人，从而大力推广道教。在这样的背景下，统治者将保护神的名字用在宫门上，以祈求神灵的庇佑，也是可以理解的。《唐六典》中称紫宸殿的北面是玄武门。此时，玄武已经从四灵兽中独立出来，单独成为皇室的保护神，而将皇宫的北宫门命名为"玄武门"也就固定下来了。

　　明成祖朱棣将首都迁到北京，新建成的北京宫殿建筑群的北宫门仍然延续历朝的做法，以"玄武"命名。清康熙时，将"玄武"改成了"神武"，究其原因，是为了避皇帝的名讳。

　　清圣祖康熙帝名为爱新觉罗·玄烨。由于皇帝的名字中带有"玄"字，因此，民间用字要加以避讳，而紫禁城的北门也就因此改成"神武门"。

　　其实，这并非第一次对"玄武门"进行更改，早在宋代时，北方玄武已经脱离龟蛇的形象，而是以"披发黑衣，金甲玉带，仗剑怒目，脚踏龟蛇"的人格神形象被确定下来。宋真宗曾说自己梦到神人传玉帝之命，曰"吾人皇九人中一人也，是赵之始祖"。于是，宋真宗上圣祖号曰"圣祖上灵高道九天司命保生天尊大帝"，这里面的"圣祖"指的就是武财神赵玄坛（赵公明）。为了避名讳，遂改称"玄武"为"真武"。当然，这不过是宋真宗为赵氏一族统治天下找了一个合理的借口，再次强化了"君权神授"的理念。

神武门作为皇宫的后门，是宫内日常出入的重要门禁，明、清两代皇后行亲蚕礼即由此门出入。清代三年一次的选秀女，备选者经由此偏门入宫候选。一般情况下，太监们出宫办事要走此门，宫女们会见家属也在此门。1924年，逊帝溥仪被逐出紫禁城，也是经此门离去的。

三兽檐角

「贰」礼仪天下

『人主孝，则名章荣，下服听，
天下誉；人臣孝，则事君忠，处
官廉，临难死；士民孝，则耕耘
疾，守战固，不罢北。』

九五至尊

皇帝是"九五至尊"，是上天选中"君临天下"的骄子，所以，称呼皇帝当然不能像称呼一般人那样随意。皇帝的称谓要有威严和气魄，也要体现德行和智慧，更要体现君王所独有的存在感。那么，究竟要如何称呼皇帝呢？

称呼一般分为自称和他称两类，自称指自己对自己的称呼，他称即他人对自己的称呼。

在历史上，帝王的自称有着阶段性的变化。三皇五帝时，所谓的帝、皇是一些部落的首领，或是部落联盟的盟主，特权色彩并不浓重。所以，那一时期，首领的自称与一般人没有区别，称"我""吾""余""朕"。根据《尔雅·释诂》的解释："朕，身也。"可见，"朕"是第一人称代词，不分尊卑贵贱，人人都可以自称"朕"。自夏启开始，国家诞生，君主代表了至高无上的权力，普天之下无人敢与其平起平坐，"会当凌绝顶"之后，国君对自己的称呼作出改变，除了保留"朕"这一称谓，又出现了"余一人""不穀""寡人""孤"一类的谦称名词，其意乃寡德无助。秦始皇统一全国后，自认为德高三皇、功过五帝，遂取皇、帝二字之和，称为"皇帝"，并继续沿用"寡人"谦称。据司马迁《史记·秦始皇本纪》记载，秦嬴政统一天下后，规定："天子自称曰朕。"从此，"朕""孤""寡人"便成了皇帝专用的第一人称名词，其他人不能使用。这样的规制一直延续到封建王朝灭亡。

象征着皇权的龙椅

　　皇帝是独一无二的存在，除了在自称上作出了明显的区别外，他称更是不能例外。直呼皇帝的姓名显然是不被允许的，因此，统治阶级规定了一整套关于"他称"的规制，分为生称和死称。

　　皇帝在世时，其他人对皇帝要称"陛下""皇帝陛下""圣上""主上""至尊""我主""吾皇陛下""大家"等，而皇帝的子女称呼皇帝为"父皇"。此外，皇帝生前还可以称呼他的尊号和年号。唐代时，为了神化皇权，皇帝在生前就开始使用尊号。尊号也称徽号，就是将溢美之词堆积起来，为皇帝歌功颂德。例如，好大喜功、爱慕虚荣、断送大唐基业的唐懿宗李漼，就称自己为"睿文英武明德至仁大圣广孝皇帝"。其实，这样的尊号除了美化、神化皇帝，不具有任何实际意义。

　　至于年号，最初是为了方便纪年而创造的称号。以前，人们用天干地支纪年，如甲午年、戊戌年、辛酉年、己巳年等。但是，干支纪年有着明显的缺陷，就是每逢六十年完成一个轮回。中国几千年的历史，如果重复地出现甲午年、戊戌年等，则会引发混乱，不利于纪年。因此，自汉武帝起，皇帝开始使用年号，以后每逢新君即位均更改年号，称"改元"。历朝皇帝年号的使用时间不等，有几年的，也有几十年的，还有一朝之内更换几个年号的。明朝与前代不同，皇帝在位时只用一个年号，如朱元璋的年号"洪武"、朱厚熜的年号"嘉靖"、朱由检的年号"崇祯"等。清代沿用了明代的规制，除了爱新觉罗·皇太极有后金时的"天聪"以及清朝后的"崇德"，其他皇帝都只有一个年号，如爱新觉罗·玄烨的年号为"康熙"，爱新觉罗·弘历的年号为"乾隆"等。而在漫长的历史发展进程中，年号也不再仅仅用来纪年，也可以用来代表皇帝，这一改变逐渐被人们所接受。

皇帝去世后，对其称呼另有规定。如果皇帝刚刚去世，新皇帝还未登基，此时称"大行皇帝"，新皇帝称嗣皇帝；论定谥号、庙号以后，则称谥号、庙号。

谥号，指的是皇帝死后，由继任的皇帝和大臣一起总结其一生的功过，并根据周公旦所作的《谥法》，选定一个比较符合其事迹的字定为其谥号。尊上谥号的法则千年以来，变化不大，大致可分为褒扬、批评和同情三种。表扬皇帝功劳的有：经天纬地曰文；慈惠爱民曰文；布义行刚曰景；柔质慈民曰惠；克定祸乱曰武；功德盛大曰高；如天好生曰仁；绥柔士民曰德。批评的有：乱而不损曰灵；好内远礼曰炀；去礼远众曰炀；杀戮无辜曰厉。表示同情的有：恭仁短折曰哀；慈仁短折曰怀；在国遭忧曰愍。例如，汉高祖之子刘盈即位后，为人柔弱，国家大事都由吕后决定，基本上沿袭了黄老无为、与民休息的政策，政治上比较清明，所以刘盈死后被谥为"惠"，史称汉惠帝。此后两朝皇帝当政时，国泰民安，百姓富足，则先后谥为文、景，即汉文帝、汉景帝。东汉灵帝时，宦官专权，朝政昏乱，但还没有造成太大的动乱，故谥为"灵"。隋炀帝杨广奢侈荒淫、穷兵黩武、破坏礼仪，遂谥为"炀"。此外，如西晋怀帝、愍帝，东晋哀帝，这几位皇帝基本上都是年幼即位，国家大权为大臣所把持，后世为表同情，故谥为"怀""愍""哀"。后来，为了涵盖皇帝一生的作为，谥号越来越长，例如，明太祖朱元璋的谥号为"开天行道肇纪立极大圣至神仁文义武俊德成功高皇帝"，清太祖爱新觉罗·努尔哈赤的谥号为"承天广运圣德神功肇纪立极仁孝睿武端毅钦安弘文定业高皇帝"。谥号按每两字断句，连读，记录了此皇帝一生的事迹，最后一个字就是最能代表皇帝一生事迹的字。如朱元璋和爱新觉罗·努尔哈赤颇有建树，"功德盛大曰高"，故谥号的最后一个字都为"高"。

庙号，是帝王死后，其后代在宗庙祭祀时追尊的一种称号。根据《辞海》的解释："皇帝死后，在太庙立室奉祀，特立名号，如某祖、某宗等。"也就是说，皇帝死后，在立神牌祭祀供奉时，要有一个称谓，这就是庙号。按规定，各朝第一代皇帝的庙号称"祖"，有太祖、高祖、世祖等，以后则一般称为"宗"，有太宗、世宗、穆宗等。其实，并非所有的皇帝都能得到"×祖"或"×宗"的庙号。商代和汉代的很多皇帝死后，都只有谥号，而没有庙号。明代时，第二代皇帝、朱元璋之孙朱允炆，谥号为"恭闵惠皇帝"，但没有庙号。此外，庙号的规制也有了变化，除了开国皇帝，其他皇帝的庙号也可称"祖"。例如，第三代皇帝朱棣，庙号就为"成祖"。到了清代以后，同样出现了这样的情况，第二代皇帝爱新觉罗·福临的庙号为"世祖"，第三代皇帝爱新觉罗·玄烨的庙号为"圣祖"，其他的仍为"×宗"。

传国玉玺

自从皇帝的称号被赋予了"君权神授"的特殊意义，皇帝的玉玺就不再是一方无足轻重的印章，而是代表了至高无上的皇权及上天之子的威严，甚至预示了帝国千秋的运势。国君会为了传国玉玺的丢失而哀叹天欲亡己，也会为了玉玺的失而复得而感天谢地，人们还会为了争夺玉玺而上演人世间最疯狂的戏码。那么，这代表着皇权的印玺只有一方吗？

玉玺出现之前，钺、九鼎曾一度作为指代王朝法统地位的圣物。秦王嬴政统一中国后，钺、九鼎相继没落，于是玉玺取而代之，成为象征王权法统地位的新信物。此后，伴随着封建社会的发展，封建帝国代代更替、几易其主，但玉玺始终作为象征皇权的圣物贯穿封建社会始终。

据《史记·秦始皇本纪》记载，最初的玉玺是由秦始皇嬴政和丞相李斯用和氏璧琢磨而成的一枚印玺，白玉质，螭虎纽，正面刻有李斯所书"受命于天，既寿永昌"八个篆字，秦国称之为"玉玺"或"御玺"。嬴政在统一全国后，称"始皇帝"，将印玺命名为"天子玺"，并在全国范围内统一"天子玺"所代表的"皇权神授、正统合法"的喻义。秦灭亡后，秦的玉玺并没有就此消失，而是被汉传承。据《汉书·元后传》记载："汉高祖入咸阳至霸上，秦王子婴降于轵道，奉上始皇玺。及高祖诛项籍，即天子位，因御服其玺，世世传受，号曰汉传国玺。"自此，"传国玉玺"之名得以流传，后世历朝历代开始传承这枚印玺，以示自己的正统地位。在历经了无数次的战火之后，各朝各代宣称持有的"传国玉玺"，根本无法确证就是最初秦始皇制作的那枚。但是，无论真伪，后世各朝还是秉承着"传国玉玺"的名号。

那么，皇帝的玉玺只有一枚吗？其实，除了"传国玉玺"，秦代以后使用的玉玺还有六方，分别是"皇帝之玺""皇帝行玺""皇帝信玺""天子之玺""天子行玺"和"天子信玺"，这六方印玺分别用于"封命诸侯及三师、三公""赐诸侯及三师、三公书""征诸夏兵""封命藩国之君""赐藩国之君书"和"征藩国兵"这六种不同的礼仪场合。隋代又增"神玺"为镇中国之宝，增加了八枚用金、玉制成的"受命玺"，用来封禅通神。此后历代均有增加。

宋代以后，人皇的威严早已不需要天命的加冕，所以，统治者不再需要所谓的"传国玉玺"来证明其地位的正统。据记载，宋太祖赵匡胤受禅之初，从后周王朝得到的玉玺只有两枚，即后周广顺年间（951年至953年）刻制的"皇帝承天受命之宝"和"皇帝神宝"，而其他玉玺均已在战乱中丢失。于是，宋太祖自制了"大宋受命之宝"昭示天下，这一做法被后世沿用。

明朝建立后，摒弃了元代的印玺制度，并于洪武元年（1368年），定制十七宝。此后在明世宗嘉靖时，刻制了"大明受命之宝"，并新增六宝，使总数达到二十四宝，从而完善了明代印玺制度。

清取代明后，沿用了明代的印玺制度，只是在印玺上汉文的旁边增刻了满文。清代前期的玉玺没有固定的数量，到了乾隆年间，皇帝认为玉玺"盖天子所重，以治宇宙，申经纶，莫重于国宝"，可见其对玉玺的作用十分看重。乾隆十一年（1746

年），乾隆帝根据《周易太衍》中"天数二十有五"的记载，钦定御宝为二十五方。这二十五方印玺便被称为"清二十五宝"，此后经嘉庆、道光、咸丰、同治、光绪，一直沿用至宣统末年。清二十五宝各有所用，集合在一起，囊括了皇帝行使国家最高权力的各个方面。根据《清史稿·舆服志》记载，清二十五宝的玺文、形制及相应的用途分别是：

大清受命之宝：以章皇序。白玉，方四寸四分，厚一寸。盘龙纽，高二寸。

皇帝奉天之宝：以章奉若。碧玉，方四寸四分，厚一寸一分。盘龙纽，高三寸五分。

大清嗣天子宝：以章继绳。金，方二寸四分，厚八分。交龙纽，高一寸七分。

皇帝之宝：以布诏赦。青玉，方三寸九分，厚一寸。交龙纽，高二寸一分。

皇帝之宝：以肃法驾。栴檀香木，方四寸八分，厚一寸八分。盘龙纽，高三寸五分。

天子之宝：以祀百神。白玉，方二寸四分，厚八分。交龙纽，高一寸三分。

皇帝尊亲之宝：以荐徽号。白玉，方二寸一分，厚七分。盘龙纽，高一寸三分。

皇帝亲亲之宝：以展宗盟。白玉，方二寸二分，厚一寸二分。交龙纽，高一寸二分。

皇帝行宝：以颁赐赉。碧玉，方四寸八分，厚一寸九分。蹲龙纽，高二寸五分。

皇帝信宝：以征戎伍。白玉，方三寸三分，厚六分。交龙纽，高一寸六分。

天子行宝：以册外蛮。碧玉，方四寸八分，厚一寸九分。蹲龙纽，高二寸三分。

天子信宝：以命殊方。青玉，方三寸八分，厚一寸三分。交龙纽，高一寸七分。

敬天勤民之宝：以饬觐吏。白玉，方三寸一分，厚一寸五分。交龙纽，高一寸七分。

制诰之宝：以谕臣僚。青玉，方四寸，厚二寸。交龙纽，高二寸七分。

敕命之宝：以钤诰敕，碧玉，方三寸五分，厚一寸三分。交龙纽，高一寸八分。

垂训之宝：以扬国宪。碧玉，方四寸，厚一寸五分。交龙纽，高二寸。

命德之宝：以奖忠良。青玉，方四寸，厚一寸四分。交龙纽，高二寸一分。

钦文之玺：以重文教。墨玉，方三寸六分，厚一寸五分。交龙纽，高一寸六分。

表章经史之宝：以崇古训。碧玉，方四寸七分，厚二寸一分。交龙纽，高二寸二分。

巡狩天下之宝：以从省方。青玉，方四寸七分，厚二寸。交龙纽，高二寸五分。

讨罪安民之宝：以张征伐。青玉，方四寸八分，厚二寸。交龙纽，高二寸五分。

制驭六师之宝：以整戎行。墨玉，方五寸三分，厚一寸四分。交龙纽，高二寸二分。

敕正方邦之宝：以诰外国。青玉，方三寸八分。厚一寸五分。盘龙纽，高二寸三分。

敕正万民之宝：以诰四方。青玉，方四寸一分，厚一寸五分。交龙纽，高二寸。

广运之宝：以谨封识。墨玉，方六寸，厚二寸一分。交龙纽，高二寸。

清二十五宝，除青玉"皇帝之宝"为满文篆书，其余全部为满文和汉文篆书两种文字，是现存唯一完整的皇帝御宝。

慈禧太后御宝青玉玺

青铜印章

监国制度

　　紫禁城是皇帝行使权力的地方，但绝不是禁锢皇帝的牢笼。作为全天下最有权势的人，皇帝有权做任何事，而最能体现皇帝权力的，莫过于对出入宫城的自由选择。于是，皇帝找到了暂时离开宫廷的理由，那就是去民间检查百姓对皇帝权威的认同程度。皇帝要去民间检查自己的威严，那么，谁来替皇帝守住紫禁城的威严呢？

九龙壁

　　皇帝虽是"天子"，但也生在人间，站在权力的顶峰，除了感受到"一览众山小"的畅快淋漓，还会有"高处不胜寒"的落寞。所以，有时皇帝也需要暂时离开庄严肃穆的紫禁城，去民间呼吸一下轻松自由的空气。但是，皇帝出京巡游，军国大事应该如何处理呢？在漫长的实践中，为应对皇帝不能正常行使职权的情况，朝廷制定了相应的应急体制——监国制度，可以使皇帝在巡游时，不必担心皇位易手、大权旁落。

　　监国制度的渊源可以追溯到西周初年，周灭殷商后，周武王派遣王室亲信到各地驻守，代天子行使监督的职权。此后，监国制度不断完善与改进，形成了较为成熟的操作机制。监国大致有三种形式：（一）朝廷的代理元首，即皇帝缺位的情况下，临时选出一位重要人物行使皇帝职权；（二）临时的政府首脑，即皇帝和朝廷无法履行

职责的情况下，由其他重要人物组织临时政府，出任首脑，行使职权；（三）朝廷的常务副元首，即太子，辅佐皇帝，参与政务。在三种监国方式中，前两种是为了应对紧急情况而采取的一种临时措施，最后一种则着眼于政权的长久经营，也就是在皇帝因故离京出行期间，昭命太子或太孙监督政府各临时机构并临时执政。

根据《明史》《明实录》的记载，明代一共有四位监国者，分别是明成祖朱棣的太子，即后来的明仁宗朱高炽；明仁宗朱高炽的太子，即后来的明宣宗朱瞻基；明英宗朱祁镇的弟弟——郕王，即后来的明代宗景泰帝朱祁钰；明世宗嘉靖帝朱厚熜的太子，即庄敬太子朱载壑。

据记载，皇帝出行时，代皇帝坐镇京师的太子、太孙要代皇帝行使职权，并要承担一定的职责。首先，就是保持局势的稳定。古人云：国不可一日无君。这句话并非是说天下一定不能少了皇帝，而是说，无论如何，总要有人出来维持局面，这个人可以是皇帝，也可以是其他人，而太子、太孙就是最合适的人选。一旦国内有人趁皇帝不在煽动暴乱，按制，监国的太子、太孙在飞章奏闻行在的同时，可以自行调动军队，捕杀犯人；如果边陲告急，异族入侵，危及国家安全，监国的太子、太孙可以一面奏知皇帝，一面调兵御敌。其次，监国之人要恪守礼制，禁止监国之权凌驾于皇权之上。也就是说，太子、太孙虽然可以行使监国之权，但是，其行使的权力被规定在一定的范围内，绝对不能冒犯或威胁皇权。例如，每逢各种节日庆典，或是迎接皇帝诏书时，要行跪拜大礼；太子、太孙在御门听政时，御座的位置、方位不能像皇帝一样居于正中；一些事关军国最高机务的大事都要奏请皇帝处置。由此可见，太子、太孙监国只是皇权在一定范围内的延伸，是在皇帝的严格控制之下进行的。

到了清代雍正以后，皇帝在位时不设太子，所以在皇帝出行时，没有监国制度，却有一套独特的制度。一旦皇帝出巡，所有的政务奏章都直达行在，由皇帝总裁。为了表示与在京时的区别，扈从的政府各部门都要重新铸一枚加"行在"二字的印章，称为"行印"，以别于日常所用的印章。由这些部门发出的公文命令钤行在印，较之前朝的监国制度，清代的方法更能防止大权旁落，表现了清代皇权的高度集中，达到了封建专制的顶峰。

太上皇

　　皇帝的父兄是一个特殊的概念，这样的"父兄"早已超出了这两个字本身所包含的意义，从而诞生了一个更高位阶的称谓——太上皇。通常情况下，太上皇就是曾经的皇帝，如此，皇帝与太上皇就不再是简简单单的至亲关系，而是伴随着权力碰撞而导致的利益关系。如果认真比较起来，皇帝与太上皇谁的地位与权势更高呢？

　　太上皇是指现任皇帝的父亲或兄长，现任皇帝的皇权是从他们手中继承过来的。通常皇权只有在上一任皇帝离世后，才可以传递到下一任皇帝手中。但是，历史上也出现过皇帝还未离世，便将皇帝的尊位和权力全部移交给继任者的情况，自己则受封一个"太上皇"的称号。在中国古代帝王史上，第一个有"太上皇"称号的帝王是秦始皇的父亲庄襄王，然而秦庄襄王是死后才被追封尊号的。其后，北魏献文帝、北齐武成帝、北齐后主、隋炀帝、唐高祖、唐睿宗、唐玄宗、唐顺宗、宋徽宗、宋高宗、宋孝宗、宋光宗、明英宗、清高宗等，都曾被封为"太上皇"，并且都是在世时就得此尊号。

　　这样，便出现了一个棘手的问题，就是国家同时出现了两个代表最高皇权的象征。由此，对现任皇帝而言，"太上皇"的存在就会显得很尴尬。而"太上皇"与"皇帝"孰轻孰重便成了影响国家政局的关键问题，臣下们需要知道哪一个才是国家的实际决策者，只有这样，他们才能明确国家和自己应该走的道路。

　　要了解"太上皇"与"皇帝"哪一个地位更高，就必须明确对两人地位的判断会受哪些因素的制约。通过历史上这些"太上皇"的不同境遇可以得知，他们的地位大致受以下两方面的影响。

　　第一，"太上皇权"与"皇权"的固有矛盾。无论是"国不可一日无君"中的"君"，还是"普天之下，莫非王土"中的"王"，都是指皇帝。自有"皇帝"这个称号以来，皇帝都自诩并被奉为天神在人间的代表，是上天的儿子，是国家唯一的象征，服从皇帝的统治就是服从上天的意志。按照这样的逻辑，世上不应该出现另一个可以与之比拟的"皇帝"存在，由此可见，"太上皇"的出现必然会引起执政权力之争。首先，做惯了人间君主的太上皇，从行为和意识都要继续他以往的尊贵；此外，继位的皇帝作为被赋予"皇权"的新代表，必然要行使作为人皇的权力。这样一来，一个国家就要被两种意志所左右，但实际上，国家和臣民只能服从一个声音。如此，太上皇的权力与皇帝的权力必然产生直接的冲突与对抗，结果一定会有一方失败、退出：要么是太上皇斗败，交出一切军政大权，甚至会被幽禁；要么是皇帝认输，放弃实权，老老实实听"太上皇"的话，做儿皇帝。无论结局怎样，皇权的这种排他性，是导致权力之争的根源，也是决定"太上皇"地位的重要因素。

第二，伴随着不可调和的权力矛盾，华夏文明崇尚的"孝道"也是影响"太上皇"地位的重要原因。《吕氏春秋·孝行览·孝行》中写道："人主孝，则名章荣，下服听，天下誉；人臣孝，则事君忠，处官廉，临难死；士民孝，则耕芸疾，守战固，不罢北。"这些对皇权的维护和巩固，无一不是有利的。正因如此，历代帝王都大倡孝行天下，并以此普及全天下的臣民。当皇帝逊位以后，新皇帝从父兄手中接过权力的权杖，也要继承父兄长久以来遵从的孝道，继续奉行"凡为天下，治国家，必务本而后末""务本莫贵于孝"的"重孝"国策。如果新皇帝继位后就将奉为"太上皇"的父兄软禁起来，削除所有的权力，甚至置其于死地，实在不能算作是孝顺的行为。而皇帝不能以身作则，自己的威严也会遭到严重的削弱。

于是，太上皇的地位便取决于两大因素博弈的结果，通过历史上"太上皇"的待遇可以看出，遭到排权的"太上皇"居多，受到礼遇的只占少数。

以明、清两代为例，同样做过"太上皇"的明英宗、清高宗的待遇就截然不同。明英宗朱祁镇，在正统十四年（1449年）时，因土木堡之变，被蒙古瓦剌部擒获并羁押。此后，朝廷另立英宗的弟弟郕王朱祁钰为帝，即明代宗景泰帝。一年后，英宗回到北京，代宗就尊他为"太上皇"。但是，代宗认为英宗始终是个威胁，便将英宗软禁在南宫内，而且将南宫的大门上锁并灌铅，还加派锦衣卫看守。为了避免有人与英宗联系，景泰帝还命人将南宫的树木全部伐光。英宗的食物由一个小洞递入，有时还被克扣。英宗的皇后钱氏不得不自己做一些女红，派人带出去变卖以补贴家用。

英宗虽贵为"太上皇"，但生活比监狱里的囚犯没好多少。这与清高宗乾隆帝爱新觉罗·弘历的待遇判若云泥。乾隆认为自己在位的时间不能超过祖父清圣祖康熙帝，便于乾隆六十年（1795年）逊位给嘉庆，自己做起了"太上皇"。乾隆虽名义上为"太上皇"，但实际上掌握着实权，上到嘉庆帝，下到臣僚百姓，都要遵从乾隆的意志。直到嘉庆四年（1799年）乾隆去世，嘉庆帝才真正成为清朝的主人。

无论"太上皇"们生前的待遇如何，死后的葬礼都是隆重的。生前没有好好对待"太上皇"的皇帝们，此时都会跳出来扮演孝子贤孙，甚至每每祭祀朝拜时会悲情恸哭，歇斯底里，甚至昏厥于地。而在太上皇生前空有名号、没有实权的儿皇帝们，则一边谕令隆重治丧，一边又拿太上皇生前的宠臣开刀，发泄自己心中的怨闷之气。

可见，皇帝是不希望有太上皇存在的，一旦有其存在，皇帝就会在"帝王权术"和"仁孝治国"间徘徊不定，难以取舍，而"太上皇"的地位也在这两者之间的考量中起伏不定，难以预测。

两宫太后

即使是天子，也要经历由小到大的成长过程。皇帝年少时也需要别人的保护和扶持。作为小皇帝的母亲，以监护人的身份听政监国，行使皇太后的职权，也是无可厚非的事情。皇帝的生母只能有一个，但是，历史上确实有两宫皇太后共同辅政的情况。那么，这"两宫太后"究竟是怎么回事呢？

孩子年幼，作为监护人的母亲出面全权代理孩子的事务，这是很正常的，但是，如果同样的事情是发生在紫禁城里，就不能按照一般的逻辑来处理了。其实，出现皇太后垂帘听政的情况是有前提条件的：其一，此朝有皇帝对军国政事亲自直接处理的惯例；其二，皇帝年幼；其三，后宫可以参与朝政。明代，大多数皇帝都是成年继位，根本不需要太后辅政。况且，明代关于后宫和外戚不能干政的规定十分严格，因此，皇太后没有辅佐皇帝、参与国事的机会。最重要的是，明代的国家机器能依靠一班大臣和一整套政务流程维持正常的运转，即使没有皇帝，政务也照常处理，国家也不会发生动乱。

清代与明代不同，清起源于女真部落建立的少数民族政权。其中，女性的地位与权势和汉族文化宣扬的略有不同，这使得女性在处理日常事务时能够起到一定的作用。此外，清朝实行高度中央集权的制度，行政权永远掌握在皇帝手中，国家的一切军政事务，皇帝都事必躬亲，而大臣们往往只能听命行事，因此，大臣的辅政不能完全代替皇帝的意志，而皇太后作为皇帝的母亲，出面干政就是情理之中的事了。而且，历史上清代有几位皇帝是幼年登基，需要皇太后的辅政，诸多因素使得皇太后垂帘听政具备了可行性。

纵观明、清两代历史，在紫禁城的宫殿里，出现两宫皇太后的情况很多，明神宗、明光宗时期，都尊封了前一代皇帝的正室以及自己的生母为皇太后，但两宫皇太后共同垂帘听政的情况只出现过三次，而且均在清代。三次都是由于皇帝的正室——皇后没有孩子，所以皇帝某位妃子的孩子便成了继承人。根据中国古代严格的嫡庶观念，对孩子而言，只有父亲的正室才是母亲，而自己生母的地位要低于正室。皇家的规矩也是如此，先帝的皇后作为清朝的国母，是一定要被封为皇太后的。但皇帝的生母是给予皇帝生命的人，如此重要怎么能不封为太后呢，由此，便出现了两宫皇太后，在尊号上以"母后"及"圣母"加以区别。

以清代出现的三次两宫皇太后为例，第一次是清世祖顺治帝爱新觉罗·福临继位之时，六岁的福临尊父亲皇太极的正室——清宁宫皇后博尔济吉特氏为"母后皇太后"，尊自己的生母永福宫庄妃博尔济吉特氏为"圣母皇太后"，两宫太后共同辅政。

第二次是清穆宗同治帝爱新觉罗·载淳，继位时只有六岁。其父咸丰的正室孝贞显皇后钮祜禄氏，即慈安太后，被尊为"母后皇太后"；自己的生母懿贵妃叶赫那拉氏，即慈禧太后，被尊为"圣母皇太后"。两宫太后共同辅政，因此年号称为"同治"。

第三次是清德宗光绪帝爱新觉罗·载湉，继位时只有六岁，两宫太后继续共同辅政。光绪七年（1881年），东宫慈安皇太后于钟粹宫去世。此后，西宫慈禧太后开始单独辅政。

皇帝大婚

　　古时候，男子一旦成婚，就意味着要懂得更多的人情世故，要担负起更多的责任。婚姻对于普通男子的意义尚且如此，那么对于人中之龙的皇帝而言，意义更甚。皇帝的家是紫禁城，整个国家都是它的外延，所以，皇帝要了解整个国家的人情世故。正因如此，皇帝的"成人礼"就显得格外重要。每个皇帝都要结婚，那么，紫禁城里一共举行过多少次大婚典礼呢？

　　大婚是指已经登上皇位的皇帝的婚礼，即迎娶正宫皇后的隆重仪式。明、清两代，并非所有的皇帝都举行过大婚仪式，只有年幼时继位的皇帝，在成年之后才会举行大婚典礼，册立皇后，选立妃嫔，之后便会亲政，成为实际意义上的君王。而继位之前就已经结婚的，继位之后只举行册立皇后大典，不补办婚礼。

　　明、清两代，冲年继位，历经大婚，在紫禁城里迎娶皇后的皇帝，明代有英宗、神宗，清代有顺治、康熙、同治、光绪和宣统。

　　明宣德十年（1435年），年仅九岁的朱祁镇以明宣宗长子的身份继承皇位。正统七年（1442年），明英宗在紫禁城举行大婚，册立工部尚书钱允明的长女钱氏为皇后，史称"孝庄睿皇后"。

　　明神宗朱翊钧，明穆宗长子，五岁时被立为太子。隆庆六年（1572年），时年十岁的朱翊钧继承皇位。万历六年（1578年），朱翊钧迎娶王氏，立为皇后，史称"孝端显皇后"。

　　清世祖爱新觉罗·福临，清太宗爱新觉罗·皇太极第九子。1643年，福临继位，次年改元顺治，时年六岁。顺治八年（1651年），顺治册立蒙古科尔沁卓礼克图亲王之女、孝庄皇太后的侄女博尔济吉特氏为皇后，后被废，降为静妃。顺治十一年（1654年），顺治帝在紫禁城举行了第二次大婚，蒙古科尔沁部多罗贝勒淖尔济之女、孝庄皇太后的侄孙女、废后的堂侄女博尔济吉特氏被立为皇后，史称"孝惠章皇后"。

　　清圣祖爱新觉罗·玄烨，清世祖爱新觉罗·福临第三子。1661年，玄烨继位，改

《光绪大婚图册·太和殿筵宴》（局部）

元康熙，时年八岁。康熙四年（1665年），康熙与辅政大臣索尼的孙女、领侍卫内大臣噶布喇之女赫舍里氏举行大婚，册立其为皇后，史称"孝诚仁皇后"。

清穆宗爱新觉罗·载淳，清文宗咸丰帝爱新觉罗·奕詝的长子。1861年，载淳继位，年号同治，时年六岁。同治十一年（1872年），同治帝册立阿鲁特氏为皇后。阿鲁特氏的祖父为大学士、军机大臣赛尚阿，外祖父是郑亲王端华。皇后的父亲崇绮是自清以来唯一的"蒙古状元"，出身蒙古，却是以汉文获翰林院编修的第一人，家族甚是显赫。据记载，皇后阿鲁特氏"雍容端雅""美而有德"，且文采好，同治对其非常敬重。同治死后，被慈禧折磨得身心疲惫的皇后，选择了追随同治而去，谥号"孝哲毅皇后"。

清德宗爱新觉罗·载湉，其父爱新觉罗·奕譞，为道光帝第七子，咸丰帝的弟弟，爵封醇亲王；其母叶赫那拉氏为慈禧的胞妹。同治死后没有子嗣，按"兄终弟及"的传统，选中了奕譞次子载湉继承皇位。1875年，年仅四岁的载湉继位，改年号为光绪。光绪十五年（1889年），在慈禧的操纵下，光绪帝选择了慈禧亲弟弟桂祥的女儿叶赫那拉氏为皇后，即隆裕皇后。

清代最后一位皇帝爱新觉罗·溥仪，其父爱新觉罗·载沣是醇亲王爱新觉罗·奕譞的第五子，母亲是苏完瓜尔佳·幼兰，溥仪是载沣的长子。光绪没有子嗣，便由光绪的侄子溥仪继位。1908年，年仅三岁的溥仪继位，年号为宣统。宣统三年（1911年）辛亥革命爆发，清朝覆灭，溥仪退居紫禁城中的养心殿。1922年，溥仪迎娶了郭布罗氏荣源家的女儿婉容，册立为皇后；迎娶额尔德特氏端恭家的女儿文绣，封为淑妃。封建王朝已经结束，此时的溥仪大婚则显得颇为怪异。

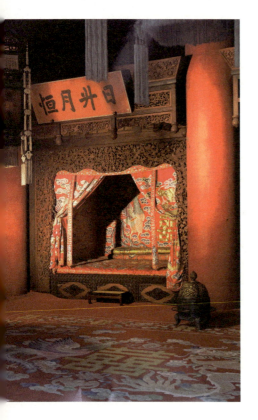

坤宁宫洞房内景

以清朝为例，皇帝大婚，大体上有纳采、大征、册立皇后、奉迎、合卺、朝见、庆贺颁诏、筵宴等礼仪程序。皇帝向皇后娘家赠送订婚彩礼，称之为纳采。彩礼包括大量的马匹、甲胄、丝帛等。送礼队伍由皇帝特命的大婚专使持节带队，从太和殿出发，出太和门中门，浩浩荡荡来到皇后娘家。皇后的父亲、兄弟早已迎候在大门外，见专使赶到，急叩头谢恩。仪式完毕，专使回宫向皇帝复命。迎娶之前，还要再来一次大征礼，皇帝派遣册封使臣正、副两名，带着册封皇后的制敕和"皇后之宝"前往后邸，举行册立大典，宣布册立某女为皇后，并将颁给皇后的金印、金册交给专使，专使奉命送皇后金印、金册来到皇后娘家，先向皇后父兄宣示。这些礼仪完成之后，皇帝便可以迎娶皇后了。奉迎是皇帝大婚礼仪中最隆重、最繁杂的一项。奉迎前一天，前三殿、后三宫都用绸带搭起彩架，大红喜字、吉祥语句图案抬头可见。从大清门到坤宁宫的青白石御道上，铺满红地毯，御道两侧有路灯及各式彩灯，仿佛天河上的鹊桥。皇帝降旨，发遣舆，奉迎皇后。迎娶时，钦天监官员严密推算吉利的时辰，吉时一到马上报告。凤舆入大清门时，午门楼上钟鼓齐鸣。皇帝着吉服来到坤宁宫大婚洞房的东暖阁前殿等待举行婚礼。帝后均诣更服处更衣，并着礼服至奉先殿行谒庙礼，然后回宫行合卺礼。之后，帝后着礼服拜见皇太后，并颁诏天下。第四日，皇帝御驾华盖殿、奉天殿两处，分受王公、大臣的朝贺，皇后与太后着礼服，一起接受亲王及内外命妇的朝拜及庆贺笺。第五日，行盥馈礼，皇后着礼服诣拜太后，尚膳监官以膳授皇后，后捧膳进于案，复位四拜并退立西南，毕而出。至此，大婚仪式才告完成。

三宫六院七十二妃

人们常说，做皇帝好，皇帝有三宫六院七十二妃，坐拥全天下的美女，真是羡煞了天下男儿。难道，皇宫中的美女真是多得数不完？皇帝真的有那么多的妃子吗？

入宫不是从宫门外跨进宫门内的一个简单的动作，也不是一套复杂的采选制度，而是一种仪式，一种成为内宫之人的仪式。内宫里的人无论高低贵贱，都隶属于皇帝，对皇帝负责。按照这样的逻辑，后宫里的女性都可以算作是皇帝的女人，因此，为了加以区别，必须施行后妃制度。有了森严的等级，后宫的秩序才能得以维护。

　　我们回顾一下明、清两代的后妃制度，看看皇帝的艳福有多深。

　　自唐开始，宫廷就设立了六局二十四司。明朝建立后，明太祖朱元璋认为后宫女官人数太多，遂改为六局一司。六局为尚宫、尚仪、尚服、尚食、尚寝和尚功，尚宫

翊坤宫

总管六局事务；一司为宫正，掌管戒令责罚。品级皆为正六品。至此，宫中共有女官七十五人，女史十八人。

皇后位居正宫，实为国母，低于此等级的设有贵妃，再往下诸妃位号，取贤、淑、庄、敬、惠、顺、康、宁为称，闺房雍肃，旨寓深远。后妃以下杂置宫嫔，有婕妤、昭仪、贵人、美人等名号。明嘉靖十年（1531年）仿古礼册立九嫔：德嫔、贤嫔、庄嫔、丽嫔、惠嫔、安嫔、和嫔、僖嫔和康嫔，等级在妃之下。明宪宗时期，首次出现了皇贵妃的称号，宪宗追封宠妃万贵妃为皇贵妃。明神宗时期，神宗封宠妃郑贵妃为皇贵妃。此后逐渐形成定制。

到了清代，清世祖顺治十五年（1658年），顺治采纳礼官的建议，乾清宫设夫人一名，淑仪一名，婉侍六名，柔婉、芳婉各三十名；慈宁宫设贞容一名、慎容两名，勤侍人数不定；女官设置遵照明朝的六局一司，但此建议通过而未能执行。清圣祖康熙以后，重新制定施行了妃嫔等级，册立皇后，位居中宫；皇贵妃一名，贵妃两名，妃四名，嫔六名，贵人、常在、答应人数不定，只要是皇帝看中或驾幸的宫女均可纳入其中。诸嫔妃各分居东、西十二宫。东六宫分别为景仁宫、承乾宫、钟粹宫、延禧宫、永和宫和景阳宫；西六宫分别为永寿宫、翊坤宫、储秀宫、启祥宫、长春宫和咸福宫。

单算有称号的后宫，其实并没有想象中那么多，但如果将后宫的女性都算上，就不止"三千佳丽"了。明代，宫女一旦被选进宫，便永远不能离宫，因此，有进无出，数量也就变得异常庞大。以嘉靖时期为例，据《明实录》记载，明嘉靖二十六年（1547年）二月，嘉靖帝谕内阁，嫌中宫妃御所用不足，又嫌多老疾，于是礼部尚书费寀随即选女子年十一以上、十四以下者三百人。嘉靖三十一年（1552年）十二月，选民间女子三百人。嘉靖三十四年（1555年）九月，选民间女子十岁以下者一百六十人，同年十一月选湖广、承天府民间女子二十余人。嘉靖四十三年（1564年）正月，选进宫女三百人，至此，共一千零八十余人，连同原有的即达两千人左右，数量可观。

清代与明代不同，入宫的宫女到二十五岁时便可离宫，这样有进有出，宫女的数量维持在一定范围之内，但这也能达到三千人左右。

"召幸后妃绿头牌"

　　按照常理，进入后宫的女子就等于嫁入后宫，就是皇帝的妻子，那么，夫妻同居一室就是很正常的事情了。但事实上，皇帝与后妃是不能住在一起的，这显然有违常理。紫禁城为什么会有这样不近人情的规定呢？

　　紫禁城的规矩十分严格，即使是夫妻，也不能住在一起。明代，不少皇帝因沉迷女色而荒废政务。清代鉴于明朝的教训，在关外时就奉行不得迷恋女子的训诫，且自顺治时起，就加强了对后宫的管理，皇帝与后妃都有各自的寝宫和膳房，除去大典、节日等特殊情况，其余时间不准同桌吃饭，并且严禁皇帝与后妃同居一室。

　　皇帝需要行幸时，事先将"召幸后妃绿头牌"摆好，这是一种长条形的薄竹片，上部为绿色，竹片上写着后妃的名号、简历、姓氏、出身等。被选中的后妃得旨后要沐浴净首，用毯子把身体裹严，由太监背到皇帝寝宫。被选中的后妃要从皇帝脚下轻轻掀起锦被一角，逆爬而上，事后仍由皇帝脚下退出。一定的时辰后，太监会在窗外喊道："是时候了！"连喊三声后，皇帝必须传太监将妃嫔背走。并且，在临走前太监要问皇帝："留不留？"如果皇上说"留"，就要把该妃嫔的姓名、时间记在"幸宫簿"上，待有孕后备查；如果皇上说"不留"，太监则用手微按妃嫔肛脉，"龙精"尽出，点穴避孕。

　　据《清稗类钞》记载："丙辰（1856年）春，奕𬣞帝住孝钦（慈禧）处数日，不视朝。孝贞（慈安）谂其故，乃顶祖训至宫正跪，命人请皇帝起听训。奕𬣞帝制止说：'予即听朝勿通训。'迨出朝，少时即退，问后何在，告之在坤宁宫。奕𬣞帝即至，见孝贞于中坐，孝钦跪在地下，孝贞历数其过，用杖辱之。"根据这段记载，可以得知，到了咸丰时期，皇帝与后妃不能同居的祖训还在遵守，皇帝违反祖训，皇后可以进谏，皇帝不敢反驳。皇后作为中宫，还有权处罚破坏祖训的妃嫔。

"走影儿"

在一些描写清宫生活的电视剧中，有些后妃会窃窃私语，小心翼翼地谈论着"走影儿"的事情，谨慎中又带有强烈的畏惧色彩，让人不禁好奇心大起。"走影儿"是什么？究竟涉及什么禁忌，让人们如此好奇，而又如此畏惧？

嫁入宫廷的后妃，无论等级高低，都面临着孕育后代的压力，只有生育了孩子，

雨后故宫

才能"母凭子贵"，地位稳固。但是，生育孩子不是仅靠人力就能做到的事，况且，宫廷斗争的激烈程度远超人们的想象。后妃们为了能够在复杂的局势下得以生育而采取种种极端方式，其中的无奈与悲哀只有她们自己知道。

当然，纵然女性处于极为弱势的地位，也不代表她们可以做出不合礼制的行为，况且，为了保证后宫的清明，有一整套严格的宫廷规制来约束后宫命妇的行为。此外，明、清两代对女性礼仪道德的教育是非常重视的。严守礼教的女子往往会受到朝廷的褒奖。而女子的逾矩行为不仅会使自己的名节受损，也会使整个家族的名誉遭到重创。因此，深知利害关系的命妇通常不会做出禁忌的行为。

后宫妃嫔与皇帝以外的男子发生不正当关系的行为就叫作"走影儿"。通过上述分析可以得知，"走影儿"是要冒极大风险的，这不仅是指道德上的风险，更重要的是，倘若"走影儿"被发现，一定会受到宫廷规制的严厉制裁。对于皇室而言，"走影儿"简直就是严重挑衅皇室尊严的行为，事情一旦败露，无论是参与事件的当事人，还是得知此事的人，都会被严令"封口"。假如事情不胫而走，将使皇室颜面扫地，因此，官修史书不会对这种事件作任何记载，而私修野史、小说可能会有所涉及。但这种事情毕竟属于捕风捉影，空穴来风，百家千说，只有闻者自己信之所信了。

宗室亲疏的划分

与百姓的数量相比，宗室成员的数量可算是少之又少，但是，皇族的绝对数量也不能小觑。但凡和皇室有点血缘关系的人，都算是皇亲国戚，这样也称得上是一个庞大复杂的团体了。相对于百姓而言，这个团体中的每一位成员都是特权阶级。但是，对这个团体再进一步作明细划分，也会有级别高低、亲疏远近之分。那么，这种皇室内部的差异是怎么体现出来的呢？

清入关以前，八旗制度、四大贝勒并坐理政制度等都是体现皇室亲贵等级的制度。清太宗皇太极时期，皇室成员的地位按照远近亲疏分门别类区别对待。皇太极认为："宗室者，天潢（皇族、宗室称天潢）之戚，不加表异，无以昭国体，甚或两相诋毁，晋及祖父，已令系红带以表异之。又或称谓之间尊卑颠倒，今复分别名号：遇太祖庶子，俱称'阿格'；六祖子孙，俱称'觉罗'。"六祖是指努尔哈赤的祖父景祖觉昌安兄弟六人，除觉昌安外，还有德世库、刘阐、索长阿、包朗阿与宝实。照此规定，太祖努尔哈赤的父亲塔克世的直系子孙称为"宗室"，塔克世生有五子，分别是努尔哈赤、舒尔哈赤、穆尔哈赤、雅尔哈赤与巴雅喇，也就是说，这五人的子孙都属宗室，系金黄色腰带，称为"黄带子"。努尔哈赤的叔伯兄弟的旁系子孙称为"觉罗"，系红色腰带，称为"红带子"。

此外，皇太极在崇德元年（1636年），将宗室定为九等爵位，分别是：和硕亲王、多罗郡王、多罗贝勒、固山贝子、镇国公、辅国公、镇国将军、辅国将军和奉国将军，爵号有"入八分"与"不入八分"之别。前四等爵都"入八分"，辅国公与镇国公则有"入八分"与"不入八分"之别。顺治六年（1649年）增为十二等，分别是：和硕亲王、多罗郡王、多罗贝勒、固山贝子、奉恩镇国公、奉恩辅国公、不入八分镇国公、不入八分辅国公、镇国将军、辅国将军、奉国将军和奉恩将军。乾隆十三年（1748年）定为十四等，依次为：和硕亲王、世子、多罗郡王、长子、多罗贝勒、固山贝子、奉恩镇国公、奉恩辅国公、不入八分镇国公、不入八分辅国公、镇国将军、辅国将军、奉国将军和奉恩将军。

虽同为宗室，但又有"近支宗室"和"远支宗室"之分。其中，"近支宗室"皆有辈数可考。康熙以下的子孙辈数为"允、弘、永、绵、奕、载"；道光七年（1827年），又续拟了"溥、毓、恒、启"四字；咸丰七年（1857年），再续"焘、闿、增、祺"诸辈名号，但还没来得及使用，清朝就灭亡了。此外，近支宗室还有"带偏旁的"和"不带偏旁的"之分，如咸丰一系的奕詝、奕譞等，偏旁都是"言"部；载洵、载涛，偏旁都是"水"部；溥仪、溥伟，偏旁都是"人"部，这些都是最近支的宗室。而庆亲王奕劻，虽然也是"奕"字辈的，但是庆亲王府这一支是由乾隆支派传下来的，不是最近支，所以不能用"言"部，而是用"力"部，以示区别。还如，"载"字辈的载振，不用"水"部，而是用"手"部；"溥"字辈的溥铨，不用"人"部，而用"金"部等，均属于这种情况。

由此可见，清代皇室的等级划分非常严格。清朝灭亡以后，爱新觉罗的子孙人口逐渐膨胀，婚姻关系日趋复杂，纯正血统也很难保障。而爱新觉罗氏后裔很多已改为汉姓，例如"金""肇""罗"等。

"格格"与"公主"

清朝入主中原让广大的汉族同胞领略了与众不同的少数民族文化，包括多元的文化理念、全新的礼教信仰、陌生的服饰和陌生的语言等。不知从何时起，"格格"的称谓流行起来，皇帝的女儿叫格格，亲王的女儿也叫格格，即使是普通旗人家的女儿也可以叫格格。这对于长久以来就有"公主"概念的汉族人来讲，确实难以理解。那么，"格格"是否就是指"公主"呢？

君王是天下的共主，地位非同一般，而君王的女儿也不是民家的女儿所能比拟的，自然尊贵无比，同时也要有相应的称号来衬托其荣耀的身份。关于君王之女称号的记载最早可以追溯到周代。周代早期，君王的女儿叫作"王姬"。根据《史记·吕后本纪》裴骃集解引如淳曰："《公羊传》曰'天子嫁女子于诸侯，必使诸侯同姓者主之'，故谓之公主。"此记载中的"公"指的是诸侯的爵位，"主"是主婚的意思。根据这句话可以得知，当时各诸侯国的诸侯都称为"公"，周天子把女儿嫁给诸侯时，自己不主持婚礼，而叫同姓的诸侯主婚，故天子的女儿被称为"公主"。到了春秋战国时期，"公主"的称号就非常流行了，诸侯的女儿也叫"公主"，或"郡主"。汉代以后，只有皇帝的女儿才能称为"公主"，诸侯的女儿则称为"翁主"。同时，因和亲等缘故出嫁的宗女或宫女，往往也加封为公主。《汉书·高帝纪下》中对"女子公主"的解释为："天子不亲主婚，故谓之公主；诸王即自主婚，故其女曰翁主。翁者，父也，言父自主其婚也。亦曰王主，言王自主其婚也。"这样，翁主就比公主低了一个等级。同时，从汉代开始，皇帝的姐姐称为"长公主"，先皇帝的姐妹为"大长公主"，加上"大""长"的字样是表示尊崇。北宋徽宗时曾恢复古称，改公主为

"帝姬"。

明代基本沿袭了历代的传统，将皇帝的姑母称为"大长公主"，皇帝的姐妹称为"长公主"，皇帝的女儿称为"公主"，亲王的女儿称为"郡主"，郡王的女儿称为"县主"。

清代的前身是关外的"后金"政权，最初并没有"公主"的称号，无论是国君的女儿，还是贝勒的女儿，有时也包括一般人家的女儿，都叫"格格"。"格格"一词原为满语的译音，译成汉语就是"小姐、姐姐"之意。例如，清太祖努尔哈赤的长女称"东果格格"，次女称"嫩哲格格"。清太宗皇太极继位后，于崇德元年（1636年）仿照明制，将皇帝的女儿称为"公主"，并规定皇后所生之女称"固伦公主"，妃子所生之女及皇后的养女称"和硕公主"。自此，清代皇帝的女儿才有了"公主"的称谓，区别于一般的贵族小姐，而"格格"也成为皇室贵胄女儿的专用称号。

按照《清史稿》中的记载："公主之等二：曰固伦公主，曰和硕公主。"可见，清代公主有两个级别，固伦公主、和硕公主。"固伦"在满语里是"天下"的意思，皇帝为九五至尊，所生的女儿自然得配"固伦"二字。不过，也并非所有的公主都能有"固伦"的名号，只有皇后所生的女儿才能受封为固伦公主。和硕公主为第二等，"和硕"在满语中是"一方"的意思，妃嫔所生的女儿和皇后抚养的宗女受封为和硕公主。

"格格"的等级则另有规定。清顺治十七年（1660年）将"格格"分为五等，如下所示：

（一）亲王之女，称为"和硕格格"，汉名为"郡主"；

（二）世子及郡王之女，称为"多罗格格"，汉名为"县主"；

（三）多罗贝勒之女，亦称为"多罗格格"，汉名为"郡君"；

（四）贝子之女，称为"固山格格"，汉名为"县君"；

（五）镇国公、辅国公之女，称"格格"，汉名为"乡君"。

此外，"公"以下之女，俱称"宗女"。"格格"之称一直沿用至清末民初之际才渐渐终止。清代部分公主如下：荣安固伦公主、和硕和惠公主、和硕端柔公主、固伦荣宪公主、和硕端静公主、固伦恪靖公主、固伦温宪公主、固伦纯悫公主、和硕温恪公主、和硕悫靖公主、和硕敦恪公主、固伦纯禧公主、和硕恭悫公主、和硕和顺公主、和硕柔嘉公主、固伦端敏公主、和硕淑慎公主、和硕怀恪公主、和硕和婉公主、端悯固伦公主、端顺固伦公主、寿安固伦公主、寿臧和硕公主、寿恩固伦公主及寿禧和硕公主。

密匣之谜

代表着至尊皇权的乾清宫的"正大光明"匾的后面,有一个神秘的匣盒,匣中所记录的名字就是下一任皇帝的尊号。这个密匣从何而来,又是如何影响着清朝皇位的传承呢?

乾清宫"正大光明"匾

一个王朝的延续体现为皇位的传承，而权力转移的过程总是伴随着钩心斗角、刀光剑影。这种现象并非人性太过贪婪，而是封建社会的"人治"创造出了一个高度集中的权力，每个人都想将其掌握在手中，受用终生。汉文化深受儒学影响，对"身份等级"的观念根深蒂固，对"长幼尊卑"划分得十分清楚。因此，皇位更替时，一直遵循"有嫡立嫡，无嫡立长"的原则，这样，皇位传承时斗争的激烈程度略有缓解。到了清代，从太祖努尔哈赤到康熙这一百多年间，攻城略地，平藩拨乱，设署建制，励农经商，无论军机政务多么繁忙，愈演愈烈的皇权斗争始终如影随形。无论是皇太极还是顺治，登位之初都引起了不小的混乱，而秘密立储制度的创设就是为了解决皇权的纷争。

说起秘密立储制度，人们似乎比较陌生，然而提起"正大光明"匾后的密匣，却有很多人知道。秘密立储制度由雍正帝首创，并为后世所沿用。雍正在继位以前，亲身经历了夺权斗争，对诸位皇子之间险恶的权力斗争深有感触。继位后，雍正吸取了以往的教训，创设了此制度。《雍正起居注》中记载了雍正于雍正元年（1723年）八月十七日，在乾清宫西暖阁向总理事务大臣、满汉文务大臣、九卿颁布谕旨：

> 我圣祖皇帝……命朕缵承统绪，于去年十一月十三日，仓卒之间一言而定大计……圣祖之精神力量，默运于事先，贯注于事后，神圣睿哲高出乎千古帝王之上，自能主持，若朕则岂能及此也……今朕诸子尚幼，建储一事必须详慎，此时安可举行。然圣祖既将大事付托于朕，朕身为宗社之主，不得不预为之计。今朕特将此事亲写密封藏于匣内，置之乾清宫正中世祖皇帝御书"正大光明"匾额之后……以备不虞。诸王大臣咸宜知之。或收藏数十年亦未可定，尔诸王大臣等当各竭忠悃辅弼朕躬……（诸臣表示无异议后）留总理事务王大臣将密封锦匣收藏于乾清宫"正大光明"匾额后……

这份圣谕表明，从此不再公开册立皇太子，而是将皇太子的秘密谕旨一式两份，一份由王公大臣见证藏于匣内，置于乾清宫"正大光明"匾后，另一份放在皇帝身边。等到皇帝驾崩后，由御前大臣取下密匣，和皇帝密藏在身边的一份对照验看，经核实后，当众宣布皇位继承人，承继大统。

由于秘密立储不会过早地宣布皇位继承人，也不是遵循"立嫡立长"的继承制度，所以，只要是有心帝位的皇子，从理论上说都有机会继承大统。于是，皇子们会约束自己的行为，力求博得父皇的欢心。同时，在没有确立明确的竞争目标的情况下，朝廷内不会产生庞大政治集团的结党行为。秘密立储的方法虽然不能彻底消除统治阶级内部的政治斗争，但一定程度上避免了公开皇储后众皇子之间展开的血腥斗争，缓解了储权对皇权的威胁，削弱了帝位之争的激烈程度，使得皇权平稳过渡总体上来讲温和了许多。

自雍正确立秘密立储制度之后，乾隆、嘉庆、道光、咸丰均按照这一制度继承皇位。但是到了咸丰末期，由于咸丰只有一个儿子，使得秘密立储没有实际的意义了。而同治、光绪两帝没有子嗣，宣统还没来得及亲政，清王朝就彻底覆亡了，秘密立储制度自然废止。

皇族犯法

中国有句古话：王子犯法，与庶民同罪。在处处讲究等级观念的封建社会，这种体现绝对公平的至言就是一句空话。"杀人偿命，欠债还钱"的准则只能在平等主体之间贯彻正义，却撼动不了特权阶级的堡垒。但是，世上没有固若金汤的堡垒，皇室贵族也深知这个道理。所以，皇族贵胄有时也会放低姿态，以适应百姓的处世方式。这是否表示，一旦皇族成员触犯了杀人的禁忌，也会"以命抵命"呢？

封建社会是等级社会，不可能消除等级的差距；即使有惩治皇族的情况发生，也绝不是普遍现象。

以清代为例，清代主持和管理皇族的机构为宗人府，其建立的目的，名义上为惩治皇族成员犯罪，实际上是保护皇族的特权。

按照一般规定，宗室犯法，由宗人府会同刑部一起审理；觉罗犯法，由刑部会同宗人府审理；涉及户婚、田土的案件，由宗人府会同户部审理；觉罗由户部会同宗人府审理。总之，无论发生什么案件，只要涉及宗室和觉罗，宗人府就会出面与其他部门共同审理，以便偏袒和维护皇室成员的利益。由此一来，皇室成员即使犯法，量刑也是很轻的。通常，犯笞杖罪，即用鞭、杖或竹板打的罪名，可以用"养赡银"代替，具体方法是：笞十到五十，折罚养赡银一个月至四个月；杖六十至一百，折罚养赡银六个月到一年；如果犯罪情节确实可恶，则不能用"养赡银"替罪。一般旗人犯徒、流、军遣罪，折枷号示众，比起普通百姓已是优待。如果是宗室或觉罗犯同等罪，则以折圈禁代替，按照轻重罪行加责数十板，但不必上枷号，不示众。如果是初次犯两年半至三年者，由宗人府圈禁一年，责打二十五板就可开释；初次犯两千五百至三千里者，折地圈禁两年，责打三十板；初次犯边远及极边烟瘴军罪者，折圈禁三年，责打四十板。这里所说的圈禁，是指宗人府的"空房"，即专门用来监禁宗室、觉罗的处所。清入关以前曾规定，一旦宗室贵族犯法，便以"囚禁高墙"处刑，即软禁。入关后，该处刑制度得到完善和发展，形成圈禁制度，处刑的范围也从少数贵族扩展到全体皇族成员。实际上，圈禁基本不具有惩罚的实际意义，圈禁皇室成员的空室长期不设禁卒，也不上锁，出入自由；每日的饭食足量，出身尊贵的人还可以让家里送饭；宗室大员甚至可以将家中的仆人带进来，以供差遣。此外，《宗人府则例》还规定：亲王、郡王犯法，不能传问，只能由办案人员至亲王、郡王府讯问。也就是说，宗室、觉罗可以不受传问。因此，皇亲国戚犯普通的罪行，基本上不会受任何惩罚。

但是，一旦宗室犯服制、谋杀等重大情节的罪行，"应照刑律定拟，恭候钦定"，寻常案件"应先行革去宗室顶戴，照平人一律问拟斩绞，分别实缓"。按照这样的规定，从理论上讲，皇室成员犯了命案，是不可宽免或用折圈抵罪的。但是，理论终归是理论，在实际操作上往往回旋余地很大。可见，"以命抵命"绝不适用于等级社会的实践。

"铁帽子王"

有时，我们会从清代宫廷影视作品中听到"铁帽子王"的字眼，同时还包括世袭罔替、因功封王之类的话。那么，究竟什么是"铁帽子王"呢？"铁帽子王"又是什么级别呢？

"铁帽子王"是一种通俗的说法，是指世袭罔替的王爵，其身份高贵且封爵像铁一般牢固。清代封爵有两种形式，一种是因军功受封，称为"军功封"；另一种是以皇帝直系子孙受封，称为"恩封"。

清初，有六位亲王和两位郡王在清朝开国以及入关统一时期立下汗马功劳，因此，这八人凭借军功获得了世袭罔替的永久封爵，即"铁帽子王"。这八人分别是：和硕礼烈亲王爱新觉罗·代善、和硕郑献亲王爱新觉罗·济尔哈朗、和硕睿忠亲王爱新觉罗·多尔衮、和硕豫通亲王爱新觉罗·多铎、和硕肃武亲王爱新觉罗·豪格、和硕承泽亲王（后改为庄亲王）爱新觉罗·硕塞、多罗克勤郡王爱新觉罗·岳托和多罗顺承郡王爱新觉罗·勒克德浑。在清初的八大"铁帽子王"中，代善支系占了三个，除了代善本人，还有其长子岳托以及其孙，即第三子萨哈廉的次子勒克德浑，可见代善支系在爱新觉罗各支系中势力最强。

此后，"铁帽子王"又增加了四个，分别是：和硕怡亲王爱新觉罗·允祥、和硕恭亲王爱新觉罗·奕䜣、和硕醇亲王爱新觉罗·奕譞及和硕庆亲王爱新觉罗·奕劻。这四位都是因为与皇帝有着特殊亲密关系而受封，属于恩封。

清高宗乾隆帝规定：以军功得封者，无论王、贝勒等爵，均世袭罔替，即世代承袭本爵，永不降封；恩封王、贝勒等爵，均每世递降一等承袭，即亲王爵递降至镇国公，郡王爵递降至辅国公，贝勒递降至不入八分镇国公，贝子递降至不入八分辅国公，镇国公递降至镇国将军，辅国公递降至辅国将军，再往后则由本爵世袭罔替。按照这个规定，清朝历史上这十二位"铁帽子王"中的前八位都是"军功封"，因此都是世袭罔替，永不降封，无论延至几代，都是承袭原来的爵位。而后四位属于"恩封"，后代承袭爵位时，每一代都要降一等，降至辅国将军时就不再降了。

爱新觉罗的后世子孙承袭其先辈的爵位时，基本上都是子袭父爵，但并非采用汉族的嫡长子承袭制，而是在众多子嗣中挑选一个最具才能、功勋最大，或自己最喜欢的儿子承袭爵位。

满汉不能通婚

　　婚姻制度或多或少反映了一个民族对自身纯正血统的保护程度，无论怎样，人们对"纯血"的喜爱还是超过了"混血"。主体民族在保证血统方面总是保持着优势，但也会执着于"纯血"的羁绊。主体民族尚且如此，那些在数量等方面都不占优势的少数民族，肯定也会通过婚姻制度确保自身的"纯正"繁衍。可见，清代实行"满汉不能通婚"并不是单纯的婚姻制度，而是蕴含着很深的维护民族血统纯正的情结。但是，维持了近三百年的清朝，究竟有没有"满汉通婚"的例外呢？

　　维护血统纯正是清代封建宗法制度的核心，皇室成员也是按照血缘远近划分亲疏关系的，故而血统对清代强化皇权、维护满族贵族统治意义重大。满族贵族成员间的联姻要遵循严格的血统制度，以便考证血缘的远近关系，从而划分高低等级。清统治者对维护皇室贵族的纯正血统如此重视，自然不会允许引进外族血统。

　　所以，清代执行"满汉不通婚"的国策，严格地讲应为"旗民不结亲"，其中的"民人"是指所有在旗的人对不在旗的汉人的称呼。清初，部分汉人也被编入汉军八旗，因此，在编的旗人中也有汉人。"满汉不通婚"实际上是指旗人不可与旗外民人结亲，但八旗内部是可以通婚的。

　　例如，清世祖顺治帝的佟妃，即清圣祖康熙帝的母亲孝康章皇后佟佳氏，就是满族汉军八旗的，其父佟图赖，家族本来姓冯，满姓为佟佳氏。八旗中有很多都是汉人，但这些汉人的后裔通常认为自己是满族人。

　　为确保"旗民不通婚"能严格执行，统治阶级制定了相应的规范。根据《宗人府则例》规定，宗室、觉罗不得与民人结亲，违者照违制律治罪。宗室、觉罗的私生子女，虽未被黜夺族籍，但也要另外载入别的名册。并且详细规定，凡宗室、觉罗私生子女，由宗族查出呈报宗人府，或因案发觉，除将该宗室、觉罗照例科罪外，其所生子女，宗人府另档存记；宗室之子授以红带，觉罗之子授以紫带，交旗编入佐领安置，以便"尊本系而重天潢"。满人与汉人的私生子女不仅比他们的生父身份各降一等，且被交旗安置，像普通旗人一样生活，不享受宗室、觉罗应有的特权待遇。

光绪时期，清政府为了挽救岌岌可危的清朝，颁布了一系列"新政"，其中就包括允许"汉满通婚"，以便笼络汉族子弟。现在在各民族平等的时代背景下，"满汉不通婚"的旧制已经很少见了，婚姻不再受民族的限制。但是，也会有一些原为大户的八旗后裔，仍然遵循"满汉不通婚""旗民不结亲"的传统风俗。

选秀制

　　"溥天之下，莫非王土；率土之滨，莫非王臣。"全天下都是皇帝的，那么全天下的人也都是皇帝的。皇帝是狡黠的，他会将全天下的贤才聚拢起来，让他们耗尽所有的聪明才智，替皇帝守住江山社稷；皇帝更是贪婪的，他会将全天下的美女都召进后宫，让自己阅尽人间美色，享尽齐人之福。清朝出身于关外，对汉人的文化传统属于后知后觉，像选秀女这种选美制度原本是没有的，那么，是清朝的哪一位皇帝开创了选秀制度呢？

　　清入关以前，皇室的婚姻更多的是体现政治婚姻的性质，主要是为了巩固与各个军事集团的同盟关系，例如，满族子弟大多与蒙古族部落的女子联姻，这就是典型的通过联姻巩固军事同盟的做法。努尔哈赤、皇太极两代皆是如此。清入关后，清世祖顺治帝成了清朝统一全国后的第一任皇帝，君临天下，但是，满蒙联姻的传统仍要遵循。于是，刚满十四岁的福临于顺治八年八月（1651年9月）迎娶了蒙古卓礼克图亲王吴克善的女儿，也就是顺治帝的生母孝庄皇后的侄女博尔济吉特氏。但是顺治很不喜欢摄政王多尔衮给他挑选的皇后，他认定博尔济吉特氏没有统驭后宫的能力，便顶住了皇太后和大臣们的压力，于顺治十年（1653年）降旨："自古立后，皆慎重遴选，始可母仪天下。今后乃睿亲王于朕幼时因亲定婚，未经选择，宫闱参商已历三载，事上御下，淑善难期，不足仰承宗庙之重……降为静妃，改居侧室。"废除了皇后。

此后不久，顺治帝再次颁谕诏告天下："选立皇后，作范中宫，敬稽典礼，应于内满洲官员之女，在外蒙古贝勒以下、大臣以上女子中，敬慎选择。"该道圣旨清楚地表达了顺治的意志。由此，满蒙联姻不再是清代皇帝选妃的唯一方式。顺治帝将满洲官员和外藩王公大臣家的女子都纳入遴选皇后的范围，极大地扩展了联姻的范围，清代选秀制度也初具雏形。

通过首次选秀，科尔沁蒙古镇国公绰尔济十四岁的女儿博尔济吉特氏脱颖而出，被顺治帝选中。巧合的是，此女是废后静妃的侄女，也是孝庄皇太后的侄孙女。顺治十一年五月（1654年6月），顺治帝举行了大婚，册立皇后。这是清代实行"选秀"制度后的首次婚礼。

根据《大清会典》的记载："选秀女，顺治年间定。"顺治帝通过一番努力，为他的子孙选择并亲身实践了挑选后妃的办法，使皇帝的婚姻除了具有政治意义，也能

列队待选的正黄旗秀女

宫墙围禁

在一定程度上符合皇帝本人的意愿。

按照选秀制度规定，选秀每三年举行一次，入选的都是满洲八旗女子，汉女不得入选，以确保血统纯正。清廷规定，凡是年龄在十三至十七岁的八旗少女，都须按年向户部具呈备案。行选时，京师和各地参选的女子，由各旗的参领、领催负责照看，乘专车前往皇宫。运送秀女的车队必须在夜间行进，在规定时间前聚集宫城北门神武门。然后，秀女们按年龄顺序分批排班，由户部官员带队负责，在顺贞门外等候挑选。挑选工作由太监首领主持。秀女们五人一组，排开站立，由太监细细审视。中意的留下姓名牌子，称"留牌子"，牌子上书：某官某人之女，某旗满洲人或蒙古人、汉军人，年若干岁。初选完毕，没被选上的秀女由本旗专车载回。初选通过的女子要入宫进行复选。复选时考察绣锦、执帚等一应技艺，并观其仪容形态。经第二次遴选被淘汰的叫"撂牌子"，送出皇宫。经过层层筛选而当选的秀女，或成为皇帝的妃嫔，或被指配亲王、郡王、皇子、皇孙，其他的则留在宫廷值役。

自顺治帝首创选秀制度后，此后历朝逐步完善。乾隆时期，上谕命驻防外省的旗员之女，凡同知以下和游击以下的文武官员之女，停其选送，以免往返跋涉之劳。此后，一些下级官员和兵勇、壮丁的女儿也可以免选了。嘉庆年间，嘉庆帝认为皇后和妃嫔的亲姊妹以及她们娘家兄弟的女儿与众不同，虽不必免选，但应单独排班，慎重考虑；而公主作为皇帝的至亲，她们下嫁后所生之女虽然不姓爱新觉罗，但血缘太近，若参加选秀太过荒唐，也应免选。针对上述情况，于嘉庆十八年（1813年）颁布上谕："八旗满洲、蒙古应行挑选女子人数渐多，下届挑选时，除八旗满洲、蒙古自护军、领催以上女子照旧备选外，其各项拜唐阿、马甲以下女子，著不必备选，著为令。"自嘉庆以后，选秀女的制度基本沿袭下来，没有太大的变化。由于最后一位皇帝溥仪尚在年幼时清朝就灭亡了，因此，光绪是清代历史上最后一位实际意义上举行过选秀的皇帝。光绪十四年（1888年），在慈禧的操纵下，光绪帝无奈地选择了慈禧的兄弟桂祥之女叶赫那拉氏，即后来的隆裕皇后，她也是最后一位通过选秀册立的皇后。

民女逃避入宫

俗话说，一入宫门深似海，平常人家的女孩大多不愿意卷入福祸难料的宫廷斗争，常常"谈宫色变"，于是她们绞尽脑汁，千方百计地逃避入宫。在众多的办法中，私自聘嫁似乎是一个不错的方案，也是一个较为普遍的方法。但是，这样的办法真的行得通吗？

明、清两代，选秀女、选宫女的制度，使大批优秀的女孩子不断地补充到皇宫中，从而使后宫的规制越来越完善，但是被选入宫对女孩子来说并非是好的出路。被选入皇宫中的女孩子，能够得到皇帝的宠幸且能被封妃造册的实属凤毛麟角，大多数女孩子都是以宫女的身份在宫中值役，从此过着凄惨卑微的生活。即使得到了册封，也并非从此高枕无忧。皇宫中佳丽众多，沉鱼落雁，环肥燕瘦，眼中满园春色的皇帝，又怎么会"弱水三千，只取一瓢"呢？后宫众多的女人都想方设法争夺宠幸，其凶险程度可想而知，这样的宫廷真是唯恐避之不及。

正因如此，民间才绞尽脑汁以应对宫廷采选。明代时，采选宫女就像科举制度一般，有一整套严格的规制。朝廷看上去非常重视选秀，将其当成一件大事来对待。但很多时候，朝廷是"剃头挑子一头热"，百姓并不希望自家的女儿被选进宫中。相反，只要一听到宫中又要采选宫女，百姓便如惊弓之鸟一般，千方百计也要逃避采选。

万历年间的《常熟县志》，记载了该县百姓听闻朝廷准备采选宫女的消息后，人心惶惶不可终日的情景。当人们听到"朝廷命内臣选入宫女子于各省"的消息后，县内所有的未婚女子"各务苟合，无复人道"。在松江等地，甚至"有垂髫即筓者，有乳臭为夫者"，一场婚嫁高潮如潮水一般，将当时常熟县的未婚女子一网打尽，尽成他人妇。最后，甚至连寡妇也因"采选宫女"的消息而草草再婚。

此外，人们对采选宫女的畏惧已经达到神经质的地步，无论是真是假，一有风吹草动便草木皆兵。"把总梅魁自北关抵城，守者放炮启门"，尚在睡梦中的百姓猛然惊醒，以为是"采女子内官至矣"，惊恐万状。据说，当时有一家富裕大户，家中尚有待嫁的小姐，半夜时听到炮响，全家惊慌失措，又不敢在晚上出去找人，正好想起家中雇用了一个制造银器的锡工，竟将锡工权充女婿。富翁大喊："急起，急起，可成亲也。"睡梦中的锡工如堕云里，"及起摹搓双眼，则堂前烛火辉煌，主翁之女已艳装待聘矣"。这就是民间广为流传的"拉郎配"的故事，尽管荒唐，却真实地反映了民间对采选宫女的恐惧心理。由此可见，明朝的宫女采选给当时的人们带来的惊吓和痛苦的强烈程度。

明代宫廷对宫女的非人摧残，是民间产生入宫恐惧的主要原因。到了清代，宫廷斗争虽然也很激烈，但已不像明代宫廷那般近乎变态地折磨宫女，也不会动辄就屠灭整整一宫的侍女，包括主子。自清入关以后，朝廷也没有让宫女殉葬的残酷制度。因此，清代以后，人们对入宫的态度不像明代那样极度悲观和疯狂，变得平静了许多。尽管如此，不愿入宫的传统思想还是深深影响着百姓，人们依然会寻找各种各样的理由逃避入宫。对此，清廷出台了整套严格的宫选规制。

清代对选秀的管理非常严格，根据规定，凡年龄在十三至十七岁、身体健康无残疾的旗籍女子都必须参加阅选。如果因故未能参加阅选者，则必须参加下届阅选。第一次被选中的秀女称为"记名秀女"，五年内不许私自嫁聘，以备复选，如有违反，上至都统、副都统、参领、佐领，下至旗长及其父母，都要受到一定的处罚。被选中留牌子的秀女久不复选，而五年的记名期已过，这样的女子只能终身不嫁了。如果确有残疾，不堪入选者，须族长、领催、骁骑校、佐领等层层呈报并开具证明，各旗都统再行文户部，皇帝同意后，才能免选。凡八旗女子必须应选秀女一次，因某种原因到了十七岁还未参加过应选的女子，也只能终身不嫁。据记载，乾隆六年（1741年），两广总督玛尔泰的女儿恒志，已年过十七岁，但从未入选秀女，玛尔泰为此奏请皇帝为女完婚。乾隆严词拒绝，并痛斥了玛尔泰。于是，恒志虽贵为一品大员之女，却也只能永远待字闺中了。

清代除了选秀女，也选宫女。清代宫女的地位较之明代要高得多，有些宫女甚至可以晋封为内廷主位。清代宫女是在内务府包衣、佐领以下的女儿中，每年引选一次，由内务府会计司主办，具体做法与选秀女大体相同。由此可见，想要通过私自嫁聘的方式逃避入宫，基本上是行不通的。

宫妃殉葬

　　人们可以有很多理由，为了另一个人放弃自己的生命，无论是否出于本人的意愿，这都是一件伤感的事情，心甘情愿不过是在残忍中注入了一丝温暖。如果是被迫殉葬，那么，就只会留下绝望无助的泣血悲歌。皇帝去世了，但贪婪之心不会停止，他们希望情分能够延续，希望自己不会寂寞，希望在另一个世界里也能体会到做皇帝的威严。总之，他们就是希望有人可以跟随自己而去。如此一来，后妃们的命运就难以预测了。在皇帝生前，她们已经受尽了伴君如伴虎的折磨，难道皇帝死后，仍然要和她们纠缠不清吗？

　　殉葬是古代的一种丧葬风俗，是指以器物、牲畜甚至活人陪同死者葬入墓穴，以保证死者亡魂的冥福。据考证，殉葬制度最早起源于殷商时期。此后，历朝皆有殉葬的习俗。

　　《墨子·节葬》中说："天子杀殉，众者数百，寡者数十；将军大夫杀殉，众者数十，寡者数人。"秦时，人殉盛行。秦始皇死后，秦二世胡亥下诏令："先帝后宫非有子者，出焉不宜，皆令从死。"据此诏令，没有生过孩子的后宫嫔妃一律殉葬，死者众多。此外，《史记·秦始皇本纪》中还说："葬既已下，或言工匠为机，臧（指奴隶）皆知之，臧重即泄。大事毕，已臧，闭中羡，下外羡门，尽闭工匠臧者，无复出者。"为了防止建陵的工匠泄露墓中的机密，胡亥便将他们全部处死。因此，为秦始皇殉葬的人不计其数。此后，历朝历代或多或少都有殉葬的习俗。

　　明代是宫妃活人殉葬的一个高潮。洪武二十八年（1395年），朱元璋的次子秦王朱樉死后，朱元璋就命两名王妃殉葬，以陪伴自己躺在地下的儿子。由此，明代开始了残酷的活人殉葬。洪武三十一年（1398年），朱元璋死后，他的孙子朱允炆继位，遵遗诏，依古制，凡没有生育过的后宫嫔妃，皆令殉葬。据记载，此次共陪葬及殉葬四十位嫔妃，除了两个死在太祖之前，最后得以埋在太祖陵墓的东、西两侧外，其余三十八人都是殉葬而死。明成祖朱棣死后，也令活人生殉，但在人数上有两种说法，一种是《大明会典》的十六人，一种是朝鲜《李朝实录》的三十余人，其中包括朝鲜选送来的宫女。明仁宗朱高炽死后，有五个妃子殉葬，分别为贵妃郭氏、淑妃王氏、丽妃王氏、顺妃谭氏和充妃黄氏。明宣宗朱瞻基死后，殉葬的人数一说为七人，一说为八人，但从《明史·后妃传一》最后的加谥名单来看，又可能是十人。明代宗朱祁钰死后的殉葬人数，史书上仅记载"诸妃嫔唐氏等"，具体人数不明。明初五代皇帝殉葬嫔妃的总数在一百人左右。

殉葬的宫妃名单由嗣位的皇帝和大臣决定，地位较高或有子女的妃嫔殉葬的不多。有些宫妃出于某种身后的考虑而自愿殉葬，但这种情况很少，大多数人都是被强制殉葬的。从文献记载来看，明代宫妃集体殉葬时的场面十分凄惨，一般采用自缢或绝食等方法。在从殉之前，嗣皇帝要在宫中设宴为其送行，宴后，在预先准备好的地方设一小木床，在上面的房梁上挂一绳索，从殉的宫妃站到木床上，将头用绳套住，宦官再把木床撤走。此外，据说还有灌水银的殉葬方法，具体做法是命令侍臣和太监给那些陪葬的宫女、妃嫔的茶杯中下"安眠药"，等到她们一睡着，那些太监就开始往她们体内注入水银，这样陪葬的人就一"睡"不起了，以保证陪葬的宫女、妃嫔容颜不变。宫妃们都是哭着离开人世的，每到那时，都"哭声震殿阁"，让人不禁感慨她们悲惨的命运。

从殉宫妃死后，按照她们生前的不同身份，发给不同质料的棺木装殓，然后按顺序埋入所殉的皇陵中。同时为表彰其节行，嗣皇帝还要为其追赠谥号。

明代的殉葬持续了五代，明英宗时废除了宫妃殉葬制，但是，宫妃们虽不必殉葬了，但宫女、太监们仍然不能免遭厄运。

清入关以前，实行人殉还比较普遍，历史也比较长。刚开始殉葬的主要是妻子，后来妻子不愿殉葬，便由妾代替。清皇室也秉承了这样的传统，在入关前及入关初期，都有鼓励妻妾或男性仆人殉葬的现象。例如，清太祖努尔哈赤死后，有大妃乌拉纳喇氏，庶妃阿吉根、代因扎殉葬；清太宗皇太极死后，妃子章京敦达里、安达里殉葬；清世祖福临死后，妃子栋鄂氏、侍卫傅达里从殉；睿亲王多尔衮死后，侍女吴尔库尼从殉。满族早期的从殉人都是皇帝生前决定好的。殉死时，从殉人先穿戴整齐坐在炕上，然后用弓箭射死。后来不再使用这种杀殉方式，改为用绳绞缢。

康熙时，礼部给事中朱裴上疏，请求停止活人殉葬制度，得到皇帝的批准，清廷遂于康熙十二年（1673年）明令禁止八旗包衣佐令以下的奴仆随主殉葬，从而结束了这一残酷的习俗。

土葬与火葬

由于民族、地区的不同，我国存在着多种多样、各具特色的葬俗，有天葬、水葬、土葬或火葬。由于宗教信仰和宗教崇拜的影响，几乎每种葬俗都带有独特的宗教文化色彩。明、清两代的统治者，分属于不同的民族，遵从着不同的文化理念。汉人遵循土葬的葬俗，清代满族皇帝是否也要入乡随俗，实行土葬呢？

中国的葬俗有火葬、天葬、水葬、土葬等方式，其中土葬的历史较为悠久，对百姓民俗观念的形成影响深远。土葬始于原始社会末期，到了秦汉，统治者以"身体发肤，受之父母，不敢毁伤"为由，禁民火葬，土葬遂成为汉民族的通用葬式，并世代沿袭。汉族传统文化认为，死者入土是人的必然归宿。《礼记》中说："众生必死，死必归土。"《太平御览》中说："人死曰鬼，鬼者归也。精气归于天，肉归于土。"《礼运》也说："魂气归于天，形魄归于地。"可以看出，古人认为，人死后，形体埋入地下，脱离形体的灵魂才可以归于天。由此，土葬符合汉族人民的生活习惯，寄托了慎终追远的伦理情感。

明代的皇帝死后，必然实行土葬。但清朝发源于关外的女真族，沿用满族的旧礼，人死之后要火化。对此，雍正曾说："本朝肇迹关东，以师兵为营卫，迁徙无常，遇父母之丧，弃之不忍，携之不能，故用火化。"由此可见，火葬的制度与满族当时居无定所的社会生活相适应。

清代共有三位皇帝实行火葬，即清太祖努尔哈赤、清太宗皇太极和清世祖福临。其制度基本为先停丧在官内，等陵墓修好后，再移灵至陵区建筑中安放，一年之后再火化葬入地宫。

　　与王公大臣的葬礼相比，皇帝的火化仪式相当隆重。以皇太极的葬礼为例，皇太极于崇德八年（1643年）八月九日猝死于沈阳故宫的清宁宫。当天日落之后，皇太极的尸体装棺，停放在故宫崇政殿内，九月二十一日移至沈阳城北的昭陵存放。一年后的顺治元年（1644年）八月九日，顺治帝率亲王以下、佐领以上，固伦公主、和硕妃以下，奉国将军、淑人、都统、尚书、命妇以上臣民齐集昭陵，读文致祭，行大礼后将皇太极尸体焚化。八月十一日，中宫太后率众妃及公主到焚化处将骨灰装殓在金宫（即骨灰罐）内，放到预先设置的御案上，跪献三爵，行三叩头礼举哀。之后由内大臣、辅国将军等捧金宫安放在地宫内，陈设祭物，整个火葬仪式才算结束。

　　到了康熙朝，由于满汉民族的不断融合，满族深受汉族习俗的影响，因此，其丧葬习俗也随之逐渐改变。康熙帝驾崩后，其子雍正帝决定采用汉族的下葬方式为康熙帝举行葬礼，同时下诏，规定以后皇帝均采用土葬而不再火化。到乾隆朝，规定无论皇族还是平民，死后一概不许火化，倘有犯者，按律治罪。至此，火葬制度才被彻底废除，土葬成为清朝的法定丧葬方式。

密奏制度

　　密奏就是指不能公开报告，需要秘密约见。在繁多的国家事务当中，并非所有的事情都可以公开地提出、商议和解决，这其中会触及复杂的利益关系，臣子不得不谨慎处理。皇帝当然想掌控所有的事情，但也不能不顾及臣子们的实际情况。那么，有没有一种制度，既可以满足皇帝的掌控需求，又能避免大臣因公开奏报而带来不必要的麻烦呢？

　　在封建君主专制时代，皇帝深居内宫，与外部世界长期隔绝。而皇帝要了解国家，才能治理国家。皇帝要想不被架空，就必须得到臣子的回应，这就要求臣子们时刻了解国家大事、百姓动向，然后上报皇帝，等待皇帝裁定相应的施政方针。

（和硕怡亲王）允祥的奏折

经过历朝历代的发展，奏事制度日渐完善，成了国家机器正常运转的重要机制。

明代承袭前代的制度，官员可以采用题本和奏本两种方式上书皇帝。其中弹劾、兵马、钱粮、司法等公事用题本，陈述私事用奏本。清代前期也沿袭了这种制度。但是题本的拟写和行文程序复杂，必须用仿宋体书写，加黄、折面，要求摘要，还需誊写副本，制作完毕后递交通政使司转内阁，经内阁学士审核、草拟批答后呈送皇帝，皇帝批阅后再经人用满、汉文字誊清，然后发还，整个程序太过复杂。此外，题本内容经过拟写人、通政使司、内阁、皇帝、抄写人等手，环节过多，难免泄露。而奏本的拟写虽然比题本简单，但是要经历与题本相同的环节，同样存在容易泄密的缺陷。

顺治年间，为了避免这些不便，产生了一种新的文书形式——奏折。奏折不拘格式，书写自由，不必加贴黄，拟写快捷，而且无须送通政使司转内阁，可直接呈递，由皇帝亲自启阅批示，保密性很强。此时，奏折还只是在上朝时的具折奏事，只能算是一种折中的奏事方法。乾隆年间，为了便于臣下上书，上谕旨："同一入告，何必分别名色。"从此，奏折成为国家正式文书。

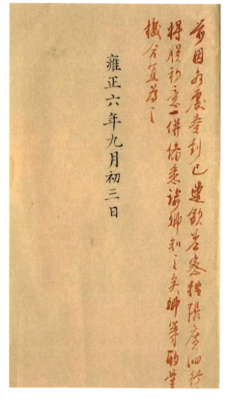

雍正朱笔御批

国家的事务何其复杂，有些事情只能皇上知会，不能公开言传，于是，便出现了一种只能由皇帝知晓的奏折，因奏折的折面、折内标明"密奏""密折"字样，故被称为"密奏"或"密折"。

密奏最早出现在顺治朝。康熙继位后，密奏的作用越发重要。康熙认为使用密奏能使"人不能欺朕，亦不敢欺朕"，故予以推行，并命令亲信文武大臣须经常向他"附陈密奏，故各省之事不能欺隐"。现存有康熙朝的密奏三千余件，系由百余人所呈，说明密奏的运用比顺治时更为广泛。

雍正登基后，为了直接了解下情，监视、镇压政敌和人民的反抗，整肃吏治以加强皇权，巩固统治，大力推行密奏，并建立起一套严密的制度，即"著名科道每日一人上一密折，轮流具奏。一折只言一事，无事亦须声明"。尚书、侍郎等官，每日一人轮班奏事，密折封进。同时，雍正朝有具折权的官僚队伍较康熙朝大幅度扩大。据统计，康熙朝有具折权的官员仅一百多人，而雍正朝短短十三年便发展到一千两百多人。大学士、总兵官及各省督、抚、提、镇、藩、臬皆可就有关政治、军事、经济、吏治、民情风俗等情况具折密奏。此外，雍正朝密奏制度已经程序化，自缮折、装匣传递，到批阅、发还和收缴，都有条不紊运行。密折须具有具折权的人亲笔写好后装入折匣，然后递送。为了及时收发、批阅、处理密折，雍正帝设立了专门转呈、接受密折的机构——奏事处，由专门的奏事官接收、转呈密折。凡拥有密折奏事权的官员都是雍正安插在百官中的"耳目"，而奏事人自己又受其他一个或多个奏事人秘密监督，形成互相监视的局面。这样，人人都处于受监视的境地，所有人的行为都受到了约束。雍正帝就是通过密折制度来控制、监督考察百官，选拔和任用官吏。

密奏的引文程序可分为以下环节：

（一）书写。凡密奏必须亲笔书写，不得委托他人代笔。即使文化水平低的武官，也必须亲自拟写，可以不用楷书，字体、大小随意，只要词能达意即可。

（二）用纸。密奏如陈述事状者，用素纸，其他请安、谢恩等事用黄纸。这样，皇帝通过纸张的颜色就能分辨密奏内容的类别，便于根据轻重缓急来处理。

（三）封套。密奏的封套有统一的格式："长六寸四分，宽三寸一分，外用云龙黄绫，内用黄粉笺裱。"套面标明"密""密奏""密折"字样。

（四）装封。凡是指定的递呈密奏者，都发给装封密奏的木匣或皮匣。由于密奏是源源不断递呈的，所以依据路程的远近和递呈次数的疏密，发给各人的封匣多少不等，一般为二至八只。"匣长八寸八分，阔四寸四分，高一寸五分。内用黄缝裱底，外用黄漆漆之"。密奏写好后，装入封套，再置于匣内，匣外加铜锁，再用盖以御印的黄纸封口，最外面则以黄包袱包裹。锁是皇宫内特制的，民间锁匠无法打开。钥匙备有两把，一把保存于皇帝处，一把连同匣子一起交给具奏者，所以，只有皇帝和具奏者两人能够开启，极具保密性。

（五）递送。各省总督、巡抚的密奏一般派亲信僚属或家丁直送京城，路上不准耽搁，并规定不得派兵护送，以免张扬。至京城后，密奏直接交给皇宫乾清门的奏事官收呈皇帝。

（六）批阅。密奏由皇帝亲自拆阅、批复，不委于近臣。

（七）发还。多数密奏经皇帝朱批后，封交奏事房，发还奏事者等候在京的家丁、亲信携回，交具奏人阅办。少数密奏因所叙问题皇帝一时尚难定夺，就将它暂时留存，称"留中"，待有了成熟的意见后再批发下去。有的密奏，皇帝认为有保存价值，就长期"留中"不发。

（八）缴回。康熙朝时，朱批后的密奏发还具奏人后，就一直任其保存，不予收归，以致一些有关王朝各方面的机密扩散于外。雍正帝鉴于这一教训，在即位的当月就下令，凡内外文武官员保存有康熙朝朱批密奏的，一律密封上缴，不准留匿、焚弃。紧接着又下令，凡自己朱批的密奏，也得上缴，不准抄写存留，且不准将密奏中的朱批写入题本作为奏事的依据，如有违犯者，予以严办。缴回的密奏都由奏事房存储。后来，雍正帝暗地命人将它们汇编成集，经后人修订，命名为《雍正朱批谕旨》。缴回的密奏相当于今天的文件归档，这一制度遂成为清代文书工作的定制。

密奏制度的产生使皇帝能够直接处理庶务，加强了皇权。此外，密奏不经通政使司、内阁等机构，直达皇帝，事情往往可以很快确定下来。皇帝发布指示，交各地官员直接实施，这就大大提高了行政效率。除了上述两点好处，密奏制度还使地方大员彼此制约，不敢违法擅权，有利于整肃吏治。

出入紫禁城

紫禁城是皇帝及其后宫家眷居住的地方，是禁忌之地。普通人家的内宅后院都是不能轻易进出的，更何况皇宫大内呢！可是，皇宫是皇帝居住的地方，而皇帝又无时无刻不身系着家国天下，需要随时与大臣沟通，处理国家大事。这样，对大臣来说，进出紫禁城的时机就难以把握，既不能触犯皇家禁忌，又不能耽误国事，难道就只能被动地等待皇帝的召见吗？

在明、清两朝，紫禁城作为全国的统治中心及帝后的起居之所，必须确保安全，因此，紫禁城不仅有阵容庞大的警卫部队，宫禁制度也非常多，要求极为严格。

紫禁城的警卫值班制度当时叫"宿卫制度"，是紫禁城一项重要的安保措施。按照规定，宫廷内外哪些地方需要值班、需要多少人、如何分值、由谁负责等，都要遵循严格的制度。乾清门是前殿与后宫的分界点，且皇帝临朝的乾清宫、起居的养心殿近在咫尺。位于乾清门前广场东侧的景运门和西侧和隆宗门（靠近军机处）及午门、神武门、东华门、西华门都是重点值守的地方，均设有专司警卫任务的值班大臣、司钥长、主事、护军校等值班人员。此外，在紫禁城内，各宫、各门、各库、各隅、城门内的蹬道、城门口的栅栏等处，都有数量不等的护军把守，可以说紫禁城的守卫密不透风。

这样严密的防卫，不仅保证了皇帝及其后宫家眷的人身安全，同时也起到了使人望而却步的效果。大臣们上朝、下朝都要经过宫门，很容易被闲杂人等混入，因此，宫门警卫尤为重要。

明、清两代对宫廷门卫、警卫、稽查等均制定了严格、完备的规章制度。紫禁城的午门、东华门、西华门和神武门四门，每天黎明时开启，由侍卫严格防卫。晚上按时关闭，并且由该门的护军参领负责上锁，然后将钥匙统一交到宫中值宿的司钥长手中，再由司钥长率领护军依次验看扃镝（指门上的锁具），然后司钥长还要将钥匙复查一番，检查完后统一装进匣子里再加锁藏好。第二天天亮时，各门护军校向司钥长领取钥匙，开启大门。

如此严格的规定，就是要树立皇权的绝对权威。明代的宫禁就起到了"紫禁城内，非特召官员，不能轻至，即使大臣亦只在外听宣，不敢无事而入"的效果。正因为如此，紫禁城内外形成了绝对的隔离，使得下情不能上达天听，纲纪堕坏。清代时，统治者吸取了前朝的教训，改革了宫禁制度，皇帝可随时召见大小官员，即便是外省臣工，也可进入宫门递折候宣。此后，大臣们可以奉诏出入紫禁城，但仍要遵循一系列严格的规范。例如，出入宫门要出具花名牌进行登记，以备日后查询；进入宫门前要下马、下轿；各级官员按级别带一定数额的随行人员等。

白天，即使规矩再多、再严，至少是能够出入宫门的。可是到了晚上，宫门全都锁了，任何人都不能出入，一旦发生紧急情况，就只能等到天亮后再解决。为了应对这种情况，统治者规定了合符制，即如果遇到紧急情况，持符者可凭借此符出入宫门。

据清史记载，合符为铜质，但现存实物中也有木质的，呈椭圆形，外涂金色，分阴阳两扇，每扇里侧分别铸有阳文和阴文"圣旨"二字，阴阳合一，天衣无缝；每扇外侧铸有龙纹及各门的名称、铸造年代。平时，阴文合符由负责把守城门的官员掌管，阳文合符藏于大内。一旦遇到紧急军务或是公务，需要在夜间奉旨出行的，出行人必须从大内取出阳文合符，到了宫门口，该门护军参领取出阴文校对，确认无误后，予以放行，并于次日上奏皇帝。无论是否宣称奉旨出行，都要以合符为准，拿不出合符，任何人不能出行。如果皇帝离京巡幸，阳文合符则交给留京办事大臣轮流看管，等到皇帝回宫以后，再移回大内。

皇帝阅兵

为了体现国家对军队的重视和军队对国家安全的重要性，以及向国内外展示国防力量的强大，威慑国内外一切敌对势力，检阅军队就成了一种重要的手段。检阅仪式的威武庄严固然重要，但其所包含的军事、政治意义才是重点。人们敬畏的不是阅兵仪式上庄重的仪仗，而是其背后所体现出来的强大的国防力量。那么，清代的皇帝也会定期举行阅兵仪式吗？

历朝历代的安邦定国，都少不了文治武功，尤其原本就有"尚武"的意识传统，并且依靠强大的军事实力开疆辟土的朝代，更是重视军事力量。清朝以骑射开国，武功定天下，对武力的重视程度是明朝所不及的。可以说，追溯清朝的源头，就对武备极为重视，即使到了清末，统治阶级也仍然重视武备。而清朝也凭借其武备力量扫荡了外藩各族的军事叛乱，保证了政权的稳固。

为了体现国家对军事及卫国将士的重视，清代大阅兵始于入关前。皇太极曾于天聪七年（1633年）举行过阅兵仪式，大阅兵自始至终按实战的要求进行。为此，皇太极特意指出："凡临阵对敌，必整齐队伍，各依讯并驰而前。"并警告八旗官兵，大阅中，凡贻误、敷衍塞责者绝不姑息，一定从重治罪。入关后，大阅规制日渐复杂，规定每隔三年，在南苑围场举行一次，检验八旗兵的训练情况和战斗力，演武宣威。后来，阅兵的规模逐渐

清　郎世宁绘　《乾隆皇帝大阅图》

扩大，参加的人数也逐渐增多，所用器械、旗纛、枪炮、金鼓、海螺的数目也有明文规定。康熙朝以后，大阅地点不固定，或在南苑，或在卢沟桥，或在玉泉山，或在口外的多伦诺尔，也不一定以三年为限。清代，康熙、乾隆两朝尤其注重武备，不仅经常举行大阅，还多次强调八旗训练的重要性。康熙曾说："国家武备不可一日懈弛。旧例每岁必操练将士，习试火炮。尔部（兵部）即传谕八旗都统等，预为整备，朕将亲阅焉。"此外，乾隆还作有数首大阅诗，其中一首为："时狩由来武备修，特临南苑肃貔貅。龙骧选将颇兼牧，天驷抡才骥共骊。组练光生残雪映，旌旗影动朔云浮。承平讵敢忘戎事，经国应知有大猷。"从诗中可以看出，乾隆对大阅兵的重视程度。

每逢大阅，钦天监先择吉期上奏皇帝，皇帝批准后，有关机构分头准备。由武备院在阅兵举行地晾鹰台搭建御用营帐，营帐后设圆幄，以备皇帝小憩及更换甲胄用。到了阅兵当天，奏乐，皇帝前往阅兵营地，兵部恭请皇帝更衣、御圆幄、去礼服、换盔甲。在大臣的簇护之下，皇帝到武场，高奏军乐以壮军容，大阅开始。

参加大阅的部队包括八旗部队、八旗满洲火器营、骁骑营、前锋营、护军营等，人数众多。在武场正中，立一面大旗，作为军表。八旗将士左右分开，镶黄、正白、镶白、正蓝列左边，正黄、正红、镶红、镶蓝列右边，其他各部队依次排列。皇帝至武场后，在内大臣、后扈大臣、总理演兵大臣、御前大臣、待卫、乾清门侍卫、满洲大学士、豹尾班侍卫、执纛仪卫、执盖仪卫的导引下，自八旗左翼入，右翼出，再至中路，阅视一周，然后登上最高处的御用营帐，众大臣及侍卫在御帐周围环护。然后，兵部尚书上前跪请开操，角兵、螺兵走出队列，先吹响蒙古大角，然后随着角声，海螺依次吹响。司炮官引火发炮，三声炮响后，鼓声又起，八旗兵抬鹿角整队前进，鸣金止，排成一列。领队甲士挥红旗，枪炮齐鸣，鸣金，枪炮止。再击鼓鸣螺，队伍续进，挥红旗，再发枪炮，鸣金止，如此反复九次。到第十次时，枪炮长时间鸣放，约十分钟，鸣金三次，枪炮止。开鹿角为入门，首队前锋、护军、骁骑营士兵依次出，其他各营士兵紧随其后，最后是火器营士兵，之后关闭鹿角门。阅兵大军走出角门，再次吹响螺声，八旗士兵演变各种阵法，如此反复数次，最后将队伍还原成大阅之初的阵形，大阅结束。此后，皇帝亲赐酒食，并论功行赏。从过程可以看出，大阅逐渐程式化、公式化，成为一种礼仪，只是单纯地为了阅兵而阅兵，实战作用已经很小了。

避讳皇帝名字

雍正这一代爱新觉罗的子孙，全部都是"胤"字辈的。但是，雍正继位以后，除了雍正，其他的皇子名字中的"胤"字都被改成了"允"字，这是为什么呢？是随意改的吗？

改名字是为了避讳，而避讳是中国古代的一种文化现象，起源于周代。《公羊春秋传·闵公元年》中云"《春秋》为尊者讳、为亲者讳、为贤者讳"，明确规定了避讳原则。人们要避讳的内容不仅仅是尊、亲、贤三类人的名字，还包括他们不光彩的事及其他需要隐瞒的东西，这就是"臣为君讳、子为父讳"的根据。几千年来的礼教与法制，要求臣对君、子对父都要严格地遵从避讳，即使是他们的错事也不能揭发，否则就是犯上凌亲，这是为看重忠臣孝子的社会世风所不容的。但是，如果为君者处治臣属的不法、不仁、不孝等不光彩的事，就是明君；为父者向官府举报子孙的罪行，就叫大义灭亲，即使是杀死他们，也会得到社会的赞扬。

秦代以后，中央集权得到极大的强化，避讳制度也越来越明确。秦始皇为了使百姓铭记皇帝的威严，便下令将"正月"改为"端月"，以避讳自己的名字"嬴政"。此后，对名字的避讳便成了历朝避讳的主流。避讳姓名一般分两种情况：公讳和私讳。公讳，即国家强令臣民所作的避讳，如避本朝皇帝名、孔子之名等；私讳，通常是文人士大夫对其长辈之名所作的避讳。汉代律法规定，臣民上书言事，若触犯帝王名讳，属犯罪。到了晋代，避讳制度日臻成熟，在许多方面都有严格规定，如"授官与本名同宜改""山川与庙讳同应改"等。后来，不仅是皇帝，其他皇室成员的名字也在避讳之列。

到了明代，避讳制度似乎并不严格，例如，明太祖叫朱元璋，但明代学者邹元标不但不避讳，还在科举考试中进士及第。此外，明仁宗叫朱高炽，明英宗叫朱祁镇，但明朝高姓、祁姓的人都没有为避讳而改姓。而且，明朝不但不避讳姓氏，有人连名字也不避讳，如明宣宗叫朱瞻基，但明万历年间有大臣叫孙振基，后来崇祯朝又有大学士成基命，可见，成基命的长辈为他取名时根本没有想到要避宣宗的名讳，而且似乎也没有人对此指责。直到万历以后，避讳制度才渐渐严格起来。

清代的避讳制度非常严格，除了清代前三位君主的名字不避讳，其他皇帝的名字都要避讳。努尔哈赤、皇太极两人的名字是满语汉译的，音译的痕迹太重，原本就不是汉字，所以也谈不上避讳。福临的名字是汉字，但顺治帝颁布了一道圣谕："不可为朕一人，致使天下之人无福。"所以，人们也不必避讳"福"字。康熙朝以后，避讳严格了起来，同时也出现了文字狱。康熙的名字"玄""烨"两字都要避讳，"玄"要改成"元"，"烨"要改成"煜"，而《千字文》中的"天地玄黄"也改成了"天地元黄"。

雍正时期，名字避讳变得更过火。雍正一辈的皇子都是"胤"字辈，雍正继位以后，为了避皇帝的名号，所有人不能用"胤"字，即使是雍正的兄弟，也全改称"允"字。同时，雍正还颁布诏令，为了避"至圣"先师孔子的名号，天下人都不许再用"丘"及"仲尼"二字，即使地名中有音、字皆为"丘"者，也须在原字的右边增加一个"邑"旁，所有"丘"姓，都要加个耳朵旁，为"邱"字，读音发"七"音，借以表示对"至圣"先师的崇高敬意。只有举行祭祀仪式的"圜丘"之"丘"可不避改。

嘉庆一辈的皇子都是"永"字辈，按照避讳制度，"永"字不能再用。但是，"永"字是运用得非常广泛的字，避讳起来非常不便，于是清政府将"永"改成"颙"。此后，清皇室开始用一些比较冷僻的字眼，这样民间避讳起来也比较方便。

请安礼

在文学、影视作品中，我们经常会看到仆人在遇见主子时会说类似"给某某请安了"这样的问候语。其实，统治中国两百多年的清朝已经形成了完备的礼仪制度，有成套的礼仪规范，而问候礼仪作为其中的一种，什么时间、什么场合、什么身份的人之间要行什么样的问候礼，都是有讲究的。那么，"请安"中，到底包括多少种礼式呢？

请安礼是清朝宫廷的一项重要礼俗，礼式主要有"打千儿""问安礼""跪安礼""蹲安礼""抚鬓礼""叩头礼"等。

打千儿俗称"单腿跪""扛肩膀头"，源于辽金时代，是满族男子下级对上级或对尊者的礼节，分别多日的平辈相见，有时也会施此礼，以示敬重。施礼时，凡穿箭服或袍褂的，要先弹放下"挖杭"，即袖头，先左袖，后右袖，然后左脚前移半步，呈半蹲状，左手扶在左膝上，右手下垂，上身稍向前俯，像是捡东西，口称"请某某安"，约一呼一吸的时间，左脚撤回，恢复立正姿势，施礼完毕。受礼者除家中尊长外，亲友长辈或还半揖，或执持行礼者之臂，平辈则同样还礼。

问安，又称"请小安"，其动作是垂手站立，低头唱喏，问"赛音"。"赛音"是满语，即问安的意思，平辈相见常施此礼。

跪安礼也叫"跪拜礼"，是男子晚辈对长辈、下官对上官、奴仆对主人请安时常用的礼式。施礼前，先看准了人，而后俯首疾行两步，至受礼人身前，双手扶膝先将右腿跪在地上，左腿也随之下跪，同时要说"某某给某某请安"，随着话音的结束，起立站直，礼式完成。要注意的是，站起来时要从容收腿，挺腰敛胸，双臂垂立，两手向后稍拢，两脚并齐打横儿。每一次施礼，动作都要毕恭毕敬。

蹲安礼也叫"半蹲礼"，这是满族女子对长辈的请安礼。行礼时，行礼者站在受礼者面前，上身挺直，两腿并拢，右足略后引，两膝前屈，呈半蹲姿势，同时左手在下，右手在上，相叠搭在两膝盖上，口称"请某某大安"，约一呼一吸的时间，复原礼成。施礼时，必使长衣拂地，拖襟四开，缓而且深，显出高雅气质。昔日满族妇女早晚向公婆请安或拜见宾客、长者时，常施此礼。清中期后，这种礼节逐渐被双手放在左侧腰际、身前，屈腿稍弯的施礼所取代。

抚鬓礼是满族平辈女子之间日常相见时互相请安的礼节。相见的女子以右手抚摸三下额角，同时向对方点几下头，眼睛看着对方以示问候，受礼者同样以抚鬓礼回拜。

叩头礼又称"跪拜礼"，是下级对上级、贱对贵、少对长的一种常见的大礼。行礼时先脱帽，跪左膝，后跪右膝，马蹄袖一弹，双手着地，屈躬叩头离地寸许，挺身目视受礼者胸部，礼成，这是一叩。如果是三次，则一跪三叩；起立平身，再跪，再三叩；复起再跪，再三叩。礼成，即"三跪九叩"。通常在朝会大典，祭祀佛、神、祖等重要仪式上行三跪九叩礼；对父母、尊长酌情而定，行二跪六叩礼或一跪三叩礼。尤其要注意的是，行跪拜礼时，千万不可不依形式而贸然伏地叩头，这是一种非常侮慢的行为，满族人对此非常忌讳，称之为"报丧头"。

给人请安要注意时间、地点。俗话讲"礼多人不怪"，但如果行礼时正好触碰了禁忌，或是挑错了时候，想必也不会起到好的效果。按照规定，请安有"定省"，即晚辈对长辈每天固定的"请早安""请晚安"，又称"晨昏定省"。此外，晚辈对长辈还要"三日一请安，五日一打千儿"。除了遵照时间行请安礼，还要分清场合，看清对方身份，严格按步骤进行，切不可粗枝大叶、敷衍糊弄。

外国使臣礼节

当蒙昧的人类开始探寻世界时，居住在各地的人们便结束了耳目闭塞的生活，秉持着不同的语言、文化、信仰的人开始了漫长的交流与融合。很早以前，繁荣的华夏文化便深深地折服了其他国家和民族。外国在派使臣来华时，为了表示对灿烂文化的崇敬，一直遵循着我们的礼节制度。明、清以后，外国使臣来华，是否依然遵循中国的礼节呢？

在中国的传统文化中，向来有"得天下，居正统"的观念，而新航路开辟之前，东方诸国中，以中国的国势最为强盛，因此也较为强势，大有"溥天之下，莫非王土；率土之滨，莫非王臣"的气势，而中国也一直以天朝大国自居。

根据历代正史及文人笔记的记载，周边部族政权或国家与中国中央政府的交往活动，一般分为"入朝"和"来贡"两种。"入朝"是指属国、外国使臣或地方官员谒见天子。这些国家对中国称臣纳贡，视中国为宗主，中国皇帝要册封其国君，承认这些人在其国内统治的合法性，如朝鲜、越南、缅甸、苏禄、暹罗、琉球等。"来贡"的情况则更为复杂，其中还包括很多外国商人的商业欺诈等行为。到了清末，与清朝

《万国来朝图》（局部）

有往来或缔约的国家派使者出使中国，其地位与清朝平等，如西洋各国。

出于畏惧大国的威势，外国使者出使中国时，一般按照中国的礼节行礼。清朝集历代封建礼仪典制之大成，制定了吉、嘉、军、宾、凶五礼之秩序。凡是外国使臣来朝，均以宾礼相待。但鉴于各国与中国的关系，其使臣觐见皇帝的礼仪也有所不同。

属国把物品进献给帝王，属于"来贡"，由礼部负责接待。各藩属国的贡期是不一样的，朝鲜每年一贡，琉球两年一贡，暹罗三年一贡。每当贡期，各国贡使携带表文、贡物至京，官员在礼部大堂设案举行呈表纳贡仪式。举行仪式当天，贡使由礼部官员引至礼部，使臣对案行三跪九叩礼。礼成后，礼部将表文送至内阁转呈皇帝，贡物存在有关衙门内。如果赶上大朝、常朝，贡使则可随朝臣一起觐见皇帝。如果不是朝期，则由皇帝决定是否召见。召见时，贡使要行三跪九叩礼，皇帝通过翻译官询问有关情况，表示慰问。若皇帝特示优待，还可以让使臣进入大殿、赐座、赐茶。第二天，贡使到午门谢恩后返国。

西方各国来华时的礼仪，前期和后期是不一样的。据档案记载，清朝前期，西方各国派专使来华的主要有西班牙、荷兰、葡萄牙、意大利、俄国和英国等。其使臣一般由礼部接待，将表文、贡物转呈皇帝。如果皇帝召见，则须按清朝礼制行跪叩礼。例如，康熙五十九年（1720年），葡萄牙使臣裴拉理奉表来朝，康熙在畅春园九经三事殿接见了他。接见当日，礼部在殿阶下正中设表案，康熙帝升御座。贡使在鸿胪寺官员导引下，将表文放到表案上，行三跪九叩大礼，然后再膝行至御座旁，亲手将表呈给康熙帝，再行三跪九叩礼。康熙帝赐座、赐茶。此后，雍正五年（1727年）西洋博尔都噶尔王派麦德乐、乾隆十八年（1753年）葡萄牙派巴哲格来华，都照此规定行了三跪九叩礼。到了乾隆后期，随着西洋各国与中国交往日益频繁，各国逐步认识到觐见礼仪在维护国家地位和尊严方面的重要性。因此，使臣们不愿意再给清朝留下朝贡归顺的印象，因而对清朝规定的觐见礼仪提出了异议。这一时期，西方使臣来华觐见皇帝，有的已不愿遵行清朝的跪拜礼。如乾隆五十八年（1793年），英国派马戛尔尼来华，马戛尔尼坚决不对乾隆帝行跪拜礼。经过交涉，最后觐见乾隆时采取了折中的办法，马戛尔行单腿跪拜礼。而嘉庆二十一年（1816年），英国使臣斯当东来华，干脆拒绝跪拜，最后被嘉庆帝赶了回去。

工业革命使西方各国步入了全面高速发展的时代，中国的发展相对要缓慢很多，国势也日渐衰微。鸦片战争以后，中国开始沦为半殖民地半封建社会，"弱国无外交"，此时的清朝已经没有能力与西方各国维持正常的外交关系了。尽管西方各国纷纷在北京设常驻公使馆，但显然已经不是建立在平等的基础上了。这些外国公使狐假虎威，不断要求觐见皇帝，亲递国书，但又不接受中国规定的跪拜礼仪。而清廷内部围绕接见礼仪也展开了一场辩论。部分大臣认为，公使觐见时必须行三跪九叩礼；另一部分大臣则考虑到西方各国风俗，主张觐见时不必强行跪拜之礼。

《紫光阁赐宴图卷》（局部）

针对双方的争议，中外就觐见一事达成了协议：清帝在接见公使时，坐立自便，是否赐酒、赐茶，也由皇帝自己决定；对于觐见的时间、地点，由皇帝发布谕旨确定；各国公使觐见皇帝时，不必行三跪九叩礼，但要行五鞠躬，以表诚敬。在觐见期间，公使除呈递国书，不能擅自提出其他要求，只可回答皇帝的提问。按这一礼仪，同治十二年（1873年）六月初五，同治帝在中南海紫光阁首次接见了各国驻华公使。此后，各国公使受清帝接见时都依这一规定行鞠躬礼。

1900年，八国联军侵华以后，清政府与侵华的英国、法国、俄国、德国、美国、日本、意大利、奥匈帝国，外加比利时、西班牙和荷兰，共十一个国家签订了《辛丑条约》。此后，觐见礼节又有所改变，规定使臣觐见皇帝在大内乾清宫正殿举行，使臣可乘轿至乾清门；呈递国书时，清帝必须亲手接收等。到了这一时期，使臣来华所遵循的礼仪已经脱离了两国正常交往时应当遵循的礼节范围了，此时的觐见更像是外国使臣单方面的武力炫耀。

寿康门

「叁」养生起居

据史料记载，乾隆常服的补益
增寿药方超过六种，其中主要
包括龟龄集、密授固本仙方、
健脾固肾壮元方、龟龄酒、松
龄太平春酒和椿龄益寿酒。

太医院

　　封建社会的皇家医疗机构是太医院，太医院的大夫主要负责皇室的医疗及日常保健工作，属于国家官僚机构，设立有专门的署衙。可见，太医院的御医们都是国家官员，按制应该有相应的官衔和俸禄。那么，太医院的御医通常都是几品的官位呢？

　　在封建社会，皇位来之不易，保住皇位更是皇帝人生中的头等大事。为了保住皇位，除了防止别人夺权，最重要的就是保命了。

　　为了保命，所有皇帝都不惜一切代价网罗名医。这些名医也就成了所谓的御医。朝廷专设太医院为皇家服务，主要是为皇帝、皇后以及妃嫔、皇子们诊断和治疗。因此，太医院因其服务对象的特殊性及服务环境的封闭性，而被蒙上了一层神秘的面纱。

　　有关宫廷医疗机构的设置，据《汉书》记载，黄帝时，已有岐伯管理宫廷医药的说法。周朝设有医师、上士、下士为帝王及卿大夫行医治病。秦汉时也曾设有太医令、太医下大夫、翰林医官等职官。到了金代，开始用太医院这一名称，隶属于宣徽院。元代，太医院开始成为专门的宫廷医疗机构。此后，各朝都设有太医院，直至1911年清朝灭亡。

　　太医院的御医们来自全国各地。一般是从各省精通医理的民间医生及举人、贡生等有职衔的人中挑选出来，并且量才录用。康熙年间，北京同仁堂创始人乐显扬就曾

担任太医院吏目一职。此外，太医院还
设有教习厅以培养医务人才，由御医、
吏目充当教习。学习的内容有《类经》
《本草纲目》《内经》《伤寒》《脉
诀》等专业知识。经过六年学习并考试
合格，才能被录用为医士或医生。

　　太医院最初设在北京正阳门东江
米巷，也就是后来的东交民巷西口路北
附近。该院有大门三座，均向西。用黑
漆书写"太医院"三个大字的匾额悬挂
于大门之上。大门前为门役的住房，左
为"土地祠"，右为"听差处"。太医
院内有大堂五间，是主要的办公场所，
大堂内悬挂着康熙帝御赐著名御医黄运
的诗文："神圣岂能再，调方最近情。

太医院铜人

存诚慎药性，仁术尽平生。"大堂左侧有南厅三间，是御医办理医务的处所。大厅右
侧是北厅，北厅的后面是先医庙。外门称棂星，内门称咸济，殿名景惠，南向殿内供
奉着伏羲、神农、黄帝的塑像，有康熙御书"永济群生"匾额。先医庙外北向为药王
庙，庙里有铜人像。连接大堂的过厅是二堂，后面还有三堂五间。

　　有关太医院的分科，历来沿袭传统中医分类。虽然康熙年间已有西药引进宫廷，
以后历朝也引进了西医、西药，但太医院主要还是以中医、中药为皇帝和妃嫔诊脉、
开药。康熙三十三年（1694年），康熙帝因患疟疾，就服用过法国传教士洪若翰送的
金鸡纳，也叫奎宁。光绪二十四年（1898年）九月初四，法国驻华公使馆多德福医生
也曾为光绪诊病开药。尽管如此，绝大部分时间里，这些封建帝王骨子里相信的还是
中医、中药。正因为如此，中医、中药始终是太医院的主导医疗手段。

　　太医院按医术分类设科。清朝初年为十一科，康熙朝合并为九科，分别是：大方
脉、小方脉、伤寒科、妇人科、疮科、针灸科、眼科、口齿科和正骨科。同治、光绪

时期，九科又合并为大方脉、小方脉、外科、眼科和口齿科五科。各科都有专科擅长的御用医师。

太医院御医日常在紫禁城内东墙下的待诊处轮流值班，随时听候太监的召唤，为皇帝、皇后、皇子、妃嫔等看病、配药，同时，也担负一些其他与宫廷有关的医疗事务，这些都是其主要职责。此外，太医院还承担着王公、公主、驸马以及文武大臣的医疗服务。这些人遇有疾病，太医院奉旨派医官前往，并将治疗经过向皇帝奏报。在外地的公主、驸马及大臣有病，太医也得奉旨携带药品前往诊视；军营、文武会试，就连刑部大牢囚犯得病，太医院也要派人前往应差。

太医院为五品衙门，医务人员都有相应的职位，堂官称为院使，相当于院长，为五品官，副职称为左院判，官居六品，所属官员为御医，官居八品。雍正七年（1729年）规定：御医均受正七品，许用六品冠带。还有吏目、医士、医生等，这些人员享受从九品的待遇，一般通称御医（又称太医）。关于各医官的品级，历朝稍有变动。而关于御医人数，历朝也略有增减。以光绪朝为例：当时有御医十三人，吏目二十六人，医士二十人，医生三十人。

值得一提的是，在光绪二十七年（1901年），依照丧权辱国的《辛丑条约》第七款，将东交民巷划为各国驻中国的使馆区，并要求使馆区范围内的中国衙署都必须限期迁离，因此，太医院衙署不得不暂借东安门大街御医白文寿的宅子。不久，又暂移至北池子大悲观音院。光绪二十八年（1902年），太医院才于地安门外皇城根、兵仗局东建立新的办公衙署，其建筑规模较之从前要简陋许多，现在遗址尚存，但已是面目全非，昔日衙门形式难以再现。太医院在紫禁城内东墙下、上驷院之北设有待诊、休息的处所，旧称"他坦"，岁月流逝，现已倾圮无存。

御医如何看病

为皇室成员看病，显然是无上荣耀的事情，如果顺利，御医们往往会声名大振、名利双收。但是，功成名就的同时，也伴随着极大的风险，医病的过程并非总是顺利的，一旦发生失误或遭遇其他不可抗力，很可能会出现"久治不愈"的状况。如果经过长时间的医治，病人的病情还是不见好转，主治医师是否要承担责任呢？

俗话说"伴君如伴虎"，意思是说在皇帝身旁，时刻都有被杀头的危险，而作为皇宫里的太医，就更是如此了。

清朝太医院对御医的医事活动管理严格，无论在宫中还是在宫外，凡是经过他们诊治的人，都有专门的档案将诊治的情况记录下来。记录文本有《脉案》《病源》《用药底簿》等，类似于今天的病历。中国第一历史档案馆现存的清代宫廷医案，总数有四万余件。这些病案一直被深藏宫中。御医究竟如何为皇帝、皇后及妃嫔、皇子看病，又是怎样给他们施药护理，一直以来都是神秘莫测的。

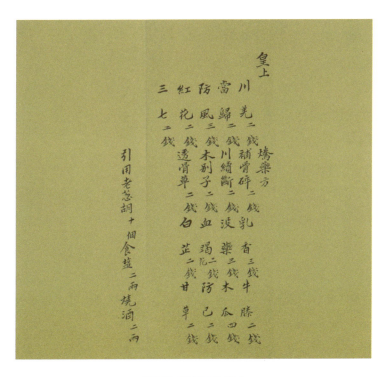

御医给皇帝开的药方

清　太医杨继洲撰　《针灸大成》

　　这些档案的内容包括皇帝、皇后、妃嫔、皇子、公主、太监、宫女，以及部分王公大臣的原始诊病记录、配方秘本、御药房的各项记录、皇帝有关医案的朱批等。皇帝或皇后起居注及历朝实录、内务府抄件、历朝名臣文集笔记，还大量记载着皇帝及宫中重要人物的治病过程。就连同治帝患天花，从发病到病死，二十六天的诊断和施药经过，都一一记录成册，无任何遗漏。

　　溥仪在《我的前半生》中说："按照常例，皇帝得病，每天太医开的药方都要分抄给内务府大臣们每人一份，如果是重病还要抄给每位军机大臣一份。"按清宫的规定，给皇帝看病的御医都由御药房太监带领，先给皇帝问过圣安，然后才能把脉、问病、开方。开好药方后，御医要与太监一同去御药房取药。药方的内容和取药御医、太监的姓名都要记录在案，并抄写所开药方的药性、治疗方法，并署上御医、太监的名字，进呈皇帝御览，然后登记入册，并由专人保管，作为凭证，以备查考。煎药时，太医院官员和内监共同监视。每次煎两服药，煎好后要分两杯装，一杯由主治太医先尝，然后院判、内监都要尝一点，另一杯给皇帝服用。如药味不对或没有依照药方取药，都要按"大不敬"论罪。

不仅如此，如果皇帝患病，医治无效以致死亡，御医及其相关人员就要受到处罚。这就使得御医和相关人员一直谨小慎微、担惊受怕。据载，同治帝死后，奉慈安、慈禧皇太后懿旨："上月大行皇帝天花，李德立等未能力图保护，厥咎甚重。太医院左院判李德立、右院判庄守和，均着即行革职，戴罪当差。钦此。"后来光绪帝死后，太医院院使张仲元、御医全顺和忠勋等，也受到了同样的处分。不过，处分毕竟是例行公事，没过多久，受过处分的御医又照常行医了。

皇子的夭折

与民间不同，皇帝的妃嫔众多，因此，孩子的数量也会有很多。清代中前期，皇帝们普遍多子，中后期，皇子的数量明显减少。尽管孩子的数量很多，但其中许多都夭折了。皇室的生活保健不可能差，经过精心照顾和培养的孩子纷纷早夭，这其中又有哪些缘由呢？

清代自顺治定鼎北京到宣统帝灭亡，共经历了十位君主。除同治、光绪、宣统三位皇帝没有子嗣，其他七位皇帝总计生育子女一百四十六人，平均每人生育二十一人，其中十五岁以前即夭折的竟有七十四人，占到了一半以上。

皇帝、妃嫔及其子女的生活和医疗条件在当时应该是最好的，可他们的子女为什么会夭折过半呢？经过统计后，我们可以得知此中缘由：

皇帝的头几胎子女多是短命。顺治帝的长子、长女就是如此。康熙帝头六个子女都在四岁前就夭折了；雍正帝的大女儿和头三个儿子也是早夭；乾隆帝的长子活了两岁，次女活了一岁，次子也不过活到九岁；嘉庆帝的长子和长、次女均于四岁前离世；道光帝的头六个子女也没有一个活到成年；咸丰帝的长子亦是幼殇。上面提到的就有二十五人，占夭折总数的34%。

顺治帝十五岁时就生下一个女儿；康熙帝十四岁做了父亲，所夭亡的头六个孩子全是在他十八岁以前生养的；雍正帝所殇的长子、长女是在他十七岁那年出生的；乾隆帝十八岁时生的长女也没能够养活下来……

需要强调的是，以上所说皇帝的生育年龄都是按农历计算的虚龄，如果按实足年龄计算还要减去一岁。生育要十月怀胎，又要减去一岁。也就是说，死的这些婴幼儿出生时他们的父亲年纪都很小，还都处在少年时期。如康熙帝的第一个儿子是他十二岁时孕育的，他自身发育还不完全。而早夭者的生母也是和皇帝一般大小的少女，发育也不成熟，可想而知，他们结合生育的子女自然会先天不足，缺陷甚多，再精心护养也不能健康成长。

清朝政府对百姓的结婚年龄继承了唐朝开元以来的传统规定：男子十六岁，女子十四岁。这本来就是封建社会一个鼓励早婚的法令，但皇帝可以不遵守，还要再提前几岁，以显天威。这就难怪他们生出的孩子大多命短了。

皇帝成年之后，身体是发育成熟了，但妃嫔众多，性生活若没有节制，所生育的子女也必然多有不健全的，因此死亡率高。总之，早婚早育和性生活无节制所带来的先天不健全，是清朝皇帝子女夭折过半的主要原因。

皇帝的饭食

用"日出而作，日落而息""一日三餐"来形容古时候人们的日常生活十分贴切。对于每天的用餐，人们更是精辟地总结为："早饭要吃饱，午饭要吃好，晚饭要吃少。"这种观点直观地反映了人们的饮食习惯。皇帝虽然高高在上，但并非不食人间烟火，也要按时吃饭。那么，皇帝每天吃几顿饭呢？

清代皇帝吃饭要经"传膳""上膳"，才"进膳"或"用膳"。皇帝每天吃饭的地点并不固定，这要视其活动的情况而定。皇帝一般每天用餐两次。早餐是早上六点至七点左右，下午一两点时吃第二餐，一般晚上六点多会进食一次"晚点"（小吃）。每天吃饭时，太监们会在预定的地点摆放好餐桌。当膳食从御膳房送过来后，太监们会迅速地按规矩摆放到膳桌上，不能有丝毫的差错。平时皇帝都是一个人进餐，除非有特旨，才召某人一起用膳。

为了伺候皇帝及后妃们吃饭，紫禁城内设有御膳房统一管理。御膳房有总管三人，下设饭房人三十五名、承应长两名、承应人十五名、庖长三名和庖人二十名。乾隆年间，御膳房又有了内外之分，内膳房下设荤局、素局、点心局、饭局、挂炉局和司房等机构。除此之外，清代还有官三仓、恩丰仓、内饽饽房、外饽饽房、酒醋房、菜库等，也都是供皇家役使的膳食和膳食原材料储存机构。

溥仪的份例菜肉每天22斤，计30日份例，共660斤，其中：汤肉5斤，共150斤；猪油1斤，共30斤；肥鸡2只，共60只；肥鸭3只，共90只；菜鸡3只，共90只。太后和贵妃的份例如下，太后：肉1860斤，鸡30只，鸭30只；瑾贵妃：肉285斤，鸡7只、鸭7只；瑜皇贵妃：肉360斤、鸡15只、鸭15只；珣皇贵妃：肉360斤、鸡15只、鸭15只。如果把官内的大臣、侍卫等算进去，一个月要猪肉31844斤，猪油840斤、鸡鸭4786只，加上鱼虾蛋品，一个月要花销14794两白银，这还不算果品、饮料等。

溥仪在《我的前半生》中对皇家的吃饭有细致的描写："耗费人力、物力、财力的最大的排场莫过于吃饭。"关于皇帝吃饭有一套术语是绝对不能说错的。饭叫膳，吃饭叫进膳，开饭叫传膳。吃饭的时间完全由皇帝自己决定——吩咐一声："传膳！"旁边的小太监便向守在养心殿外的太监说一声："传膳！"这样一道道传下去，不等回声消失，一个犹如过嫁妆的行列已经走出御膳房。这时，由几十名穿戴整齐的太监组成的队伍抬着大小七张膳桌，捧着几十个绘有金龙的朱漆盒，浩浩荡荡地直奔养心殿而来。进入明殿里，由套上白袖头的小太监接过，在东暖阁摆好。皇帝平日菜肴有两桌，冬天另设一桌火锅，此外有各种点心、米膳、粥品三桌，咸菜一桌。餐具是绘着龙纹、写着"万寿无疆"字样的明黄色瓷器，冬天则是银器，下拖以盛有热水的瓷罐。每个菜碟或菜碗都有个银牌，这是为了戒备下毒而设的，并且为了同样的原因，菜送上来之前都要经过一个太监尝过，叫作尝膳太监。在这些都尝过的东西摆好后，皇帝入座前，一个太监高喊："打碗盖！"其余小太监将银牌子撤下，皇帝才开始就餐。

清晚期宫廷御窑瓷器代表作品：大雅斋瓷器

满汉全席

　　即使大家对满汉全席具体菜式不甚了解，但肯定也能明确地感觉到满汉全席所象征的意义，久而久之，"满汉全席"也就成为丰盛筵席的代名词。那么，满汉全席究竟是一种什么样的筵席，又包括哪些菜式呢？

满汉全席兴起于清代乾隆年间，是一种具有浓郁民族特色的巨型筵席，既有宫廷菜肴之特色，又有地方风味之精华；突出了满族菜点特殊风味，同时又展示了汉族烹调技术的与众不同，扒、炸、炒、熘、烧等兼备，实乃中华菜系文化之瑰宝。

清朝前期，科举考试结束后，地方官吏往往要宴请主考官。主人是地方最高官员，客人是钦差大臣；主客之间既有满人，又有汉人，他们多是"门生故旧"。因此，满汉全席上的菜点都是极其精细而丰盛的。入席时，大小官员一律顶戴朝珠，身着公服就座。筵席的场面、规模、等级、陪宴人员的职位、供应筵席用的烹饪原料及果、酒的品种和数量等，都有严格的规定。官府中举办满汉全席时首先要奏乐、鸣炮，行礼恭迎宾客入座。客人入座后，由侍者上进门点心。进门点心有甜、咸两种，并有干、稀之别。进门点心之后是三道茶——清茶、香茶、炒米茶，然后才正式入席。

满汉全席以北京菜、山东菜、江浙菜为主点，分冷菜、头菜、炒菜、饭菜、甜菜、点心和水果等。从文献记载来看，各地所传的满汉全席菜单虽然在筵席格局和席品构成方面有一定的差异，但基本菜式一样。席上一般最少有108道菜，其中包括南菜54道，分别为江浙菜30道、福建菜12道、广东菜12道；北菜54道，分别为满族菜12道、北京菜12道、山东菜30道，所有的菜分三天吃完。

在用料上，燕窝、鱼翅、海参、鱼肚、驼峰、鹿筋、熊掌、果子狸水陆八珍基本为各种满汉全席所共有；在单个菜肴上，烧乳猪、烤鸭、哈尔巴（猪肘）、烤鸡、烤鱼等满族风味菜基本上为各种满汉全席所共有；在面点上，素盒子、烧卖、蒸饺、蛋糕、包子、片饽饽等也为各种满汉全席所共有。这些满汉全席所共有的菜肴，亦可称之为最具有满汉全席特征的菜点，从而构成了满汉全席的基本菜式。

据考证，满汉全席并非源于宫廷，而是源于江南的官场菜。李斗的《扬州画舫录》中记载：

上买卖街前后寺观，皆为大厨房，以备六司百官食次：第一份，头号五簋碗十件——燕窝鸡丝汤、海参烩猪筋、鲜蛏萝卜丝羹、海带猪肚丝羹、鲍鱼烩珍珠菜、淡菜虾子汤、鱼翅螃蟹羹、蘑菇煨鸡、辘轳锤、鱼肚煨火腿、鲨

鱼皮鸡汁羹、血粉汤、一品级汤饭碗。第二份，二号五簋碗十件——鲫鱼舌
烩熊掌、米糟猩唇、猪脑、假豹胎、蒸驼峰、梨片伴蒸果子狸、蒸鹿尾、野
鸡片汤、风猪片子、风羊片子、兔脯奶房签、一品级汤饭碗。第三份，细白羹
碗十件——猪肚、假江瑶、鸭舌羹、鸡笋粥、猪脑羹、芙蓉蛋、鹅肫掌羹、糟
蒸鲥鱼、假斑鱼肝、西施乳、文思豆腐羹、甲鱼肉片子汤、茧儿羹、一品级
汤饭碗。第四份，毛血盘二十件——炙哈尔巴、小猪子，油炸猪羊肉，挂炉
走油鸡、鹅、鸭、鸽、猪杂什、羊杂什、燎毛猪羊肉、白煮猪羊肉、白蒸小猪
子、小羊子、鸡、鸭、鹅、白面饽饽卷子、什锦火烧、梅花包子。第五份，洋
碟二十件，热吃劝酒二十味，小菜碟二十件，枯果十彻桌，鲜果十彻桌。所谓
满汉席也。

据史料记载，满汉全席分为六种，分别是：

一、蒙古亲藩宴

此宴是清朝皇帝为招待与皇室联姻的蒙古亲族所设的御宴。一般设宴于正大光明
殿，由满族一、二品大臣作陪。历代皇帝均重视此宴，每年循例举行。而受宴的蒙古
亲族更视此宴为大福，对皇帝在宴中所例赏的食物十分珍惜。《清稗类钞·蒙人宴会之
带福还家》一文中说："年班蒙古亲王等入京，值颁赏食物，必携之去，曰带福还家。
若无器皿，则以外褂兜之，平金绣蟒，往往为汤汁所沾濡，淋漓尽致，无所惜也。"

二、廷臣宴

廷臣宴是由皇帝钦点大学士、九卿中有功勋者参加的筵席，于每年上元节后一
日，即正月十六日举行。宴所设于奉三无私殿。宴时循宗室宴之礼，用的都是高椅。
宴会过程中诸人赋诗饮酒，每岁循例举行。皇帝常以此施恩笼络大臣，同时又是廷臣
们功禄的一种象征形式。

三、万寿宴

万寿宴是清朝帝王的寿诞宴，也是内廷的大宴之一，后妃王公、文武百官，无不
以进寿、献寿礼为荣。席间名食美馔不可胜数。如遇大寿，则庆典更为隆重盛大，系
派专人专司操办。衣物首饰、装潢陈设、乐舞宴饮一应俱全。光绪二十年（1894年）

十月初十日，慈禧六十大寿，于光绪十八年（1892年）就颁布上谕，寿日前月余筵宴即已开始，仅事前江西烧造的绘有"万寿无疆"字样和吉祥喜庆图案的各种釉彩碗、碟、盘等瓷器，就达29170余件。整个庆典耗费白银近1000万两，这在中国历史上是空前的。

四、千叟宴

千叟宴始于康熙，盛于乾隆时期，是清宫中规模最大、与宴者最多的盛大御宴。康熙五十二年（1713年）在阳春园第一次举行千人大宴，康熙即席赋《千叟宴》诗一首，故得宴名。乾隆五十年（1785年）于乾清宫举行千叟宴，与宴者三千人，即席用柏梁体选百联句。嘉庆元年（1796年）正月再举千叟宴于宁寿宫皇极殿，与宴者3056人，即席赋诗三千余首。后人称千叟宴"恩隆礼治，为万古未有之举"。

五、九白宴

九白宴始于康熙年间。康熙初定蒙古外萨克等四部落时，这些部落为表示投诚忠心，每年以九白为贡，即白骆驼一匹、白马八匹，以此为信。蒙古部落献贡后，皇帝设御宴招待使臣，谓之九白宴，每年循例而行。后来道光帝曾为此作诗云："四偶银花一玉驼，西羌岁献帝京罗。"

六、节令宴

节令宴指清宫内廷按固定的年节时令而设的筵宴，如元日宴、元会宴、春耕宴、端午宴、乞巧宴、中秋宴、重阳宴、冬至宴、除夕宴等，皆按节次定规，循例而行。满族虽有其固有的食俗，但入主中原后，在满汉文化的交融中和统治的需要下，满族大量接受了汉族的食俗，又由于宫廷的特殊地位，遂使食俗定规详尽。其食风又与民俗和地区有着很大的联系，故腊八粥、元宵、粽子、冰碗、雄黄酒、重阳糕、七巧饼、月饼等在清宫中一应俱全。

玉泉水

皇家使用的物品都被称为"御用"，从理论上讲，御用的物品无论品质还是能效，都应该是全国最高等级的，即便是看似简单的用水也不例外。皇室用水与民间用水的渠道自然是不同的，那么，供给皇室使用的水究竟出自哪里呢？

北京的西直门是元世祖建大都时十一个城门中的一个，当时叫和义门，明代改称西直门。这里曾是元、明、清三代的引水之门，掌管着北京这座古城的饮用水脉。

然而水对于封建帝王来说，更有非同寻常的意味。康熙帝主张：人的饮食应选择适宜自己的，对于所喜好的食物不可多食。老年人饮食宜清淡，每进膳要兼食蔬菜，则少病，于身有益，便如农夫身体强壮，到老还很健康。他在用膳时主张：饮食对养

玉泉山

生很重要，因此用水必须注意。可见清代帝王已将饮水提高到养生的层面。康熙还曾说："最好的水，其分量最轻。"我国传统养生文化，已总结出较为完整的水理论学说。紫禁城内皇帝的饮用水，都是每天用车从西山运来的最优质的泉水。明代李时珍的《本草纲目》中就对药用四季之水以及饮用方法和水具做了较完善和严谨的说明。因此，清代从乾隆朝开始，就以北京西郊玉泉山的泉水作为皇室的饮用水。每天都会有一辆毛驴拉的插有小黄旗的水车，夜间通过西直门，由神武门入宫。

　　玉泉位于颐和园以西的玉泉山南麓。玉泉水"水清而碧，澄洁似玉"，故称玉泉。玉泉所在的山上洞壑迂回，流泉遍布，故称玉泉山。玉泉山六峰连缀，逶迤南北，属西山的支脉，其山"土纹隐起，作苍龙鳞，沙痕石隙，随地皆泉"，自然风景十分优美。玉泉之所以被宫廷选为饮用水源，主要是因为玉泉水洁如玉，含盐量低，水温适中，水味甘美，又距皇城较近。乾隆年间，曾在全国范围内对各大名泉进行测评，以水的轻重定优劣，轻者为优，重者为劣。乾隆帝谕制银斗一个，专门用来评判水的重量。京师玉泉山水斗重一两，济南珍珠泉水、子江金山泉水、无锡惠泉水、杭州虎跑水，均比玉泉山水重几厘；而相距玉泉咫尺之遥的西山碧云寺泉水，竟重玉泉一分。凡是这些出自山下的清泉，都比玉泉水重，乾隆帝便将京师的玉泉钦定为"天下第一泉"。不但皇宫内饮用水"取之玉泉山"，皇帝出京巡幸、围猎时，也"载玉泉水以供御用"，清宫御酒更专以"天下第一泉"的玉泉水酿造。

皇家"补品"

　　不知从何时开始，滋补养生成了人们关注的话题。现代人对养生颇有心得，种类繁多、功效各异的补品充盈着人们的生活，满足着人们各式各样的需求。饮食养生并非现代人首创，古人很早就学会了利用饮食调理身体，而补品也并非是近些年才出现的。那么，封建王朝的统治者都用什么补品呢？

通过史料我们得到如下数据：明朝皇帝16人，活到70~73岁的有2人，64岁1人，

57岁1人，47岁1人，40岁1人，30余岁8人，20余岁2人。他们的平均年龄为39.5岁。清朝皇帝活到60多岁的4人，50多岁2人，40多岁1人，30多岁2人，23岁1人，19岁1人，乾隆活得最长，为88岁。他们的平均年龄为55岁。

作为一个在军事上戎马征战，为政治稳定殚精竭虑，为经济发展费心劳神的帝王，乾隆帝如此健硕的身体究竟从何而来？一方面，他喜爱运动。有史料记载，乾隆擅射，曾在王公大臣面前展示箭法，竟能九射九中。除了擅长弯弓习武，他还热衷于汤泉沐浴。而另一方面，就是来自宫廷御医为其配制的"抗衰老医方"的奇效了。

据史料记载，乾隆常服的补益增寿药方超过六种，其中主要包括龟龄集、秘授固本仙方、健脾固肾壮元方、龟龄酒、松龄太平春酒和椿龄益寿酒。

"龟龄集"多用补肾助阳药物配制而成，选料严格，制作精细。对治疗老年阳虚有奇效。乾隆颇爱此药，常常传旨询问宫中的御药总管龟龄集还剩下多少，并且对配制处方和制备有关事宜都要亲自过问。

"秘授固本仙方"是由各种药物配制而成的丸药。所谓"固本"其实也是补肾。中医认为肾为先天之本，先天之本充实不虚，体质自然康健。

"健脾固肾壮元方"不仅能起到补益的作用，也能起到健脾的作用。

"龟龄酒"的配方和龟龄集相对应，也是属于补肾壮阳的上等滋补药剂。

"松龄太平春酒"以松龄为名，比喻人的长寿如松柏常绿不凋。此酒在雍正年间就已经开始制作，是乾隆十分喜欢饮用的补益药酒。

"椿龄益寿酒"所说的椿，出自《庄子》一书："上古有大椿树，以八千岁为春，八千岁为秋。"因此，椿龄就是"万寿无疆"的意思。此酒具有舒筋活血、润肠通便、清热止血之功效。

在乾隆帝的益寿药方中，酒剂竟占到一半，可见服用酒剂进行补益增寿是他非常重视的一种方式，也是宫廷养生药剂中的一大特色。后来慈禧太后常饮用的夜合枝酒也是保健益寿的补酒。身体孱弱的光绪帝还时常在饭前饮上一杯葡萄酒佐餐。

除此之外，宫廷膳食结构的合理化，也是保证清朝帝王长寿的关键。据史料记载，皇太后一天的饮食，需要"猪一头，羊一只，鸡鸭各一只，新粳米二升，老黄米一升五合，高丽江米三升，粳米粉三斤，白面十五斤，荞麦面、麦子粉各一斤，豌豆折三合，芝麻一合五，勺白糖二斤一两五钱，盆糖、蜂蜜各八两，核桃仁、松仁各二两，枸杞四两，晒干枣十两，香油三斤十两，鸡蛋二十个，面筋一斤八两，豆腐二斤，粉锅渣一斤，甜酱二斤十二两，清酱二两，醋五两，鲜菜十五斤，茄子二十个，黄瓜二十条"。皇后、皇贵妃，妃、嫔、常在、答应及皇子、福晋有不同程度的递减。

如此铺张浪费，足以令今天的人们瞠目，但是，均衡的营养搭配，倒值得我们借鉴。如其中有蜂蜜、核桃仁、松仁、枸杞、晒干枣、香油等中国传统食品，这些都是中医很重视的抗衰老药物。这六种食品是清代后宫食品中不可或缺的组成部分，或作菜肴配料，或单独食用，不仅味道甘美，而且药效明显，具有食补的功效。

牙齿保健

为了保证口腔卫生，保持口气清新，养成早晚刷牙的习惯是必要的。随着科技的进步，市面上出现了种类繁多的洗漱用品可供人们选择，因此，现代人保证口腔卫生还是很容易的。而在古代，虽然没有牙膏，但也并不意味着人们就不做任何清洁牙齿的工作，尤其皇族成员，清洁和保养牙齿是不可忽略的事情。那么，皇族成员要用什么来清洁牙齿呢？

在明万历帝的定陵发掘过程中，考古工作者对万历帝和孝靖皇后的尸骨进行了检查，发现他们的一些牙齿上都有楔状缺损，这明显是由于刷牙方法不合理导致的。可见，明代宫廷使用牙刷已相当普遍了。

牙齿保健是清朝皇室每日必须安排的活动之一，采用的方法也是多种多样。中医学认为"牙齿固肾""牙龈属肠胃"，御医就是从这个原理出发，将局部保健和整体治疗相结合。

帝妃平时膏粱厚味，恣意享乐，很容易患口腔疾病，导致肠胃并发症产生，影响身体健康，因此，他们非常注意牙齿的保健和牙病的防治。慈禧太后常使用青椒、川椒、旱莲草、枯白矾、白盐等制成的固齿刷牙散擦牙，并配以用旱莲草及川椒水煎去渣得到的汁兑水漱口，来预防牙病。这种做法在当时的清宫十分盛行。另外，对于常见的由上火而引起的牙痛，御医们习惯用宫中秘制的固齿白玉膏来进行医治。此膏用五色龙骨、珍珠等药材组成，将其碾成细末倒入黄蜡之中，冷却后捏成饼状摊在纸上，然后剪成条贴于患处，这和我们今天所用的口腔溃疡贴膜是一样的；另外还有一种方法就是漱口方，和今天医院里的漱口水一样，用生蒲黄、红花、大青盐等配成，拿它漱口可以活血化瘀、消肿止痛，更兼清热解毒、固齿滋肾，而且使用方法极其简单，在宫内十分常用。光绪中年时多患牙病，御医多开此方。

总之，清代宫廷防治牙齿疾病的方法有很多。据档案记载，自雍正朝至光绪朝，每朝都有防治牙病、保护牙齿的独特方法。

宫妃的"化妆品"

毫无疑问，对女性而言，化妆品是为了装点美丽的必需品之一。尽管人们也非常崇尚素颜美人，但是，如果可以用化妆品来修饰一些瑕疵，则实在没有拒绝的理由。古代嫔妃们的选拔，除了家世、背景以及政治方面的考量，最重要、最基本的应该就是容貌了。皇帝是不会娶一个丑八怪做后妃的，因此，抛开天生丽质的特例，大多数的宫妃都要注意日常的妆容和修饰。那么，后宫妃嫔们通常都使用哪些化妆品呢？

据说慈禧太后每天都要花上好几个时辰来打扮自己。她也常说："一个女人没有心思打扮自己，那她还活个什么劲儿。"在她的寝宫里，她最最心爱的就是梳妆台上的化妆品和盛有珠宝首饰的提匣。多年来，她一直使用着嫩肤、润肤、增白、防皱等一系列的化妆品进行美容化妆，其中主要有宫粉、胭脂、沤子方、玉容散、藿香散、栗荍散等。

（一）宫粉：主要由米粉、益母草粉、珍珠粉加香料制成，原产于江南苏州、杭州、扬州等地。清宫早在乾隆年间由江南织造代为购买，到慈禧时仍在使用。白天化妆一般略施薄粉；晚上入睡前，要用大量的宫粉涂于脸部、脖子、前胸、手臂，使皮肤与粉融为一体。长时间使用这个方子，可以使皮肤变得白嫩细腻。

（二）胭脂：清宫内后妃们所用的胭脂，是用新鲜的玫瑰花瓣制成的。每年五月，北京的妙峰山就是一片玫瑰花的海洋。这些玫瑰花专门进贡清宫，是做胭脂的上好材料。清宫挑选有经验的老太监监督制作胭脂，有时慈禧也会去验看。

（三）沤子方：由八味中药研成粗渣，与三斤烧酒一同煮透，去渣留汁兑上白糖、蜂蜜、冰片粉、朱砂面搅匀，装入瓷瓶，用来涂抹脸颊，有嫩面、滋润肌肤的作用，功效如同现在用的护肤霜。

（四）玉容散：据说慈禧晚年面部有黑色的大小斑点，御医们为她精心配制了由十六味中药材合成的玉容散，可以使肌肤焕发光泽并改善黑色素沉积。

（五）藿香散：是以七味名贵香料为主药，具有通行经络、走气入血、无孔不入的特点，可以把体内和体表的垢浊祛除。中医认为，藿香叶可以祛除面部的黑色素沉积；香白芷、祛风药可以使肌肤焕发光彩；丁香又可以美白；糯米可以补中益气，养护皮肤；檀香也是行气药物，可以防治面部色斑的产生；再配以用牛皮煎熬制成的广明胶来滋润皮肤，增加皮肤弹性。这七味药材合在一起就具有了化湿、避秽、理气、祛黑、增白、滋润并使肌肤散发香气的作用。

（六）栗莩散：栗莩就是栗子壳里那层薄薄的内皮。一般选用当年产的头等板栗内皮，研成细面，用蜂蜜调和，使用方法和现在的面膜相当。

避　暑

北京虽地处北方，但夏季还是十分炎热。人们对气候变化十分敏感，有时即使是微小的气温变化都会导致身体不适，所以，盛夏之际，皇宫里要设置必要的避暑设施。那么，皇宫里有哪些避暑设施呢？

故宫房檐

到过北京的人都知道，北京的夏天，酷暑难耐，热浪袭人。乾隆帝就曾以"热"为题，专门作诗来形容北京的盛夏："岂无九重居，广厦莲垂湘。冰盘与雪簟，潋滟翻寒光，展（辗）转苦烦热，心在黔黎旁。"在没有电风扇、空调和冰箱的年代，在重重官院的紫禁城里，皇帝是怎么避暑的呢？每到酷暑，皇宫里就想尽了种种办法。这些传统的方法虽然没有现代的设备效果显著，却也是巧妙利用自然之物的奇思妙想。他们是如何来防暑降温的呢？具体有以下几种办法：

一、暗藏玄机的房檐

明代以后的建筑规制是："檐步五举，飞椽三五举；柱高一丈，平出檐三尺，再加拽架。"这简单的建筑法式，里头却大有奥妙。

那时人们已经善于运用冬、夏季日影的角度（就是今天所说的太阳高度角，北京地区冬至正午太阳高度角为27°，夏至正午太阳高度角为76°）来设计出房檐的角度。官内的北房有了这个角度的屋檐，就能够在夏至前后，遮阳避暑；到了冬至前后，阳光满室，使得房间内温暖如春。

二、竹帘、凉棚营造出来的阵阵清凉

官中营造阴凉的方法也不少，比如，屋檐前面悬挂帘子，一方面可以遮挡阳光，另一方面也留有空隙保持通风。帘子何时挂、何时收都有规定。

帘子也有等级划分，最高级的是用斑竹、香妃竹编织的，饰有各种图案，等级低的是用苇箔编成的。

更大一点的工程是搭凉棚，就是在官殿顶上和院里搭个顶盖来遮蔽阳光。棚匠们用简单的圆木作为支架，搭好后上边铺上苇席，并用绳子捆扎好。这种凉棚可卷可展，烈日当头时展开遮挡阳光，早晚时再收起来通风。搭凉棚一般在阴历四月开始。

三、冰桶凿孔送凉风

冬季储藏冰块到夏季用的习惯，在我国北方由来已久。考古发现，早在周代就已经有用来储存冰块的冰窖。明、清时期，人们在盛夏也会大量用冰。冰窖一般有官窖、府窖和民窖，《大清会典》中记录清代在紫禁城、景山、德胜门外、正阳门外都设有官窖，共计18座，仅紫禁城中的冰窖就藏冰25000块。冰窖造型基本相同，采用埋

入地下1.5米的半地下形式，长约11米，宽约6米，容积为330多立方米。这些冰块都是在每年三九御河起冰后，由采冰者凿成规定尺寸的方块拉入冰窖，待第二年的夏天使用。隆宗门外西南的造办处附近就有一座冰窖。

清代宫内储存冰块的器具被称为"冰桶""洋桶"，其多用红木、花梨木、柏木为内胎，也有用金属胎的。形制呈斗状，口大底小。盖多采用很厚的木板，两腰部都有铜环，方便搬运。足下有四条腿，还装有托，用来防潮。这种宫廷"冰箱"比起现在的冰箱太过简单，但是构造合理、实用。当时的"冰箱"主要有两个用途：一是用来冰镇饮料和时鲜水果，因为箱体内采用铅或锡为里，能起到较好的隔热作用，而箱底有小孔，可以排放融化的冰水。冰桶另一个用途是降低室内的温度。箱盖上设有透气孔，因此排出的冷气还能起到降温的功效。

另外，清代自康熙帝以后，历代的皇帝，每年夏季都会离开紫禁城到颐和园、圆明园或承德避暑山庄去避暑。

承德避暑山庄

取暖设备

　　北京的夏天酷暑难耐，冬天也同样漫长。北京的冬天干燥、寒冷，紫禁城宏大的建筑群在凛冽的寒风中会更加冰冷。紫禁城里的金枝玉叶恐怕很难适应冬季的寒流侵袭，因此，基本的取暖设施非常必要。那么，皇宫里有哪些取暖设备呢？

　　北京的夏天是炎炎烈日，而冬季又是寒冷且漫长。最冷的时候，气温可以达到-20℃左右，可谓是滴水成冰。而紫禁城坐北朝南的宫殿不仅有利于采光，同时也利于保暖。此外，厚实的墙壁和高大的屋顶也使得宫殿内的保暖效果增强了许多。当然，仅靠这些还远远不够，皇宫的室内取暖，还需要另外的一些设备和措施。

一、地炕火道

　　帝后居住的宫殿都设有东、西暖阁。在暖阁的窗户外檐下，挖有1.5米左右深的地洞，洞内砌有砖炉，或将正在燃烧的火炉子放进去。暖阁内的地面下砌有纵横交错的火道，洞内的火炉和地下的火道相通，可以使暖阁内的地面升温。每到冬季来临时，会有专门司炉的太监从坑洞中进入，将炉火点燃，炉内的热气顺着火道迅速进入室内，使整间屋子变得暖和。而这种设有火道的宫殿，在殿后必然会有用来排烟的烟囱。

二、炉火取暖

　　清代的宫殿里还大量使用火炉，或称为火盆、熏笼。熏笼制作精美，用料考究，有景泰蓝的、铜镀金的，异常华美。熏笼形式各异，大小不等，大的重百余斤，小的只有西瓜般大小，小巧而精致。皇室成员还有专门的手炉、脚炉用来暖手、暖脚。

　　熏笼、手炉及脚炉所用的燃料均为木炭，是由涿州、通州、蓟州、易州及大兴等地的上好木材烧制而成。木材做成炭以后，运到今西四东侧的红罗场，按尺寸截成小段，装入红色的圆形荆筐里，再送入宫内备用，故名"红罗炭"。此炭乌黑发亮，质

长春宫东暖阁

地优良，燃烧持久，火力旺盛，并且无味无烟，可谓炭中上品。

皇室成员数量庞大，人数众多，所用的木炭数量也相当惊人。乾隆年间，每月皇太后的木炭供应量为120斤，皇后为110斤，皇妃、贵妃、公主、皇子递减。而据《宛署杂记》中记载，明代万历十八年（1590年），仅一次殿试就用木炭一千多斤。

清代，专门管理皇家薪炭的机构叫惜薪司，衙署设在西安门内。另外，宫内还有三个机构，分别是蓺火处、柴炭处和烧炕处。

清　海棠形烧蓝手炉

清　刻蝶恋花纹大手炉

　　爇火处是专门负责安装火炉、运送柴炭的部门，设八品首领太监两名，太监五十名。

　　柴炭处是负责柴炭的存储及发放的部门，设有首领太监两名，太监二十五名。

　　烧炕处，顾名思义，是为皇家从事烧炕的部门，设有首领太监两名，太监二十五名。此外，各个宫殿都配有专门负责烧火盆的烧火太监。

　　随着科学技术的进步，以及新航线开辟后世界各国交往的日益紧密，清代宫廷的取暖设施也得到了相应的更新。康熙年间，玻璃传到了中国，于是玻璃代替了传统的窗户纸被安装在皇宫内的窗户上，在美观、透光性更强的同时，也一改窗纸漏风的缺陷，使得宫殿内变得更加暖和了。

　　而到了宣统帝时，隆裕太后居住的延禧宫还安装了更加先进的现代化取暖设备——电暖炉。宣统二年（1910年）六月，隆裕太后命总管太监小德张传其懿旨，令西苑电灯公所负责电暖炉的安装工作。西苑电灯公所接旨后便立即着手筹备。随后，奉宸苑在天津的西门子洋行订购了大大小小二十四台电暖炉机，附属材料于同年十月运抵北京并进行安装、调试。由于电力不足，导致热力不够，起初效果并不理想，于是启动了应急锅炉，并且将各个宫殿的电灯轮流开闭，同时还配以一台起到辅助作用的发电机，才使得效果有了明显的好转。经过多次调试，电暖炉终于调试安装完毕，投入使用。但是花费甚巨，购买设备即花去白银9000两，并且耗电量惊人，每月所用电费达到1680两白银。

吉祥缸

缸是用来盛水的，这一点毋庸置疑。按照这个逻辑，偌大的紫禁城，随处可见的大缸应该也是用来盛水的。那么，紫禁城里为什么需要盛水的缸呢？这些缸是否真的是用来盛水的，还是另有其他用途？

紫禁城内的宫殿周围，陈列着无数引人注目的"吉祥缸"（也称"太平缸"）。"吉祥缸"有铜缸和铁缸两种，按照材质可以分为"镀金海"铜缸、青铜缸和铁缸三类。据史料记载，清代中期，宫内共有大小"吉祥缸"308口，而今仅存108口。皇宫内各处陈设"吉祥缸"的数量以及缸的大小是随环境而定的。如太和殿、保和殿及乾清门周围，陈设的均是"镀金海"铜缸，而内廷东、西六宫庭院及长街上所陈设的，就是比较小的青铜缸或者铁缸了。它们既是美化紫禁城的装饰品，同时也是不可或缺的消防器材。古人将"吉祥缸"称为"门海"，即"门前大海"的意思。这些"吉祥缸"内常年都储备有清水，一旦宫中失火，太监们就可以就近从缸内取水扑救。

这些缸有多重意义，首先它是储水、防火的消防设备。紫禁城建筑以木结构为主，最怕发生火灾。在历史上，明、清两代历经五百五十多年，紫禁城内经历过较大的火灾二十余次，平均每五十年就会发生一次。在高大的宫殿旁放置装满水的大缸，可以在突发火情时迅速取水灭火。

清宫规定，为防止"吉祥缸"内存水干涸，内廷"吉祥缸"每日由关防衙门内管领率领苏拉（满语，指宫中的差役）进内添水；外朝"吉祥缸"，每日由宫中机桶处苏拉将缸水添足。总管内务府派司员四人负责管理，每五天检查一次缸内的储水情况。

青铜缸

　　在冬季，为了防止"吉祥缸"的储水结冰，不仅要加上缸盖，还要进行"熏缸"的工作——在缸盖里面设置有专门的"铁屉"可以贮存炭火，同时，每口缸不是直接放置在地面，而是在缸的底部有弧形的石基垫底，其中有一块弧形石是可以活动的，这样方便在缸下置放火炭，将缸内已经冻结的冰块融化。这项差事一直是由内务府的"熟火处"根据季节的寒暖变化来决定何时开始，一般到第二年的惊蛰过后才结束。

　　其次，大铜缸还具有装饰作用。在巍峨的宫殿群中，金光灿烂的大铜缸，衬托着紫禁城的红墙黄瓦，显得格外富丽堂皇。

　　另外，铜缸有祈福祛火的吉祥作用，又称"福海"。大缸也是一个循环的"小五行"：金生水、水克火。紫禁城中最豪华的鎏金铜缸摆放在象征皇权的太和殿东、西两侧，据说每个鎏这种规格的大铜缸要用去3千克黄金。1900年，八国联军攻入紫禁城后，大肆劫掠，他们竟然连铜缸上的鎏金也不放过，贪婪地用刺刀刮走了黄金，留下了深深的刀疤。这就是我们今天看到铜缸上伤痕累累的原因。

"镀金海"铜缸

吃饺子

　　春节是中国的传统节日，而除夕夜吃饺子也是传统项目之一。百姓经过一年的辛勤劳动，在岁末休息调整，辞旧迎新，岁岁年年，周而复始。百姓的生活如此，已经形成了惯例，紫禁城里的皇族是否也遵从民间过春节的文化传统，除夕夜包饺子吃呢？

　　饺子是一种深受我国人民喜爱的食物，也是一种年节食品。有一句民谣说的是"大寒小寒，吃饺子过年"，形象地表现出饺子在中国人民心中不可替代的地位。中国人吃饺子的历史是比较悠久的，三国时期魏人张揖编著的《广雅》中记载，当时已经出现类似的食物了，形如月牙，称为"馄饨"。到了南北朝时，馄饨"形如偃月，天下通食"。据推测，那时的饺子煮熟以后，不是捞出来单独吃，而是和汤一起盛在碗里混着吃，所以当时的人们把饺子叫作"馄饨"。这种吃法一直延续下来。而"馄饨"逐渐成为人们日常生活中一道非常重要的食品。大约到了唐代，"饺子"的形状与现在的饺子已经基本没什么出入了，而吃法也与现在的吃法一模一样，即将煮好的饺子捞出来盛在盘子里。宋代称饺子为"角儿"，它是后世"饺子"一词的词源。这种写法在其后的元、明、清及民国仍可见到。除了上述叫法，元代还称饺子为"扁食"，明代也沿用了这个说法。万历年间沈榜的《宛署杂记》中记载："元旦拜年，作匾食。"刘若愚的《酌中志》载有："初一日正旦节，吃水点心，即匾食也。"匾食即扁食。到了清代，出现了诸如"饺儿""水点心""煮饽饽"等有关饺子的新的称谓。

　　在特殊的日子吃饺子，代表着特殊的意义，多为吉庆、祥和的象征。例如，民间长者过生日的前一天必吃饺子，称之为"子孙饽饽"，意在祝愿福寿绵绵、子孙满堂；青年人结婚、入洞房后也要先吃煮得半生的饺子，以祈祝早生贵子；除夕晚上，一家老少一起包饺子，待子时一到，全家人一起吃饺子，取"岁更交子"之意。饺子的吃法也是多种多样，水煮的叫"水饺"，上屉蒸的叫"蒸饺"，在铛中烙的叫

"锅贴"。

清代，饺子作为一种喜庆的食物，配合节日的氛围，形成了许多约定俗成的习惯。作为国之表率的皇室，自然要承袭传统的民俗文化。

在清朝入关之前，满族就有过年吃冻饺子的习惯。入关后，受汉文化的影响，吃饺子更加盛行。《清宫述闻》中对同治帝大婚入洞房的情景有这样的记载："……皇上、皇后坐龙凤喜床，食子孙饽饽……至晚，皇上、皇后用长寿面。"这里所说的"子孙饽饽"就是饺子。

当然，每逢辞旧迎新之时，饺子是必不可少的，这不仅寓意"岁更交子"，更重要的是表示不忘祖宗。

皇帝的瞻拜活动是在总管太监的引导下进行的，本来没有绝对严格的时间规定，但是御膳房的厨役们对煮饺子的时间必须要掌握得十分准确。皇帝一到昭仁殿，饺子就要出锅，旋即端上膳桌。对此，时间的掌握就显得尤其重要。清宫规定，元旦前后，皇帝出门、入门，都要放纸炮作前导。御膳房根据炮声的远近，就可以推测出皇帝的行踪。例如嘉庆四年（1799年）除夕，当嘉庆帝在奉先殿行礼毕，下台阶时，膳房即开始煮饺子。他刚到昭仁殿，太监立刻传："送万岁爷煮饽饽一品！"嘉庆坐稳后，首领太监捧进红色雕漆飞龙宴盒一副，内置"三阳开泰"瓷碗两件：一碗内装素馅饺子六个，另一碗内有乾隆通宝、嘉庆通宝各一个。皇帝吃完饺子后，小太监用瓷碟盛饺子一个、红薹一块供在昭仁殿的小佛堂前，以示敬佛。而清宫的《膳食档》中还记载了光绪过年吃肉馅饺子的情景："正月初一，万岁爷在养心殿进煮饽饽。第一次进猪肉长寿菜馅煮饽饽十三个；猪肉菠菜馅煮饽饽十三个。"

另外，清宫中有许多礼佛奉道之所，元旦日（春节）宫中讲究吃素，饺子也必须是素馅的。因为皇帝信佛，故而皇帝吃的饺子与敬佛的饺子要同一锅煮出来，以求新的一年平安、素净。素馅水饺以干菜为主，有长寿菜（马齿苋）、金针菜、木耳，辅以素三鲜：蘑菇、笋丝、麦筋。用的膳桌、餐具也极为讲究，与平日不同。

青花西洋人物奏乐纹瓷盘

「肆」文体雅好

围场之设，是清朝的一大特色。从努尔哈赤崛起至清朝迁都北京，清先后在奉天、吉林、黑龙江、河北、内蒙古、北京等地设围场数百。围与猎对清朝的满族来说可谓是源远流长。

宫廷马球

　　宫廷马球是一种融合了马术以及球类元素的竞技类运动，具有着很强的嗜武特性。那么，这项运动到底始于什么时候，是一种怎样的运动呢？

　　马球运动始于秦汉时期，是我国古代流行的运动项目之一。马球运动是骑在马上持棍击球的一种多人竞技项目，古代称为"击鞠"，又称为"打球"。它要求运动员不但要有强壮的体魄、高超的骑术与球艺，更要勇敢、灵活、顽强、机智。马球的打法是骑在马背上用球杖来击球。球杖长数尺，用木料制成，顶部称杖头，形如月牙，和今天的曲棍球杆类似，所以，唐代诗人以"初月飞来画杖头""人不约，心自一，马不鞭，蹄自疾……"来形容打马球时的情景。

　　中国古代马球运动流传至明朝初年仍然盛况空前，其马场设在明宫东苑。据《续文献通考·乐考》记载，明成祖朱棣曾数次到东苑观看打马球和射柳，中书舍人王绂陪同观看，并作《端午赐观骑射击球侍宴》，生动地描绘了当时的场景：

　　　　葵榴花开蒲艾香，都城佳节逢端阳。

　　　　龙舟竞渡不足尚，诏令禁御开球场。

　　　　球场新开向东苑，一望晴烟绿莎软。

　　　　万马骞腾鼓吹喧，五云缭绕旌旗展。

　　　　羽林年少青纶巾，秀眉丰脸如神人。

锦袍窄袖巧结束，金鞍宝勒红缨新。

纷纭来往尤迅速，马上时看藏马腹。

背挽雕弓金镞鸣，一剪柔条碎新绿。

忽闻有诏命分棚，球先到手人夸能。

马蹄四合云雾集，骊珠落地蛟龙争。

彩色球门不盈尺，巧中由来如破的。

骍然一击电光飞，平地风云轰霹雳。

自矜得隽意气粗，万夫夸羡声喧呼。

拟金伐鼓助喜色，共言此乐人间无。

鸾舆临幸天颜喜，宴赐千官醉蒲醑。

光禄尊开北斗傍，箫《韶》乐奏南薰里。

微臣何幸遭盛明，清光日近多恩荣。

呈诗敢拟《长杨赋》，万岁千秋颂太平。

到了明代中叶，马球运动逐渐丧失了其激烈的争夺和竞争性，而朝着以表现个人技巧的表演性发展。因此，为了适应表演的需要，马球运动在器材上有了很大的变化，球杖改为长藤柄，而马球也由木质变成皮革缝制。这种球可以用藤柄杖挑弄接抛，以不坠地最终打入球门者为胜。

故宫博物院珍藏的《朱瞻基行乐图》生动地描绘了明朝第五位皇帝明宣宗在宫中行乐的情景，其中就有其打马球的场面。画中，明宣宗持杆立于球场中央，挥杖击球。他的面前是两株松树，下部呈长方形，作为球门，球门两侧是长方形的地面作为球场，每块地上插有小彩旗数面。明代诗人王直在《端午日观打球射柳应制》中也有关于打马球的记载：

玉勒千金马，雕文七宝球。

鞚飞惊电掣，伏奋觉星流。

欻过成三捷，欢传第一筹。

庆云随逸足，缭绕殿东头。

明、清时期，马球不但是宫廷的观赏性体育项目，而且在民间也大受欢迎。据记载，当时在民间月令节日集会中，也有马球表演，平民百姓对观赏马球也有浓厚的兴趣。

围　棋

围棋的历史可以说是非常悠久了，《孟子》中就记载了一位春秋战国时期非常著名的围棋高手弈秋，可见该项运动在我国的发展源远流长。明、清时期，各种各样的竞技运动兴起，围棋作为一种古老的运动是否仍然得到人们的重视和喜爱，保持着兴盛的发展态势呢？

围棋是我国传统棋艺之一，在我国古代称作"弈"。围棋比象棋出现得更早，旧传起源于尧舜时代，实际起源于西周，历经春秋战国而渐臻成熟。迄今发现的有关围棋的最早文字记载是《左传》。

围棋的产生和流行，据说和古代的战争有密切关联。古代军事家借助围棋来排兵布阵、演练队伍，达到围而歼之的目的，至今围棋着子的战略战术、胜负计算方法，也都符合古代作战方略。汉代马融在《围棋赋》中对围棋胜负的关键做了十分精辟的阐述："略观围棋兮，法于用兵……拙者无功兮，弱者先亡。"

由于围棋是一项斗智斗勇、对抗性很强的竞赛活动，所以受到古代政治家、军事家的喜爱，史书中也有不少这方面的记载。

魏晋南北朝时期是围棋史上普及与提高的重要时期，各朝帝王均以棋设官，建立了棋品制度。到了唐代，下围棋之风日渐流行，武则天供养"棋博士"；玄宗李隆基设"棋待诏"，与"书待诏""画待诏"同属翰林院，将围棋之风推向高峰。而明、清时期可以说是中国古代围棋发展的第三个高峰。

清康熙　紫砂围棋盒

清中期　铜胎珐琅彩围棋盒

　　围棋在我国古代如此盛行，自然与帝王喜爱围棋有直接的关系。如朱棣在镇守北方的燕王王位上，曾与臣下刘繡对弈。刘繡屡战屡胜，令朱棣十分难堪，叹息道："卿独不让我耶？"明宣宗朱瞻基爱棋如痴。一次，皇后生病，宣宗视为大事，竟然亲自去请御医来看病。谁知，当他看见御医盛寅正在下棋时，不禁兴味盎然道：

"不要紧，下完吧。"待棋下完后，宣宗兴致未减，又出题命御医作诗咏弈，他自己还兴致勃勃地和了一首。就这样，你一言，我一句，早已将皇后请医看病的事抛诸脑后。另外，明末崇祯年间，明思宗朱由检也经常与田贵妃下围棋，以消磨宫中寂寞的生活。

至清代，棋苑的兴起和发展盛况空前，不仅涌现出了黄龙士、徐星友、施襄夏、范西屏等一众棋艺高手，还出现了如《弈府阳秋》《弈悟》《二子谱》《四子谱》等专业围棋著作。

在紫禁城皇宫内廷里，清代帝后王妃也都是围棋爱好者。故宫博物院珍藏着《胤禛美人图》十二幅，每幅均宽184厘米，长98厘米，作于18世纪前期，是我国清代初期肖像画的珍品。其中有一幅画描绘的是，女子斜倚在八仙桌一角，而桌面上画了一角线条清晰的围棋盘，在棋盘上还放着一对围棋盒。从清宫珍藏品中，我们还能看到故宫博物院所珍藏的玉制围棋及各色棋子，想必是清宫内廷帝王后妃消遣的戏玩之物。

皇帝赐"福"

在映透着喜庆的大红纸张上写上滚金的"福"字，然后将字倒贴在自己的房门上，以取得"福倒（到）了"的好意头。这么重要的一个字，总要由一些德高望重的老人执笔，才显得重要。如果是皇帝亲自执笔，意义更是非凡，能够得到皇帝的赐"福"，相信来年一定福缘滚滚。那么，清代的皇帝有没有写"福"字下赐的习惯呢？

清代，庆祝活动最多的节日莫过于新年前后，而民间贴"福"的风俗习惯，就是与皇帝在新年时赐"福"字的惯例息息相关。其实，民间贴"福"的习俗源自一个有趣的传说。相传，西周取代殷商之后，姜太公持榜封神之时，各路神仙都已经封神完毕，但是，姜太公那位品性十分恶劣的夫人也来讨要神位。太公无奈之下，只得封他的夫人为"穷神",并规定凡是贴了"福"字的地方便不能去。于是,老百姓便家家贴"福",燃放鞭炮,以驱赶这位不受欢迎的"穷神"。无论最初选择贴"福"的动机如何,现在,"福"就是幸福的代名词,贴上"福"字就意味着福缘滚滚、福气兴旺,一个字寄托了人们对幸福生活的向往。

既然每逢节日贴"福"已经成为一种传统的民俗习惯,那么,一向遵循"与民同乐"原则的皇室贵族也不会错过这个展示皇恩浩荡的机会。皇帝亲笔手书"福"字,并下赐群臣,这无疑代表了莫大的恩惠与信任,且紧紧地贴合了民间的习俗传统,并体现了一定的精神境界,要比赏赐金银珠宝有格调得多。根据清代昭梿所著的《啸亭杂录》中对"福"字的记载:"定制,列圣于嘉平朔谒阐福寺归,御建福宫,开笔书福字笺,以迓新禧,凡内廷王公大臣皆遍赐之。翌日,上御乾清宫西暖阁,召赐福字之臣入跪御案前,上亲挥宸翰,其人自捧之出,以志宠也。其内廷翰林及乾清门侍卫,皆赐双钩福字,盖御笔勒石者也。其余御笔皆封贮乾清宫,于次岁冬间,特赐军机大臣、御前大臣数人,谓之赐余福云。"可见,皇帝写"福"字下赐群臣已经成为清代皇帝特有的年节赏赐。

康熙帝是第一个手书"福"字下赐群臣的典例。皇家认为,十二月是进入年终的月份,也是人们祈望吉祥、驱避邪魔以图本年得到一个圆满的终结的时刻,人们要满怀欣喜地恭候、迎接新年。所以,自康熙朝始,每年腊月,皇帝在内廷要亲自御笔书"福"字,所写出来的第一个"福"字要悬挂于乾清宫正殿,其余张贴宫廷内苑各处,以及颁赐后妃近侍、王公宠臣、内廷翰林等。此后,清宫御赐"福"字的仪式成为典制。

雍正时期,每年腊月,雍正都要手书"福"字,有"年来冬月封印以后,政务略有余闲,朕手书'福'字赐内外大臣,诸臣奏谢皆称受朕赐福之恩"之意。此后,皇帝的手书"福""寿"字不仅张贴在宫苑各处,而且还会颁及各直省将军、督抚等,后朝均沿袭下来。

乾隆帝更是讲究书"福"之典制,并且在御书"福"字之前,还必先到阐福寺(在北海北岸五龙亭旁边,今已不存)拈香,然后再到重华宫内漱芳斋大书"福"字。乾隆赐"福"的事例很多,在朝为官三十一年的尚书王际华,积历年所得共二十四幅"福"字，装裱悬挂，名为"二十四福堂"。

嘉庆帝一向标榜自己是"以皇考之心为心"，写"福"字颁赐，当然也恪遵前代成例。他曾御制书"福"联句诗，除御书第一"福"字悬挂于乾清宫正殿，还要在宫苑张贴近二十幅"福"字。不仅如此，嘉庆帝在书"福"字之余，又别书五言、七言至十三言朱红云龙笺对联，及"宜春迎祥""宜人新年""一年康泰"等字，不下百余幅。这些吉语被张贴在各处宫苑，皇宫里满是吉祥如意。

同治帝不但写"福"字颁赐近臣或张贴宫内，而且还花样翻新地写"寿""龙""虎""福""禄"等字张贴在宫廷院落内。皇帝亲笔所写的"福""寿"字，其中间为一火焰升腾的银色火珠，周围以流云纹缠绕，用红绢制作得分外精美雅致，以黑墨书写的"福""寿"字形，恰在四条龙纹菱形中间，显得字体十分饱满大方，作品精致喜庆。

清代皇帝赏赐王公大臣等官员"福"字时，皆在腊月。届时得到皇帝御赐"福"字者，每年十余人或不及十人，受赐者依次跪在案前，仰瞻皇帝御书"福"字，叩首谢恩。王公大臣等均以得到御赐"福"字为幸事。当然，皇帝赏赐的"福"字何其珍贵，自然不会拿去贴在门上，而是要精心装裱，然后供奉起来，以示对皇帝恩泽的敬拜。

亲　耕

耕地种田是庄稼人的生活，对处在统治地位的皇室成员而言，参与这种面朝黄土背朝天的活动完全是不能想象的。但是，皇室贵族的确有下地种田的责任，这究竟是怎么回事呢？

"一年之计在于春"，历朝历代的天子都十分重视农业生产。立春日迎春，祈求丰收，是上到天子，下到庶民，都必须参与的一项活动。周朝时，立春之日，天子亲率诸侯大夫去东郊迎春。迎春过后，古代的君王还会率百官出宫，亲自到他的"一亩

清　焦秉贞画　康熙诗　《御制耕织图》（局部）

三分地"耕地松土，以示重农劝稼，祈盼丰年。皇帝春耕，被称为"亲耕"。有一幅名为《皇帝耕田图》的年画，画的就是一个头戴王冠、身穿龙袍的皇帝，手扶犁把正在耕田，而他的身后跟着一位大臣，一手提着竹篮，一手在撒种，牵牛的是一位身穿长袍的七品县官，远处是提篮送饭的皇后和宫女。画上还有打油诗："二月二，龙抬头，天子耕地臣赶牛。正宫娘娘来送饭，当朝大臣把种丢。春耕夏耘率天下，五谷丰登太平秋。"

明、清时期，祭农耕籍之礼已十分完备。每年皇帝到先农坛祭祀先农，而后要到观耕台前的亲耕地进行示范性耕耘，完成对先农崇祭的全过程。皇帝亲耕的田地，由周代的"千亩"，缩减成了一亩三分地。您可别小看这一亩三分地，这可是皇帝的"自留地"。

地坛牌楼

皇帝耕田可不是像普通农民一样，而是执行严格的制度。明制是皇帝右手扶犁、左手执鞭，往返犁地四趟；清制改为往返犁地三趟，然后，从西阶登观耕台，观耕终了，由东阶退下。

据《宛署杂记》记载，大明王朝的皇帝曾"圣驾躬耕籍田于地坛"。当时得到皇帝某月某日要亲耕的指令后，顺天府管辖下的宛平、大兴两县，于大典前一个月开始筹备各项事宜，比如首先去寻得数十名德高望重、有丰富经验的老农进行礼仪培训，并同时备齐耕牛及相关农具，另外，再准备一座约一千平方米的耕棚。皇帝耕田的土也是不能随便用的，必须用箩精心筛过以后，并运来肥沃的土覆盖其上。为显示隆重和正式，到正式庆典那天，教坊司的"优人"还得装扮成风、雷、雨、土地诸位神仙，另有儿童装扮成农夫、农妇模样，高唱庆祝天下太平的颂歌。其他民众则手执农具排列两侧，静候圣驾光临。皇帝左手执黄龙绒鞭，右手扶金龙犁亲自耕田时，前面会有两名"导驾官"牵牛，两名老农协助扶犁。亲耕之后，皇帝就会登上耕棚的"观耕台"，坐观大臣们耕作，由顺天府官员播撒种子，老农随后牵牛覆土，就这样，一年一度的圣驾躬耕才算是真正完成。能够荣幸地协助皇帝完成亲耕工作的老农和小孩等，都会有赏赐，比如在场的民众每人都会得到皇帝赏赐的两个馒头和二斤肉。在皇帝起驾回宫时，众人拿着农具簇拥其后，走到午门止，每位老农还可得两匹布，其他人等得一匹。顺天府官员记录此次皇帝春耕总共花费白银八十九两四钱九分，这些银两由宛平、大兴两县财政支出。

而自清朝雍正年间始，皇帝亲耕前，会先到西苑（今中南海）丰泽园前的演耕地里练习一番，以免亲耕时生疏，闹出笑话。其他程序则与明代没多大区别，同样是完成"三推三返"的亲耕礼。皇帝亲耕是礼仪也好，作秀也罢，但总归是好事，因为其意图是好的，因此多少具备一些积极的意义。

围 猎

清代较之明代，出现了一种全新的运动形式——围猎，这与满族特有的喜好——骑射息息相关，并形成了固定的国策，代代遵循。围猎不是简单的狩猎，无论是内容还是形式，都有详细的规定。那么，围猎都包括哪些形式呢？

围场之设是清朝的一大特色。从努尔哈赤崛起至清朝迁都北京，先后在奉天、吉林、黑龙江、河北、内蒙古、北京等地设围场数百之多。围与猎对清朝的满族来说可谓是源远流长，围猎几乎是与满族先民同时存在、同时发展的。有史以来，围场与行围就是满族先民赖以生存的条件。即使女真南迁与明朝比邻而居，从事农业耕种以后，也仍将围猎作为生活的重要部分。女真人打猎通常集体出行，一般以十人为一组，称为"牛录"；牛录中一人为长，称为"牛录额真"（箭主之意）。这种打猎组织比一般牧民有更高的战斗力，所以后来成为八旗制度的基础。

清朝以马上立国，可以说，清朝政权的取得是从打猎开始的，因而从努尔哈赤起及其后各代皇帝，都把围猎当作重要的军队训练。在没有直接对敌作战的情况下，他们把围猎作为征战和训练的预演，把野兽作为战术演习和实战拼杀的活靶，用以训练

《清人狩猎图》（局部）

和提高八旗兵的作战能力。这就是清朝之所以设置诸多围场的原因。清朝初年，清廷先后设置了盛京围场、吉林围场、木兰围场、北京南苑围场等诸多大型围场。

清代围场鼎盛时期是在康熙、乾隆年间。在围场中，最令人震撼的是皇帝行围的情景。清朝自康熙、雍正、乾隆而下，形成了一整套行围打猎的典章制度。朝廷专设有综理行营的王公大臣，专门负责皇帝出猎时在围场设立行营，建帐殿、立旌门（即插满彩旗的门），还要用绳索结网围于四周，称其为网城。当年乾隆出围，设行营三重。内里行营摆连帐175座，设网城一重，旌门三道。在网城连帐十丈以外设外城，周围设连帐254座，设旌门四道。在外连帐六十丈（约200米）以外为警跸区。警跸区立帐房40座，各建旗帜，有八旗护军专司之。皇帝一人打猎，从者数千人之多，可见皇家威风。

皇帝打猎行围，不同季节有不同称谓，春天出猎称为"春蒐"，夏天出猎称"夏苗"，秋天出猎称为"秋狝"，冬天出猎称为"冬狩"。清代多以秋狝为惯例。清代围猎的方式主要有两种，即合围制与哨鹿制。

合围制是为了确保皇帝打猎成功，有猎物可猎，使皇帝高兴。行围前，要先挑选一些军兵吏目进行训练。按例要抽调兵卒一千二百五十名，这些兵卒被称作虞卒，又称之为"围墙"。"围墙"的作用，就是在皇帝打猎前，用虞卒把围猎区先行包围，把野兽轰赶起来，使皇帝进入围场就有猎物可猎。一般虞卒合围的范围大致在方圆三五十里或七八十里。如果围内野兽过多，则开放一面使之逃逸一些。由于通信困难，虞卒在合围完成后，须将帽子脱下，以鞭子擎之，高呼脱帽，凡三次。中军听到声音后，知道合围完成，才簇拥皇帝进入围场。在围内，只有皇帝可以发箭射猎，其他人绝不可私动弓枪。御前大臣、侍卫都只能射猎那些逃到围外的野兽。如果遇到猛兽，如虎、豹、熊、猪之类，则由虎枪营官兵手持长械与之搏，以免皇帝受到伤害，皇帝只远远地射箭即可。

值得一提的是皇帝猎鹿。皇帝猎鹿与常人不同，要先射哨鹿。所谓哨鹿，《清史稿》卷六十五《礼志》中这样记载："哨鹿者，凡鹿始鸣，恒在白露后，效其声呼之，可引至。厥制与常日不同。侍卫等分队为三，约出营十余里，俟旨停第三队。又四五里，停第二队。又二三里，将至哨鹿所，则停第一队。时扈从诸臣止十余骑而已。帝命枪获鹿，群引领俟旨，而三队以次至御前。高宗蒐猎木兰时，亲御名骏，命侍卫等导入深山中。望见鹿群，命一侍卫举假鹿头作呦呦声，引牝鹿至，亟发矢殪之，取其血以饮。不唯益壮，亦以习劳也。嘉庆时秋狝仿此。"一般在白露以后，正值鹿的发情期，由一些士卒持鹿头伏于草丛中，以鹿头招摇，仿雌鹿之鸣，引雄鹿入围，此称为"哨鹿"。猎鹿时，因为没有太大危险，皇帝一般将大队人马留在远处，身边只留下十余名随从人员。

西洋乐器

在中国大地上诞生发展起来的音乐及演奏乐器都有非常浓厚的本土民族色彩，相较之下，外民族的音乐及乐器则极富异域风情。那么，风格各异的西洋乐器是什么时候传入北京宫廷的呢？

西洋音乐的东渐，特别是乐器之一的古钢琴流入中国，在明万历时期即有了记载。

明万历二十八年（1600年）十二月二十一日，意大利传教士利马窦从天津出发，踏入了北京城。第二天他就率领数名神父，带着贡品进入皇宫，觐见了万历帝。当万历帝第一次看到那架庞大的古钢琴时惊叹不已，新奇之余，命庞迪我神父演奏古钢琴。那淙淙流泻而出的美妙动听旋律，在神父手指间欢快地流淌，轻松自如，此起彼伏，叩动了神宗皇帝的心弦。自然，他接受了这件极其珍贵的礼物，并即刻传旨，由宫内教坊司派演奏弦乐器的四名太监向庞迪我神父学艺。利马窦特意为之编写了八首符合中国伦理道德的歌词，命名为《西琴曲意》八章。

汤若望

南怀仁

　　清初，西洋乐器主要在北京天主教堂内流行。据赵翼《檐曝杂记》记载，顺治七年（1650年），耶稣会传教士汤若望所建立的宣武门内天主教堂里，便备有一架大管琴。

　　康熙年间，西洋音乐已进入清代宫廷。据史料记载，耶稣传教士费迪南德·维比斯特和托马斯·佩雷拉将西洋乐器带入了清宫。与此同时，精通音乐的西方耶稣会传教士南怀仁、徐日升等人，利用供奉清宫内廷的特殊身份，不但向康熙帝进献西洋乐器，而且还为他讲解西洋乐理，教他乐器的使用及演奏技巧。康熙帝任徐日升为宫中首席乐师，经常让他在御前演奏。康熙帝不但熟谙西洋乐器，而且能亲自演奏。据高士奇在《蓬山密记》中称，康熙帝的畅春园渊鉴斋内，置有西洋乐器，"有内造西洋铁丝琴（即古钢琴），弦一百廿根，上亲抚《普唵咒》一曲"。

　　乾隆帝也酷爱西洋音乐，尽管他的音乐才能、乐理知识都远不如康熙帝，但他对西洋音乐的浓厚兴趣比其先祖康熙帝有过之而无不及。他专门邀请了几位音乐方面的西方专家来中国，对闲置了七十多年的康熙帝用过的各种西洋乐器予以分门别类，并对破损的乐器进行修理。这些西洋乐器有大提琴、小提琴、单簧管、双簧管、竖琴、吉他、曼陀林、古钢琴等，许多是外国来访者赠送的礼品，有些则是在康熙帝的西洋音乐教师之一的法瑟·佩雷拉的指导下，由清宫总管内务府造办处的工匠们精心制作的。

　　据中国第一历史档案馆存藏的清代《各作成作活计档》记载："乾隆十六年，西洋人张纯一、席澄源进西洋风琴一架。"而且，查得当年武英殿造办处共收储风琴十七架。

　　乾隆六年七月十九日，司库白世秀、副催总达子将西洋人鲁仲贤认看大拉琴一件、长拉琴一件持进，交太监高玉呈览。奉旨："西洋人会弹即令伊等交（教）内廷小太监学习，如乐器上缺少之物，将各色开来，里边查看。钦此。"

　　于乾隆八年七月十一日，司库白世秀将做得象牙笛四件、铁丝琴一件持进，交太监胡世杰呈进讫。

乾隆帝曾下旨，由内务府大臣德保负责，着手组建西洋乐队，对乐队的组成、排练、服装、道具均做了具体安排。由内廷供职的西洋人鲁仲贤担任总指挥，还专门为西洋乐手制作了衣裳、靴子、盔头、扎巾以及髯口等，把这些西洋乐手打扮成中国宫廷乐手的模样，同时命西洋乐手在瀛台排练并教小太监演奏。当然，这支西洋乐队属于一支以室内演奏为主的小型管弦乐队。

嘉庆至咸丰朝时期，供职于清廷的西洋乐师已不见记载，这可能与当时社会动荡、时局维艰有很大的关系。当然，前朝遗存的西洋乐器宫中尚有所存，至今，故宫博物院仍珍藏有三十余件铭刻有英国、德国等国制造字样的西洋管弦乐器。

戏　迷

清代中期，京剧形成以后，开始作为一种统一而华丽的剧种在北京生根发芽，并茁壮发展，逐渐具备了良好的群众基础。那么，皇宫里的贵人们都有哪些是戏迷呢？

清代，皇帝和很多王室成员都是戏迷，特别是乾隆帝和慈禧太后，所以，在紫禁城及御花园里建有多座戏台。清代皇帝又都喜欢在北京周围建立行宫，用以避暑或游玩，于是在北京周围的一些宫廷苑囿里也建有和紫禁城里面形制一样的宫廷戏台。

清宫南府始建于康熙年间，盛极于乾隆时代，道光七年（1827年）改为升平署，迄止宣统帝被驱逐出宫。南府是承应清宫奏乐和演戏的机构，设有内学、外学、中和乐、十番学、跳索学、钱粮处、档案房、大差处等，其址在今故宫西华门外南长街南口路西北京市第六中学校内。

南府兴盛与康熙、乾隆两帝喜好戏剧有关。康熙帝曾命太监在宫内排演《目连戏》《长生殿》等多部戏剧。在乾清宫西庑懋勤殿所藏"圣祖谕旨"档案中，有他叫

故宫宁寿宫畅音阁大戏楼

　　故宫宁寿宫畅音阁大戏楼位于乾隆帝为养老修建的太上皇宫中，始建于乾隆三十七年（1772年），1776年建成，嘉庆七年（1802年）和光绪十七年（1891年）先后进行过修缮，由畅音阁（戏楼）、扮戏楼（后台）和阅是楼（观众席）组成一个完整的清代宫廷"大戏院"。

四阿哥（即雍正帝）问南府教习朱四美有关戏剧问题的记载。乾隆帝更是个戏迷，曾命庄亲王允禄和大臣张照编写承应剧本，辞藻雅丽。今故宫博物院仍藏有南府时期抄写的不少昆腔和弋腔剧本，如《鼎峙春秋》《昭代箫韶》《劝善金科》《升平宝筏》等千余部。而且，乾隆帝极为欣赏昆腔戏剧，能击节鼓板、自翻曲拍、自演自唱以教授各角色。所以，宫内称之为"御制腔"或"御制清曲"。

乾隆帝六次南巡，认为江南一带昆曲班的戏比宫内太监演得好。因此，他谕令织造府所辖的位于苏州老郎庙的梨园总局，选取伶人供奉清宫南府。各地优秀伶人入京隶于南府，一方面用以充实宫内太监组成的御用戏班，另一方面也可以教授技艺，教习学艺太监。

直到道光帝登基后，开始大力裁减南府。道光元年（1821年）正月十七日谕旨："将南府、景山外边旗籍、民籍学生，有年老之人并学艺不成、不能当差者，著革退。"直至六月，三次裁减、革退旗籍、民籍学生及伶人一百六十九名。道光七年（1827年）二月又谕旨："将南府民籍学生，全数退出，仍回原籍。"遂即将南府改为升平署。道光帝强调："今改升平署者，如同膳房之类，不过是个小衙署就是了，原先总名南府，唱戏之处，不必称府。"随后内务府造办处将"南府图记"和"南府景山关防"两颗印章销毁。

光绪年间，清宫演戏频繁，许多民间戏班的名演员，如周春奎、谭鑫培、杨小楼、陈德霖、王瑶卿等经常被召入宫中供差，并当场指导教习太监学艺，因此"外学"也第二次被恢复。

慈禧太后喜爱看京戏，有时，兴趣来了，也会穿上戏衣，偕同李莲英或其他太监舞弄一番。但她性情古怪，专横跋扈，高兴时可以大加赏赐，不高兴时就借打骂演员出气，使演员们诚惶诚恐，无所适从。

慈禧看戏时喜欢"对号入座"。有一次，唱青衣的孙怡云进宫唱《玉堂春》，出场散板有一句"鱼儿落网有去无还"，他照旧词唱了"羊入虎口有去无还"，慈禧听了大怒，喝令孙怡云立时停演。孙怡云见状，吓得直哆嗦，还不知自己错在哪儿。原来，慈禧属羊，羊入虎口，岂不是虎把羊吃了吗？孙怡云犯了这个"圣讳"，被驱逐出宫。

慈禧在看戏时，会突然心血来潮，对戏随意修改，或自己涂脂抹粉，或炫耀自己博学多才。有一次演《下河东》，李溜子饰演欧阳方，唱作俱佳，"奸相"毕露，不料戏未演完，慈禧就命人上台把"欧阳方"当众杖责四十竹竿子。其意思是说，对前朝的奸臣我都不能容忍，对今朝的奸臣我还能容忍吗？借以标榜自己是"有道明君"。更有甚者，慈禧竟下旨"上场人等，以后上角不准大岔裆，站住小八字，如若不遵旨者，拉下台杖责"。

慈禧看戏时喜怒无常。有一次，宫中演《长生殿》，演到《小宴惊变》一场，本该李隆基和杨玉环同上，唱"天淡云闲，列长空数行新雁"一段，但演员因面对慈禧，不敢抬头正视，也不敢放开手来做动作，刚唱了一句"天淡云闲"，慈禧就叫拉下台去，换了两个演员，结果也只是唱了一句，又被慈禧喝下了台。第三次换上来的两个演员，看出了慈禧的态度，就冒着挨杖责的危险，按照戏路，先抬头唱"天淡云闲"，然后再用手比画着唱"列长空数行新雁"，这才使慈禧满意。

照　相

人们喜欢照相，除了因为照相的过程妙趣横生，也是由于小小的胶片能够记录下人们生活的轨迹。当人们的记忆开始不着痕迹地背离自己的意识时，停留在胶片上的影像就可以帮助人们回忆起最真实的自己。自摄影技术传入宫廷以后，清宫里哪一位统治者最喜欢照相呢？

摄影技术诞生于19世纪30年代的法国，鸦片战争后传入中国。由于它能逼真地记录人的容貌，所以很受国人欢迎。光绪十二年（1886年），光绪帝的父亲醇亲王将自己请德国人来兴克为他拍摄的相片呈送光绪帝和慈禧太后。慈禧太后看后大开眼界，便跃跃欲试，也想见一见这西洋景。可是在一些昏聩的老臣看来，摄影不过是洋人的"奇技淫巧"罢了。他们甚至认为，拍摄的照片"非目睛之水，即人心之血"，愚昧地以为拍照就是摄取人的魂魄。直到光绪二十九年（1903年），曾在西方研习过摄影术的勋龄奉旨进宫，携带刚运回国的全套照相器材，专门为慈禧太后拍照。勋龄的妹妹容龄曾任慈禧太后的御前女官，她回忆说："有一次，慈禧问我姊妹俩会不会照相，她想在画像之前先照几张相，从外边找人来照相不很方便。我母亲说，'她们两人不会照相，奴才勋龄会照相'，慈禧说，'那很好，明天就让他进来给我照相，照出相来好让柯姑娘照着画'。" 勋龄曾自述："光绪年间，勋龄及两妹追随先母，同侍宫闱，凡慈禧太后之御照，莫不由仆一人所摄。"故宫博物院有一本光绪二十九年（1903年）七月建立的慈禧太后《圣容帐》，记载她为次年七旬庆典拍摄照片的情况。同时，还有她身着各种服饰、摆出各种姿态的照片三十多种，一百多张，并有玻璃片底版。

勋龄是德龄的哥哥，他被选入宫中，后来成为慈禧的御用摄影师，慈禧的很多传世照片都是出自他手。

除了那些留念式的肖像照，最值得一提的就是慈禧太后和侍从们坐在湖中平底船上，由她本人扮成"普陀山观音大士"、大太监李莲英扮成观音身旁的护法神韦

慈禧（中坐者）与格格、后妃合影

陀、格格们扮成龙女，营造西方极乐世界情境的那张照片了。这恐怕是中国人有史以来的第一张艺术摄影照片。除了所必需的造型要素，如光线、构图之类，摄影还必须涉及服装、化妆、道具等戏剧要素。皇室档案中记载："七月十六日海里照相，乘平底船，不要莲。四格格（指庆亲王奕劻之女）扮善财，穿莲花衣，着下屋绷。莲英扮韦陀，想着带韦陀盔、行头。三姑娘、五姑娘（均指奕劻之女）扮撑船仙女，带渔家罩，穿素白蛇衣服，想着带行头，红绿亦可。船上桨要两个，着花园预备。带竹叶之竹竿十数根，着三顺（内务府人员）预备。"

学英文

晚清时，西方先进的科学技术已经深深地影响到中国的发展走向，英文的学习对中国的发展是有好处的。作为统治者的皇帝，对国家的发展负有重要责任。那么，皇帝也要学习英语吗？

清朝末年，清宫内廷与西方各国使臣、来华的外国人员的接触逐渐多了起来。频繁的外交活动，促使光绪帝下决心要学习英语。

当时，德龄为宫中女官，是清政府驻日、法等国特使裕庚之女，曾随父寄居欧洲多年，精通英语，思想也很开放。后来，德龄随父母回国后进入清宫，受到慈禧太后的赏识，令其服侍左右，并做英文翻译工作。德龄在宫中又有较多机会与光绪帝接近，在西太后的督促下，做了光绪帝的英文老师，每天教光绪学习一小时英文。光绪从来不误课，有时因急事误了课，也必能抽时间补上所学内容。光绪的记忆力很强，进步很快，时间不长，便能阅读普通教科书中的短篇故事，且能默写英文字母及长句。他书写的英文非常秀丽，临摹古体与装饰品英文字母尤为妙不可言，唯一不足的是他的发音还不甚清晰、准确。

慈禧得知光绪帝学习英文进步很快，不免有些心血来潮，想着学习英文也不是什么难事，于是她兴致勃勃地也想一试，并对德龄说，她也愿加入学习英文的行列。谁知，仅仅学习了两个小时的英文，她就感到头昏眼花、体力不支，再也无心继续学习下去。虽然德龄一再劝她要坚持下去，总会好的，最终她还是打了退堂鼓。

溥仪学英文是在张勋复辟失败后，由李鸿章的儿子李经迈向载涛提出来的。他认为现在形势紧张，皇上恐怕难以久居宫中，应设法让他多学一些西方知识，以备万一。不久，他们就达成共识，聘请庄士敦为溥仪的英文老师，让溥佳（载涛之子）做伴读。

庄士敦是苏格兰人，牛津大学毕业，先后担任香港总督的私人秘书和山东威海卫殖民地的行政长官。他对中国文化有着浓厚的兴趣和深厚的感情，思想趋于守旧，被人讥讽为"洋书呆子"。

在进宫之前，溥仪为酬谢庄士敦为师之恩，下了一道"上谕"，赏他"头品顶戴，毓庆宫行走"的官衔，并特许他在紫禁城内可以坐两人肩舆（轿子），月俸银圆一千元。

溥仪从小学习满、蒙、汉文，对于欧洲文字从没学过，但他学英文的热情很高，学得也比较快。头一年主要学习英文单词和一些浅显的口语对话，用的课本是《英文法程》，随后开始读《伊索寓言》《金河王》《爱丽丝漫游记》，以及许多英文短篇故事和西洋历史、地理。他对地理非常感兴趣，经常让老师讲一些欧洲人旅游和探险的事，对当时欧洲的局势和第一次世界大战后的政治风云也有所了解。后来，庄士敦要求他用英语翻译"四书五经"。溥仪由于古文基础好，翻译起来比较顺手，庄士敦相当满意。

溥仪和溥佳毕竟是两个小孩子，刚开始还有君臣之别，溥仪也端着架子，满脸严肃，溥佳更是不敢造次。时间一长，庄士敦觉得气氛太紧张了，想活跃一下，就让溥佳在课间休息时给溥仪说一些笑话。溥佳拼死不从。庄士敦无法，只好自己给他们讲一些很有吸引力的故事和幽默小笑话。慢慢地，这两个学生才放松下来，厮混在一起，玩兴一上来，常常将君臣之别丢在脑后。有一次上课时，溥仪趁老师不注意，偷偷地用铅笔给溥佳画了一张速写像，把他的胖脸画得像一个大圆盘，然后笑眯眯地递给溥佳看。溥佳也不甘落后，给溥仪画了一幅画，脸庞上宽下窄，像马脸一样。两人相视一笑，谁也不生气。还有一次，不知因为什么事，两个人争闹了起来，老师在上面讲课，底下两个人用脚踢打起来。开始庄士敦还装作没看见，后来两个人手也跟着上去了，只差扭打起来，闹得实在不像话。庄士敦仍然不开口，只是对他们怒目而视。在老师严厉的目光威慑下，两个孩子这才罢休，正襟危坐继续上课。

直到1924年，冯玉祥将溥仪逐出紫禁城，他的这段学习生涯才宣告结束。

如　意

如意是一种象征祥瑞的器物，因此，皇宫里有很多各种材质的如意。大臣们进献，皇帝、太后赏赐时，也多用如意，以示"吉祥如意"。此外，如意似乎还有一种用途，皇帝立后之时，是否也将如意当作信物下赐呢？得到如意的秀女是否就是皇后了呢？

"如意"又称"握君""执友"或"谈柄"，由古代的笏和搔杖演变而来，多呈"S"形，类似于北斗七星的形状。魏晋南北朝时期，如意的形制以柄首呈屈曲手掌式为主流，唐代发展为柄身扁平，顶端弯折处演变为颈部，柄首为三瓣卷云式造型。

魏晋南北朝时期，如意得到了普遍的使用，在这期间非常走红，成为帝王及达官贵人的手中之物。它与民间的痒痒挠在器型上相类似，实用性上除用来挠痒，还有权杖的意思。最初原型结合如意的头部呈弯曲回头之状，被人赋予了"回头即如意"的吉祥寓意。"君子比德如玉"，玉如意的出现，将玉的坚润不渝与如意的吉祥寓意相结合，形成了具有中国特色吉祥文化的如意器物。

如意寓意吉祥，在中国古代宫廷生活中扮演着非常重要的角色。作为吉祥物，每逢新皇即位、皇帝大婚、皇帝后妃生日，如意就成为不可缺少的礼物。每逢重大节庆日，王公大臣和各地官员都要进献如意。乾隆帝六十岁生日时，大臣们集资进献了金累丝万年如意六十柄，共用黄金一千三百六十一两。而慈禧太后六十大寿，光绪帝进献了一套九柄如意。王公大臣自然也不甘落后。为了讨好慈禧，有人一次就献上八十一柄如意。据清宫档案记载，慈禧太后六十大寿期间，光各式各样的如意就收到了一千多柄。如意成为数量最多的寿礼。

清朝时，如意还是皇帝选立后妃的信物。在皇帝选妃时，若将如意放入一人手中，那就意味着她将被立为皇后。比如慈禧太后为光绪帝选后时，在内廷西六宫的体和殿召备选之各大臣少女进内依次排立，参选者五人，第一位是叶赫那拉氏都统桂祥之女，即慈禧的侄女。其次为江西巡抚德馨的两个女儿，位列最后的是礼部左侍郎长叙的两个女儿。当时慈禧太后上坐，光绪帝侍立，荣寿固伦公主及福晋、命妇立于座后。前设小长桌，上置镶玉如意一柄，红绣花荷包两对，为选定证物（清宫规定，选皇后中者，就赐给她如意；选妃中者，就赐给她荷包）。当时，慈禧太后用手指着候选的女子对光绪帝说："皇帝，谁堪中选，汝自裁之，合意者即授以如意可也。"也就是说，让皇帝自己拿着如意，想选谁为皇后，就把如意赐给谁。当时，光绪帝便持如意走到德馨的女儿面前，想把如意赐给她。而慈禧太后大声喊："皇帝！"并以口暗示其首列者（即慈禧侄女）。光绪帝先是愣住，后来马上明白了慈禧太后的意图，

玉如意

不得已将如意给了慈禧太后的侄女（即隆裕）。慈禧太后见光绪帝起初想选德馨的女儿，担心如果将其选入妃嫔，光绪会冷落自己的侄女，于是不容续选，匆匆命令公主各拿荷包一对给长叙的两个女儿，于是长叙的两个女儿当选为妃子，也就是珍妃和瑾妃两姐妹。

另外，如意还是清代帝后赏赐臣工、亲信的礼品。若哪位大臣得到皇帝亲赐的如意，那可以称得上是光宗耀祖的大事。一些外国使者来朝，如向帝后万寿祝贺等，也能得到帝后馈赠的如意，这在乾隆朝尤为突出。如意取意万事如意，也是和平兴旺的象征，反映出中华民族爱好和平、礼尚往来的精神。

西洋时钟

时钟也被称为西洋钟，也就是说，时钟是由西方国家传入中国的。古代中国有自己的计时工具，称为日晷。那么，故宫里的第一座时钟是由谁进献的呢？

清宫内存有大量的以机械为动力、用珍贵材料做外壳、构造复杂的艺术性计时器。中国本是世界上发明计时器最早的国家，但自1601年，意大利传教士利玛窦向中国万历帝呈献第一件自鸣钟起，陆续有西洋钟表被进献给宫廷。清朝康熙帝把西洋钟表（也称自鸣钟）作为一种新科学成果加以重视，将它们储于端凝殿南端，并将此处命名为自鸣钟处，还在宫内成立了做钟处。到乾隆时，钟表已成为帝后们生活中不可缺少之物，不但在各宫殿内陈设，就连外出乘坐的车、轿、船，甚至马鞍上也都置有钟表，因而清宫每年都要使用大批新奇钟表。这些钟表有清宫做钟处及广州、苏州制造的，也有英国、法国、德国、瑞士、日本等国制造的。

清宫内18—19世纪的钟表数以千计。当时，每种钟表的生产数量都极少，有的只生产一两件，加之材美工巧，使这些钟表成为稀有的艺术性计时器。1840年后，这些钟表几经帝国主义焚毁、掠夺，损失惨重。故宫博物院现存的钟表，康熙、雍正时期的已无所存，只留下乾隆年间的一部分。

御用钟一般为清宫做钟处制造，匠役有欧洲传教士和中国广州以及京都满、汉两族的做钟能手。他们要按皇帝的旨意，把各自的艺术风格与皇帝的审美要求结合为一体，制出具有清代皇家特色的钟表。一般以色调深沉的木结构为主体，造型精巧，构造复杂，给人以庄严、肃穆之感。

做钟处以做自鸣钟、更钟为主。自鸣钟即自动打时报刻的钟，宫内最大的自鸣钟高5.85米。更钟白天打点报刻，夜间打更。宫内最大的紫檀更钟是乾隆年制，高3.3米。自鸣钟和更钟都以坠铊为动力。

做钟处最兴旺的时候是在乾隆时期，钟上一般都有"乾隆御制"四字。钟的造型多样，如楼阁式钟、转塔钟、如意钟、迎手钟、冠架钟等。

水法钟

广州钟表受西洋钟表影响很大，主要以铜镀金为外壳，上嵌珐琅、料石，色彩艳丽，从整体造型到钟上图案都寓意吉祥、幸福、长寿，具有鲜明的民族特色，如铜镀金葫芦式转花钟、转花亭式卷帘白猿献寿钟等。广州钟内部机械构造复杂，具有多种功能，既能打点报刻，又有音乐、转花、流水、转人等功能，广东官员每逢节日争相抢购，进献皇帝。

苏州钟表钟体较广州钟表更高大宽厚，造型及机械构造比广州钟表简单，色调淡雅，如木质四面亭式钟、铜镀金日升月恒鸟音亭式钟等。宫内有一部分苏州插屏钟，

大自鸣钟

是清代中期以后生产的。

英国钟表主要通过广东海关购进，还有英国使节赠送。英国钟表以金光灿烂的铜镀金为外壳，造型表现了欧洲传统风格，有欧洲建筑、山村、田园风光等元素，构造繁杂，给人以新奇华丽之感。

关于法国钟表，有的是法国官员呈送清帝的，也有清宫从法国商人手中购进的，皆为18—19世纪中期产品。其造型有的反映了当时法国工业中的新产品式样，如火车式钟、灯塔式钟、汽船式钟、锅炉机式钟、塔式钟等，也有一些瓶式、围屏式钟表。法国钟除以发条为动力，还有以坠砣为动力的"滚钟"、以钢球为动力的"压力钟"。有的钟上还带有指南针、风雨表、寒暑表等，独具特色。

除上述钟表，清宫内还有一批由金、银、珐琅、钻石等珍贵材料制成的小怀表，以烧珐琅的最为著名，故称"小蓝表"，主要为英、法、瑞士等国制造，如瑞士的金嵌钻石天牛表，表盘直径不足1厘米，非常小巧珍贵。

鼻烟壶

清道光　御制粉彩"双喜图"鼻烟壶

鼻烟壶原本是作为盛放烟粉的容器，随着人们喜爱程度的增加，造型精美、制作精巧的鼻烟壶越来越受到人们的欢迎，成为"掌中玩具"。当人们的需求量大大增加时，专门从事生产、制造鼻烟壶的机构也逐渐增多了。那么，宫廷中有专门的鼻烟壶制造厂吗？

鼻烟是在明代隆庆年间传入中国的，距今已有四百多年的历史。清朝赵之谦在《勇庐闲诘》中提及，明万历九年（1581年），意大利传教士利玛窦携带鼻烟、自鸣钟、万国图等贡礼，进行传教活动，后进贡给皇帝。但现存明代宫廷档案《利玛窦所献方物》的名单中，未见鼻烟的记载。鼻烟刚传入中国时，中文称为"士拿乎""士那富""西腊""布鲁灰陆""克伦士那乎"等，均为外来语译音。到了清朝雍正年间，雍正帝根据鼻烟是用鼻子来闻的特点，把"士那乎"命名为"鼻烟"，至此，鼻烟开始有了中国名字。鼻烟传入宫中后，随着皇帝赏赐给大臣们鼻烟以及鼻烟壶，鼻烟开始向上层社会流入。

清道光　官窑粉彩"踏雪寻梅"鼻烟壶

从康熙帝开始，清朝历代皇帝无不嗜好鼻烟。康熙、雍正和乾隆帝对鼻烟壶的爱好更甚于鼻烟，所以御制鼻烟壶也就一直没有间断，直至清朝灭亡。康熙时期制造的鼻烟壶，有玻璃、珐琅、瓷等多个品种，分别在清宫造办处和景德镇御窑烧制。器物虽小，却很精美，具有雅俗共赏的艺术情趣。

御制鼻烟壶的基地是内廷的养心殿造办处，成立于顺治年间，康熙时又有扩大，下设珐琅作、牙作、漆作、琉璃厂等十四个作坊。这是一个专供皇家使用，制作应用什物的宫廷综合手工艺工场，物质、技术力量之雄厚自不待言。造办处的如意馆则集中了一批造诣很高的宫廷画家，负责绘画和设计，所制的鼻烟壶质量之高是可以想见的。此外，景德镇御窑也是专供皇家使用的。正是这些御用作坊，在皇帝的旨意下，两百余年中制作了千种万式、绚丽多彩的鼻烟壶。

据清宫档案记载，雍正帝曾下旨为他烧制鼻烟壶亲定式样。我们甚至可以通过雍正帝对鼻烟壶制造工艺的挑剔，看出他还是一位鼻烟壶艺术的鉴赏家。如雍正八年（1730年）的档册中记载：

> 二十四日内务府总管海望持出蓝地珐琅画芍药花卉鼻烟壶一件。奉旨：周围边花卉好，山子不好，照样烧造。钦此。
>
> 二十四日内务府总管海望持出黑地珐琅五彩流云画玉兔秋香鼻烟壶一件。奉旨：玉兔不好，其余照样烧造。钦此。

从史料记载和雍正年间的鼻烟壶遗存看，在诸多的色彩中，雍正帝对黑色情有独钟。

狮 子

明、清时期，北京城里凡大户人家的门前，都会立一对形态威武的狮子雕像。由于狮子生活在热带草原，而中国的气候条件和植被条件都不太符合狮子的生存标准，因此，古代中国对真实狮子的了解很少。那么，明、清时期第一个亲眼看见狮子的是哪位皇帝呢？

狮子产于非洲和西亚。早先中国境内是没有狮子的。狮子作为文殊菩萨的坐骑，随着佛教传入中国。相传汉章帝时，西域大月氏国向汉朝进贡了一头金毛雄狮。使者扬言，若有人能驯服此狮，便继续向汉朝进贡，否则便断绝邦交。在大月氏使者走后，汉章帝先后选了三人驯狮，均未成功。后来金毛雄狮狂性发作，被宫人乱棒打死。宫人为逃避汉章帝降罪，就将狮皮剥下，由兄弟俩装扮成金毛狮子，一人逗引起舞，此举不但骗过了大月氏使臣，连汉章帝也信以为真。此事后来传出汉宫，老百姓认为舞狮子是为国争光、吉祥的象征，于是仿造狮子，表演狮子舞，舞狮便从此流行开来。

在中国古代的文献记载中，有很多关于狮子的记录。司马彪《续汉书》中说："条支国出师子（狮子）、犀牛。章帝章和元年（87年），（安息国）遣使献师。"杨衒之《洛阳伽蓝记》中说："永桥南道东有白象、狮子二坊。"自注："狮子者，波斯国胡王所献也，为逆贼万俟丑奴所获，留于寇中。永安末（530年），丑奴破，始达京师。" 李肇《唐国史补》中说："开元末（约741年），西国献狮子。至长安西道中，系于驿树。树近井，狮子哮吼，若不自安。俄顷风雷大至，果有龙出井而去。"由上述几例可见，西域国家常向中国进献狮子。

献到中国的狮子主要供皇家观赏，这种狮子是经过人工驯化的。意大利旅行家马可·波罗在他的游记里写过，鞑靼的皇帝身边有十分驯良的狮子。《马可·波罗游记》中说，皇帝在新年伊始时，照例要接受王公贵族的礼物，然后，皇帝请客人入席。席散后，由乐师和梨园子弟表演节目，招待众位宾客……在这时，有一头狮子被带到皇帝陛下跟前，十分驯良，可以叫它躺在皇帝的脚下。文娱节目完毕后，大家才各自散去。

明、清两代，中国皇家用于观赏的狮子，仍由西域国家进贡。远在中亚的帖木儿王朝就曾多次向明朝贡狮。永乐十一年（1413年）六月，帖木儿朝使臣随明都指挥白阿儿忻台来华贡方物，其中便有狮、豹等。永乐十三年（1415年）九月，西域又进贡狮子。十月，陈诚等人自西域还，亦从帖木儿朝带来狮子等物。据明代汉文史料记载，帖木儿朝向明朝贡狮达七次之多。

到了清代，狮子依然是由外朝进贡而来。毛奇龄有《诏观西洋国所进狮子，因获遍阅虎圈诸兽，敬制长句纪事》诗，其中有"康熙戊午十七载，神武声名播遥海"之句。按康熙十七年（1678年）为例，这一年也有"西洋国"进献狮子。这些狮子都是能够表演的。《留青日札》中说，明代"西夷贡狮子"时，驯兽员也一起来华，狮子被铁索缚在桩上，"夷人与之狎习戏舞"。

可见，狮子早在汉代就已经作为外朝进贡的贡品进入中国了，以明、清为鼎盛。依据历史文献记载，明、清时期最早见到狮子的皇帝应该是明成祖朱棣，但他见到狮子时，应该还没有搬进紫禁城。

养猫养狗

　　众多的动物中，猫、狗一直是比较亲近人类的动物，作为人类的伙伴，陪伴人类一起生活。从某种意义上来说，这些可爱的小动物一定程度上充当了人类的灵魂伴侣，对相当一部分人而言，他们与小动物之间产生了很深的情感。明、清时代的宫廷，饲养小动物已经不是稀奇的事情，很早之前人们就已经会养鸟了。那么，皇宫里也流行饲养小猫、小狗吗？

　　中国历史上有一位喜欢宠物猫达到极致的人，他就是明世宗朱厚熜。

　　明世宗迷信道教，非常宠幸道士邵元节和方士陶仲文，先后授予他们礼部尚书的职位。户部主事海瑞因上书谏止，几乎丧命。阿谀奉承的官吏竞相进贡宠物，以猫为盛，以求封赏。

　　明世宗对猫情有独钟，最喜爱的宠物是两只漂亮的猫，名曰霜眉和狮猫。他经常与猫儿一起逗玩，竟然二十多年不上朝。而最让人诧异的是，他曾以帝王的身份举行仪式，庄重地封霜眉为"虬龙"。

　　后来"虬龙"死了，明世宗几天不吃不喝，将它葬于万岁山，并立碑刻文，题名"虬龙墓"。狮猫死后，明世宗命人用黄金铸造一口棺材，将它殓入其中，并举行隆重的葬礼，还请当朝大臣为它作祭文。侍读学士袁炜的祭文中有一句"化狮作龙"的颂词大得明世宗的欢心，不久，他便被晋升为太子少保，招入内阁，时称"青词宰相"。明朝功臣、名臣众多，却没有哪个人受到过这两只猫儿般隆重的礼遇。

　　明朝皇帝爱猫，而清朝皇帝则爱狗。雍正就是一位很爱狗的皇帝。雍正让太监在宫内养了许多只狗，常常忙里偷闲去逗它们。这些狗有的聪明机灵，有的憨态可掬，确实给日理万机的皇帝带来了不少欢乐。雍正还给它们赐名，其中，他最喜欢的两条狗叫"造化"和"百福"。雍正还亲自为他的爱犬设计服装。

　　他曾为"造化"设计过一种老虎式仿丝面软里子的套头衫。做好后，他又认为套头衫没安耳朵，"造化"穿上后，耳朵只能窝在衣服里，非常不舒服，于是他又命人在虎式套衫上再加上两个耳朵。他还为"百福"设计过一件麒麟式仿丝面软里子的套头衫，做好后，雍正又不太满意，便命人在麒麟套头衫上再安上眼睛、舌头。这样一来，"百福"的眼睛从"麒麟"眼中露出来，俨然一个活生生的麒麟了。

除了仿丝料的狗衣，雍正还多次下令制作了许多虎皮狗衣、猪皮狗衣、豹皮狗衣等。每件狗衣，都经狗试穿，由他亲自察看，不容许有丝毫马虎，稍有不妥，就必须返工。比如狗衣上的纽袢钉得不牢固，就要重新钉一遍。有的狗衣做了皮托掌，雍正帝认为不好，就要拆去或重新做一个漂亮的换上。

雍正帝不仅为狗亲自定做狗衣，还为狗定做狗笼、狗窝、狗垫等各种用具。例如雍正六年（1728年），他曾命人制作了一个精巧细致的小圆狗笼。狗笼用竹子做架，用一种很讲究的藏族手工生产的羊毛织品做罩面。雍正的爱犬住在如此舒适的安乐窝里，真可称得上是"百福"和"造化"了。

由此可见，中国历史上最勤政的皇帝也喜欢玩狗，看来玩物不一定丧志，关键看是谁玩、怎么玩。

紫禁城的"神鸟"

影视圈曾掀起过一股清宫戏的热潮。TVB（香港电视广播有限公司）出品的电视连续剧《金枝欲孽》中有这样的情节：盘旋在皇宫上空的乌鸦被称为"神鸦"，谁要是打下这些"神鸦"，是要受到严厉的惩罚的。那么，原本普通的乌鸦为什么会被称为"神鸦"，其中有哪些原因呢？

清朝的乌鸦是了不得的神物。清朝入主中原后，在紫禁城坤宁宫祭祀，神像上即有乌鸦的形象。宫殿前设石础立杆享鸦，帝后对乌鸦顶礼膜拜，将其视为清朝江山的护佑神鸟。历代清帝听到乌鸦之鸣，均视为吉祥之兆，任何人不得轻易伤害，否则将会受到严厉的惩罚。

清朝为什么视乌鸦为吉祥鸟呢？传说努尔哈赤少年时曾为明朝总兵李成梁家童。

索伦杆

当时，朝廷正在密令捉拿一个"脚踏北斗七星的混龙"。李总兵无意间得知小努尔哈赤脚上天生就有七颗红色的痦子，便准备将他押送进京，献给皇帝。努尔哈赤在李总兵四夫人的帮助下逃出了总兵府，但马上就被李总兵知晓，带着军队一路追杀而来。走投无路之际，天上突然出现一群乌鸦，落在了努尔哈赤身上，追兵赶到，见群鸦立于"木桩"，便转向别处追捕。努尔哈赤得救后，起兵与明朝对抗，最终建立了自己的政权。为了报答乌鸦的救命之恩，努尔哈赤下令在索伦杆上敬饲乌鸦。每次祭天、祭祖时，使乌鸦同享祭品。沈阳故宫清宁宫前就立着一根索伦杆，有丈余高，顶部有一碗形之物，木杆置于汉白玉基座上。萨满在祭祀仪式中，将五谷和猪杂碎放在神杆的顶端，敬饲乌鸦。皇太极则不准任何人伤害乌鸦，且专门饲鸦。《东三省古迹逸闻》载："必于盛京宫殿之西偏隙地上撒粮以饲鸦，是时乌鸦群集，翔者、栖者、啄食者、梳羽者，振翼肃肃，飞鸣哑哑，数千百万，宫殿之屋顶楼头，几为之满。"

这里，乌鸦的灵性是因为它"偶然"救主而被赋予的，已经不是原来的动物崇拜了。对于被救助的皇帝来说，是因为被意外搭救而采取行动感激乌鸦；对于满族后世来说，是由于乌鸦救了满族的皇帝（也是祖先），所以对乌鸦心存感激。但是如今几乎可以肯定，乌鸦救主的故事是后人附会的，至少没有那么"神奇"。实际上，满族立杆祭天、饲鸦的习俗，比努尔哈赤时代要久远得多。满族先祖女真人就已有祭天享鸦的文献记载，它源于氏族社会的图腾崇拜。在东方古老的民族传说中，有许多关于本民族起源的故事，大多都是女始祖感神灵之气而诞育了先祖。满洲起源史中，就有始祖佛库伦吞食了神鸟衔来的红色果子而生子的记载。而后，关于神鸟救主的"事迹"屡见于其民族史中，都与神鸦救努尔哈赤相似。其实，立杆享鸦的初衷就是表达对本民族图腾的一种敬仰和崇拜。此外，满族对乌鸦的崇拜，还跟乌鸦的食腐性有关。满族的先民采取渔猎的生产生活方式，当时生产力低下，不可能经常打到猎物。而乌鸦喜欢吃野兽的尸体，人们在乌鸦聚集的地方常常能获得意外的食物，久而久之，便逐渐视乌鸦为神灵了。在亚洲东北部以及与之隔洋相望的北美西北部沿海的原始渔猎民族中，乌鸦也被视为圣物，受到崇拜，这就证明了乌鸦崇拜与渔猎民族关系密切。

深宫鸽影

「伍」宦官宫女

比起宦官，宫女的状况不是很好。纵观明、清两代，没有听说宫女专权，或是擅权干政的情况。而且，宫女的生活境遇，比起太监，凄惨程度更甚。

为什么有太监

宦官的出现是等级社会摧残身处社会底层的男性公民的激烈手段。成为宦官的男性，往往不被当成正常人看待，社会地位极其低下。

在历代宫廷文化中，有一种制度自殷周时期出现以来就一直传承，直到清代，那就是宦官制度。宦官制度并非中国首创，古代埃及、希腊、罗马、土耳其以及亚洲其他国家都曾出现过宦官，中国尤为根深蒂固。宦官文化在中国传统文化中非常发达，是中国一夫多妻婚姻制度的副产品。一名男子的身边有着太多的女子，就会形成一个庞大的家族，便会需要很多人参与管理和侍奉。为了保证男女之间纯洁的关系，有必要采取一种措施，于是，人们将这种理念转嫁到男性身上，便产生了一种没有生育能力的"中性"体人。由于第三性人要围绕在家族的"主男"身边，因此，便以天空中帝星以西的四颗"宦"星命名，称为宦官，也可称为阉（奄）人、阉官、宦者、中官、内官、内臣、内侍、内监、阉竖等。据史籍记载，殷周时期，中国的宦官叫寺人、阉官，其工作主要是宫室的守门和庭院洒扫。由于那时的宫室并不大，所以早期宦官人数不多，百人左右已经够用。后来，帝王宫室日广，后妃日多，生活越来越骄奢，宦官的职事也就越来越繁复、广泛。汉代时已有了专门的宦官机构，权力很大。唐代改殿中省为中御府，并任命宦官充任太监。从此以后，官职名称便作为宦官的统称固定下来，凡失去生殖能力的"中性"体人，全部被称为太监。

从宦官出现的原因可以看出，凡是已经形成规模的大家族，并且在封建等级中属于高级别的特权阶级的家族，例如皇室家族，就会存在需要保证清明、纯净血统的问题，而该问题的严重性便是宦官产生的前提条件。

清入关以前，自努尔哈赤时已经形成了比较完备的家族制度。创设八旗制度以后，服侍八旗的包衣数量也越来越多。众多的女眷与众多的男性仆役生活在一起，问题相当严重。此外，当时满、蒙民族对汉族的宦官制度也有一定的了解，出现宦官就成了很自然的事。皇太极时期，为了政权的进一步发展，拥有长远政治谋略的皇太极对后金政权进行了全面的改革，在改国号为"清"的同时，也全面地完善了后宫制度，其中包括宦官制度。当然，此一时期的宦官数量还非常少，但确实存在。

清入关后，全面地接受汉族文化理念和制度传统，很多原来没有的制度逐步形成，很多原来已经存在的制度也在逐步完善。明朝留下的宦官机构十三衙门被清廷接受，很多原来明代宫廷中的太监转而为清廷服务，清代的宦官制度至此便基本完备了。

端康皇贵妃（中坐者）与太监们合影

二十四衙门

　　紫禁城如此之大，紫禁城里的主子们数量如此之多，打理起来可是不易，这需要大量的仆役以供差使。数量众多的宦官集中在一起，如果不加以管理，难免会向着失控的方向发展。那么，有没有专门的机构组织和管理者呢？

　　紫禁城里的宦官可是一个数量庞大的群体，为了能够更好地管理和约束这些仆役，明、清两代都设置了专门的机构。

　　明代专门的机构统称为内府衙门，因包括十二监、四司和八局，故通常称为"二十四衙门"，职能是管理内廷的各种生活事务，多派宦官掌职。

　　二十四衙门中的每个衙署都有各自的职责，涵盖了内廷事务的各个方面。

　　十二监包括：

　　司礼监：

　　1. 批答奏章，传宣谕旨；

　　2. 总管所有宦官事务；

　　3. 兼顾其他重要官职。

　　御马监：管理御用兵符。

　　内官监：主要掌管采办皇帝所用的器物，如围屏、床榻、桌柜等。

　　司设监：掌管卤簿、仪仗、围幕、帐幔、雨具等。

　　御用监：掌办御前所用之物。

　　神宫监：掌管太庙及各庙的洒扫及香灯等。

　　尚膳监：掌管御膳、宫内食用和筵宴等。

　　尚宝监：掌管宝玺、敕符、将军印信。

　　印绶监：掌管古今通集库，以及铁券、诰敕、贴黄、印信、图书、勘合、符验、信符等。

清　"尚瑞院"铜制马牌　　　　　　　明　银鎏金御马监太监腰牌

直殿监：掌管各殿及廊庑洒扫之事。

尚衣监：掌管皇帝的冠冕、袍服、靴袜等。

都知监：起初负责各监行移、关知、勘合等事，后来专门跟随皇帝，负责导引清道。

四司包括：

惜薪司：掌管宫中所用柴炭和二十四衙门、山陵等处内臣柴炭等。

钟鼓司：掌管皇帝上朝时鸣钟击鼓以及演出内乐、传奇、过锦、打稻等杂戏。

宝钞司：掌管造办粗细草纸。

混堂司：掌管沐浴之事。

八局包括：

兵仗局：掌造军器，包括刀、枪、剑、戟、鞭、斧、盔、甲、弓、矢等各类兵器。

银作局：负责打造金银器饰。

浣衣局：该局是二十四衙门中唯一不在皇宫中的机构，局址在德胜门以西，由年老及有罪退废的宫人充任。

巾帽局：掌管宫中内使帽靴、驸马冠靴及藩王之国诸旗尉帽靴。

针工局：负责制作宫中衣服。

内织染局：职掌染造御用及宫内应用缎匹、绢帛之事。

酒醋面局：掌管宫内食用酒、醋、糖、浆、面、豆等物。

司苑局：掌管宫中各处蔬菜瓜果及种艺之事。

在二十四衙门中，以司礼监最为重要，是整个宦官系统中最高的权力机构，号称"无宰相之名，有宰相之实"。明代宦官有一系列的管理制度，包括选用制度、管束制度、奖赏制度、病老丧葬制度等。起初这些职能还分散在外朝各部手中，但随着内廷司礼监地位的逐渐提高，其职能范围也越发扩大，并渐渐将关乎宦官的职能回收，从而所有的宦官都要受司礼监的约束和管制。

关于宦官的管理，宦官机构自身就已经有了相当大的决定权。

清代专门的宫廷事务管理机构为内务府，直属机构有七司三院，另有其他附属机构，主管皇室衣、食、住、行等方面。内务府最高长官为总管内务府大臣，初为三品衙门，雍正十三年（1735年）升为正二品，由皇帝从满洲王公、内大臣、尚书、侍郎中选用，或从满洲侍卫、本府郎中、三院卿中升补。关于七司三院的机构职能，本书其他篇章已有记载，此处不再赘述。虽然有内务府，但数量庞大的太监群体依然处于散漫、无组织的状态。康熙年间，为了加强对太监的管理，防止太监干预政事，又在内务府中增设了专门管理宫中太监的敬事房。

清宫敬事房又称宫殿监办事处，是内务府所属的专门管理宫内太监的机构，其地址先是在乾清宫院内的西南角，嘉庆以后移到乾东五所原来皇子的居住地。敬事房主要负责管理宫中各处太监的甄别、调补、赏罚等事，也办理宫内的其他事务，包括收取外库钱粮和各种礼仪的筹备。首领太监、笔帖式及一部分太监则专门承应办理内务府的来往文件、夜间坐更、巡防等事。此外，敬事房还要记录各皇子、公主的出生情况，后妃之父的姓名、官位及皇帝和后妃的死亡情况，以备纂修玉牒用。最初的敬事房只设置总管、副总管、首领太监、笔帖式、太监等，没有明确其品级。康熙时，清廷明确设五品总管一人，五品太监三人，六品太监两人；雍正元年（1723年）改太监总管为四品，副总管为六品，太监首领为七品、八品；雍正四年（1726年）又规定了敬事房太监的官衔，其正四品总管为宫殿监督领侍衔，从四品总管为宫殿监正侍衔，六品副总管为宫殿监副侍衔，七品首领为执守侍衔，八品首领为侍监衔；至乾隆七年（1742年），清廷又重新规定，以后太监官职不得超过四品。

敬事房自康熙朝建立以来，在管理宫中太监方面发挥了重要的作用。溥仪逊位后，紫禁城里仍然有敬事房为皇室服务，直到1924年溥仪离开紫禁城，敬事房才退出历史舞台。

宦官的品级与俸禄

在等级社会里，人们有着不同等级的身份和地位，承担和享受不同等级的义务和权利，付出不同等级的劳动，也要换来相应等级的回报。宦官虽然是一个特殊的群体，但也是社会成员的一部分。为皇家效命，无论皇室贵胄，还是公卿大员，都能领取俸禄，服务于内廷的宦官应该也不例外。宦官们辛劳地为皇室提供服务，不会都是"义务劳动"吧？

作为宦官，生在等级社会，身份比较尴尬，但也是凭劳动吃饭。出卖劳动力，拿取俸禄，是非常自然的事。无论是在明代还是清代，太监都是有品级的，这就意味着太监可以依照自己的品级领取俸禄。

尽管太监是有品级的，但是在朝廷发放俸禄时，太监领到的俸禄与同级官员领到的数目也是不一样的。例如，按照明朝正德年间当时的职官俸禄惯例，正四品官员每年俸禄约合白银144两，而太监由于不用养家荫子，所得俸禄按规定，不及正四品官员的十分之一。由此可见，从数目上来说，宦官们的俸银还是比较少的。然而，尽管太监的俸禄少，但明朝很多手握重权的太监则十分富有，例如明英宗时期的大太监王振，死后抄家时，查出"金银六十余库，玉盘百，珊瑚高六七尺者二十余株"，另有数处装潢富丽、重檐深阁的宅第，数万匹马和万顷田地。

　　到了清代，在宫中服役的太监，同样也要领取俸银。按照规定，太监的俸禄有月例、月米、公费制钱和恩加银。其中恩加银是赏给服役年久且勤劳的太监的，服役年限短的没有。俸禄按太监官衔品级发放。四品督领侍每月月银8两，米8斗，公费制钱1300文；五品宫殿正侍每月月银7两，米7斗，公费制钱1200文；六品宫殿监正侍每月月银6两，米6斗，公费制钱1100文；六品副宫殿监侍每月月银5两，米5斗，公费制钱一贯；七品正执守侍每月月银5两，米5斗，公费制钱一贯；七品副执守侍每月月银4两，米4斗，公费制钱一贯；八品侍监每月月银4两，米4斗，公费制钱700文；八品副侍监每月月银3两，米3斗，公费制钱300文。如果太监没有官衔品级，其俸禄按三等发：一等每月月银3两，米3斗，公费制钱600文；二等每月月银2.5两，米2.5斗，公费制钱600文；三等每月月银2两，米2斗，公费制钱600文。除正式俸禄，每年还有节赏、寿赏、加班赏等多种多样的赏赐。特别是遇到生皇子和皇帝大婚时，赏赐更多。在赏赐中，除银钱之外，还按照季节赏赐各种绸缎、绫罗、锦纱、皮毛和珠宝、玉器以及各种名贵的书画等物，如端午节，除银钱之外，还赏有大叶蟒、多罗麻等名贵锦纱；中秋和年节赏宁绸、江绸、川绸、织锦缎、闪缎和各种洋绉与名贵的皮毛。每年所得的赏赐都超过所得的俸禄。除了宫廷中的太监，在各亲王、郡王、贝勒、贝子等外府也有服役的太监。这些外府太监虽然和在宫中服役的太监一样，也有官衔品级，但他们的俸禄不是由皇室发放，而是由外府自出，并且很少。此外，京城里的外府又有大府、小府之分，穷府、阔府之别，所以，即使是同官衔品级的太监，俸禄也会千差万别。

　　清代对宦官的约束要比明代严格得多，因此，宦官专权的情况一直没有出现。直到清朝后期，随着女主们的执政，尤其是慈禧执政以后，太监的地位才有所上升，并掌握了一定程度的权势，如安德海、李莲英、小德张。他们的家产也就随着权势一路飙升，每一个都坐拥万贯财宝、万顷良田。这些肯定是俸禄之外的所得了。

宦官识字吗

记得小时候看过一部古装宫廷剧，剧中的一幕至今仍记忆犹新：皇帝看完一本奏折后，平铺着放到桌上，随口问了随侍在身边的太监一个关于治国的问题。太监以为皇帝在考虑奏折上提及的问题，便瞟了一眼奏折，与皇帝谈论了起来。谈着谈着，皇帝突然翻脸，厉声质问太监是否认字。之后，皇帝责罚了那个太监，理由就是那个太监是认字的，他很有可能看到过很多奏折，也很有可能会泄密。难道太监就不能识字吗？

自宦官出现以来，历朝历代，无论宦官的地位或升或降，境遇都是极其悲惨的。将一个正常的男性折磨得不成人形，还要让他们做奴隶，永远活在阴影里，受尽世人的蔑视与轻贱，直至死去，这本身就是野蛮和丑陋的。

明朝的开国皇帝朱元璋是一个心思缜密、行事非常小心谨慎的人，他常常会怀疑别人，一篇文章、一首诗、一句话、一个字，甚至是奏折里的词句，只要他认为是对他不利的，都会治罪，动辄就要砍头。抱着这种怀疑一切的心理，朱元璋看着身边的任何人都很可疑，宦官们也不例外。朱元璋对宦官的危害非常警惕，他曾说"此曹善者千百中不一二，恶者常千百"，因此，明朝初年一直严格限制宦官的权力范围和人数。洪武十七年（1384年），朱元璋立铁牌在宫内，上铸有"内臣不得干预政事，预者斩"的文字。此外，他还发布禁令，不准内官识字、不准与外官通信、不准兼有外臣官衔、不准穿戴外臣官服、官阶不得高于四品等。《明太祖宝训》中记载"有内侍以久事内廷，从容言及政事。上即日斥遣还乡里，命终身不齿"。可见，明初宦官不但没有进入政治舞台的可能，连受教育的权利都没有。这种局面一直持续到朱元璋离世。

从明成祖永乐朝开始，宦官渐渐受到重用。皇帝亲信的太监经常被派出巡视，担任监军。朱棣将宦官不能干政改成了不得擅自做主，此改动使得宦官的权力范围得到极大的扩展。其中，最为著名的就是三宝太监郑和下西洋，此前已有太监李兴奉旨前往暹罗慰问国王。此一时期，太监居然获得了出使外国的权力。此后，明代诞生了史上最为著名的特务机构：东厂和西厂。永乐十八年（1420年）设东厂，由宦官执掌，从事特务活动，诸事直接报告皇帝。成化十三年（1477年）在东厂外另设西厂，以宦官任提督，加强特务统治，此时太监的职权已经发生了质的变化。

明宣宗朱瞻基登基以后，彻底违背了其曾祖父朱元璋关于太监不准识字的谕令，自宣德元年（1426年）起，在宫内设立内书堂，令学官教授小太监识字。而且，朱瞻基这样做的目的非常可笑，即教会太监识字以后，从中选择秉笔太监，代他用朱笔批

江苏省南京市郑和文化园中的郑和像

文，以便他任意荒怠政务。由此，太监读书识字成为定制。这一举措为明中、后期太监走上政治舞台，甚至执掌国事开启了方便之门。同时也可以看出，明代皇帝的昏庸程度实属出奇。

清代吸取明朝的教训，对宦官的管理和约束十分严格，从奖赏、惩罚、考核、职务调动各方面全面限制。宦官升、迁、降、调都由内务府移文吏部决定。如果宦官犯法，内务府可先拿后奏，专权干政就更是不可能的了。清顺治帝仿照朱元璋旧制，铸铁牌立于交泰殿，明文规定，宦官凡有不法行为，均凌迟处死。这些措施得到较好的贯彻。因此，清代除了在末期出现太监安德海、李莲英、小德张屡犯禁例的行为，再无其他。

太监守夜

主子们的需求是不分时令的，有需求时，随侍的人员就要应声。白天如此，到了夜晚也是一样。一名优秀的侍从就是要对主人的要求做到有求必应。如果皇帝还没睡着，轮值的宦官先睡着了，显然是不合理的。那么，负责守夜的宦官就整晚不能睡觉吗？

清代太监按职能一般分为两类，一类专门侍候帝、后、妃、嫔，另一类则专门负责处理宫中各种事务。按等级大致分为总管、首领、御前太监、殿上太监和一般太监。能够待在皇帝、皇后、太后身边的是总管太监、首领太监，在妃、嫔身边的是首领太监。因此，能够有资格给皇帝守夜的，一定是级别最高的总管太监以及御前太监。

皇帝休息了，内宫的太监们要做好守卫工作，每天晚上七点半左右，值夜班的太监要到总管太监处集合，点名后分配任务，所有没有值夜任务的太监就出宫，回到自己的住所休息。分到任务的太监，由带班的太监领着进入皇帝寝宫院落。此时，门殿已上锁，南、北禁止通行，门口留两名太监值班，北门留两名太监巡逻。东、西配殿和寝宫廊下，各有一名太监巡逻。寝宫内值夜的人通常是五到七人不等，其中有一名领班。按规定，寝宫内外的太监各司其职，一旦发生事情，做好各自的事，不能里外乱作一团。

晚上九点整，皇帝寝宫正殿的门掩上一扇，另一扇供太监取东西、打水通过时使用。皇帝睡下后，值夜的太监就在皇帝的寝宫地上守着，叫作"坐更"。皇帝的寝宫一共五间，即西间（皇帝寝宫）、西稍间（佛堂静室）、中堂（朝拜用）、东稍间、东间。值夜的人是这样分配的：正殿门口两人，夏天在竹帘外，冬天在棉帘内，一旦关门，来人不论职位多高，一律不准入内；西稍间门外一人，负责寝宫里明三间的一切，主要是注意皇帝寝宫室内的动静，给寝内的值夜人当副手；寝室外一人，负责西稍间和南面的一排窗子；寝室内一人，被称为"侍寝"，这是所有值夜的人中最重要的一个，是皇帝最亲近的侍从，也就是总管太监。

当然，总管太监在"坐更"时，也是最辛苦的。外屋的太监每人都有一块毡垫，如果累了，可以坐着、卧着、半躺着，或是靠着墙休息一下。但是，由于皇帝寝室不允许放毡垫，因此，总管太监没有毡垫，只能靠西墙坐在离皇帝两尺远的地方，面对着皇帝的卧床，时刻观察着皇帝的睡眠情况。

在值夜的过程中，有几条禁忌是一定要注意的：不准仰面朝天睡大觉，只能闭目养神；不准出粗气；值夜前要洗澡，身上不能有秽气；不准在正、配殿解溲；凡是皇帝的桌、椅，一概不许使用；门口值夜的必须时刻保持两个人。

比较人性化的是，值夜的人在晚上十一点时，会有一份夜宵，一般是粥和各种包子，但要几个人轮班吃。实际上，值夜时，太监们也可以视情况斟酌而定，有时会打个盹儿或者睡一会儿，只要不耽误事就行。

值夜的太监不是简单地守着皇帝，而是要将皇帝的睡眠状况详细记录，例如皇帝的呼吸是否均匀、睡觉是否香熟、一夜要翻几次身、要起几次夜、要喝几次水、早晨几点起，等等。这些记录日后以供内务府、太医院查询。太监们要时刻保持机警，反应要灵敏、迅速。如果皇帝晚上突然醒了要喝水，屋里、屋外的所有太监都必须立刻清醒，马上奉上沏好的茶，以解皇帝之需。如果太监在值夜过程中发生了纰漏，处罚也是相当严厉的。

清代第一位擅权的太监

纵观明代历史，宦官专权、把持朝政的情况确实严重，由此产生朝局混乱、民不聊生的局面，给国家带来沉重的打击。因此，可以说，宦官专权是明朝灭亡的原因之一。清入关接替了朱姓江山，对前代灭亡的教训自是十分明了，不吸取教训只会重蹈灭亡的覆辙。因此，清代对宦官的约束非常严格，但是，政策归政策，要做到完全杜绝宦官专权是不可能的。那么，清代哪一位宦官成了第一个突破约束机制的人呢？

清代，历任统治者都牢记前朝的教训，对宦官进行严格的约束，杜绝宦官专权、擅政的情况发生。事实上，清代的统治者都不太喜欢宦官。清世祖顺治曾将严禁宦官干政的铁牌立于交泰殿，以震慑宦官擅权。清圣祖康熙曾说"太监最为下贱虫蚁"，清高宗乾隆也认为"太监乃乡野愚民，至微极贱"。可见，清代的统治者们非常清楚宦官的威胁。也正因为如此，清代前期乃至中期，宦官不要说专权了，就连靠近权力的机会都没有。

清末，同治帝登基时尚且年幼，其母慈禧皇太后辅政，由此开始了女主掌权的时代，沉寂了许久的宦官势力也随之抬头。由于慈禧完全违背了祖制，依靠和扶植宦官势力，使得清代出现了第一个擅权干政的太监——安德海。

安德海，直隶（今河北省）南皮县人，童年入宫，最初只是一名普通的小太监。他聪明伶俐，很会揣测主上的意思，再加上善于溜须拍马、谄媚逢迎，最终得以脱颖而出，侍奉慈禧。此后，随着咸丰对慈禧行为的不满，慈禧的地位风雨飘摇，险些被废黜。在此期间，安德海卖命地替主子四处探听消息，分析局势，使慈禧得以保住位置，此事中安德海可谓功不可没。而真正使安德海得以最终巩固地位的是"辛酉政变"。

咸丰十一年（1861年），咸丰帝于热河行宫驾崩，肃顺等八位大臣把持朝政，慈禧感觉到自己的地位以及身家性命都将受到严重威胁，于是，她争取到慈安太后的支持，让其下属的宫女与自己手下的太监安德海打了一架。慈禧以安德海逾礼为由，命人将其打了一顿，轰出热河行宫，赶回北京。实际上，这是两宫太后与仆人上演的一出苦肉计。安德海瞒过八大辅政大臣的耳目，冒死回到了北京，把消息传递给了恭亲王奕䜣，最终促成了两宫太后与北京的恭亲王联手，肃清了辅政的八大臣，取得了清朝的实际统治权。此事件安德海功劳不小，此后，慈禧对其信赖有加。安德海凭着慈禧对他的宠幸恃宠而骄，进而干预朝政，在恭亲王和两宫太后之间挑拨是非，树敌甚多。同治七年（1868年），安德海为了讨好慈禧，授意大臣上奏修复圆明园。尽管此事最终被恭亲王压制，但恭亲王还是敏锐地感觉到清朝政权已经开始受到太监擅权的威胁，于是便联手慈安太后，还有日渐长大的同治帝，准备除掉这个祸国殃民的宦官。

同治八年（1869年），慈禧派遣安德海前往南方采办龙袍料物。在太后的纵容下，安德海所乘船只挂日形三足乌旗，高悬"钦差大臣"的匾额，两旁还有龙凤旗，携家人子女并女乐招摇过市，引得沿途观者如堵，激起民愤。安德海一行不但骚扰地方百姓，还勒索地方官行贿送礼，极尽耀武扬威之能事。行到山东地界后，素来以"廉刚有威，不喜趋奉"名于世的山东巡抚丁宝桢扣留了安德海一行，并火速派人将其劣迹上奏朝廷。按照清朝祖制，太监不能离开京城，擅出者死无赦，应就地诛之。同治帝等人正在寻找契机，安德海便撞上了枪口，于是立即传谕旨将安德海就地正法。慈禧得知此事后，尽管十分气恼，但安德海违制在先，迫于舆论压力，也无法为其开脱。

这位清朝开国以来第一个擅权干政的太监，就这样死于权力斗争中。但是，安德海的死并没有成为警示，也没有震慑住蠢蠢欲动的宦官势力，在其之后，仍有李莲英、小德张等，较之安德海，有过之而无不及。

丁宝桢

太监李莲英

　　宦官也有专门的官僚机构，也有等级划分。等级，通俗地讲，也就是官的品级，即使是服务于内廷的宦官，也是有品级的。在所有的宦官中，是否存在一个品级最高、统领内廷的宦官首领呢？如果有的话，这位品级最高的宦官究竟是谁呢？

　　清代有三位十分出名的太监，即安德海、李莲英和小德张，其中，李莲英是慈禧太后扶植起来的最成功的太监，知名度最高，成为继安德海之后第二位擅权干政的太监。

　　李莲英，原名英泰，原籍为直隶（今河北省）河间府大城县李家村，兄弟五个，李莲英排行第二。李莲英于咸丰年间入宫，最初被分配在奏事处当差。咸丰十年（1860年），李莲英被调到景仁宫当差。同治三年（1864年），李莲英被调到长春宫慈禧太后御前当差。此时，与李莲英同年入宫，且比李莲英大一岁的安德海已经红得发紫。同治八年（1869年），李莲英刚刚得到八品顶戴，而安德海已经被赏戴六品顶戴了。但是同一年，狂妄恃宠、违背祖制、擅离京城的安德海被山东巡抚丁宝桢处决了。李莲英及全宫的太监受到安德海一案的拖累，一起被罚俸。一个月后，当其他太监陆续解除处分时，李莲英又因"滑懒不当差"被革去顶戴和钱粮，直到十二月才解除了处分，并恢复了八品的顶戴和钱粮。在这段时间里，李莲英从安德海的事件中认识到主子与奴才的关系，太过恃才邀宠不会有好结果。之后，李莲英凭借其聪明才智学会了揣摩主上的心意、性格以及坐卧习惯等。更重要的是，李莲英懂得谨慎小心，"事上以敬，事下以宽，如是有年，未尝稍懈"，为以后的发迹做好了铺垫。

　　同治十一年（1872年），李莲英被授予六品顶戴花翎，人生自此发生了转折。同治十三年（1874年），李莲英被任命为储秀宫掌案首领大太监，同年，赏戴四品顶戴花翎，并加赏貂皮马褂。光绪五年（1879年），三十一岁的李莲英被任命为储秀宫四品花翎总管。光绪七年（1881年），李莲英再度奉旨赏加三品顶戴花翎。光绪二十年（1894年），李莲英被赏戴二品顶戴花翎，成为清代历史上品级最高的太监。从同治十一年（1872年）至光绪二十年（1894年）止，短短二十余年，李莲英从一个普通的八品太监升为清史上唯一的二品花翎总管，其荣耀无以复加。除了慈禧的宠幸，这与李莲英谨慎、低调的为人是分不开的。根据清宫档案的记载，李莲英曾多次因为做错事而受到严厉的处罚，甚至还被摘去过顶戴花翎，而每次李莲英总是能按时缴纳罚银。这些除了表明慈禧在大权独揽、乾纲独断的同时，也深知治人之道，赏罚分明，从不宽容，同时，也说明了李莲英时时刻刻小心谨慎，处处低调做人。正因为如此，李莲英才能长久地得到慈禧的恩宠。

当然，一个太监能够如此荣耀，甚至能够与朝廷二品大员的官级持平，必然会引来朝臣的不满。据记载，李莲英曾于光绪十二年（1886年）、光绪十四年（1888年）

李莲英

两次遭到朝臣的猛烈抨击，但最终都在慈禧太后的干预下顺利地逃过了。

在世人眼中，李莲英不过是一个善于溜须拍马、谄媚逢迎的阉宦，与慈禧太后狼狈为奸、沆瀣一气，使得晚清政局越发混乱不堪。但是，慈禧是一个权力欲极强、心狠手辣的独裁者，这样一个厉害的角色，怎么会受到李莲英的左右呢？李莲英不过是一个宦官，在复杂的政治斗争中，夹在朝臣和慈禧中间，又能起到什么作用呢？不过是随波逐流罢了，这也符合宦官侍主的思想精髓。

光绪三十四年（1908年），慈禧太后病逝于西苑的仪銮殿。办理完丧仪之后，离慈禧的死还不足一百天，在宫中生活了五十年的李莲英于宣统元年（1909年）离开了皇宫。据清宫档案记载，隆裕太后为了感谢他在宫中服役多年，特准许其"原品休致"，也就是领着原薪退休，这在清史上是绝无仅有的。离宫两年后，李莲英于宣统三年（1911年）悄无声息地病死在北京的寓所里，时年六十四岁。隆裕太后伤悼之余，下令赐银千两，赏埋京西恩济庄太监茔地。李莲英的坟墓被允许建在太监茔地中一个独立的院落，规格在清代太监中是最高的。

宫女能出宫吗

女孩子对入宫的心态是复杂的，紫禁城里有享不尽的荣华富贵，也有尝不尽的酸甜苦辣，入宫与不入宫之间的取舍实在令人难以决断。人们说一朝入宫便决定了整个人生，也常常听闻宫女们老死于宫中，凄凉悲惨。那么，宫女入宫以后，真的一辈子都不能离开皇宫了吗？

明、清两代的宫女制度有着很大的区别，比较起来，明代的宫女制度确实十分残酷。明代，宫女们是被严格控制的，除了做各种苦役，还要经常在知书女内官的教习下读《女训》《女孝经》等书。宫女稍有违规者，就被处以"提铃"和"板著"。"提铃"就是令受罚宫女每夜自乾清宫门到日精门、月华门，然后回到乾清宫前。其间，徐行正步，风雨无阻，高唱天下太平，声缓而长，与铃声相应。这种处罚还比较轻。"板著"就残酷多了。受罚宫女要面向北方立定，弯腰伸出双臂，用手扳住两脚，身体不能弯曲，一直要持续一个时辰，即两个小时。这样往往头晕目眩，呕吐成疾，甚至有可能会丧命。此外，明廷规定："宫嫔以下有疾，医者不得入，以证取药。"也就是说，就算宫女们生病，也不会得到良好的医治。如果宫女死了，没有埋葬的地方，通常都是集中火烧，之后将众多的尸灰一起填入枯井。宫女们在皇帝活着的时候，受尽了凌辱，皇帝死了，还要殉葬。

更令人绝望的是，明朝规定：宫女们一经选入宫内，便终身失去自由，从此只有烦琐的礼节、森严的等级和不时的凌辱，几乎没有出头之日。难怪民间百姓一旦听闻朝廷采选宫女，就掀起一阵嫁聘风潮，忽视一切条件"拉郎配"。此外，明廷还规定，为防止宫人泄漏禁中之事，严禁宫外之人为宫女传递书信或物品，一旦犯禁，

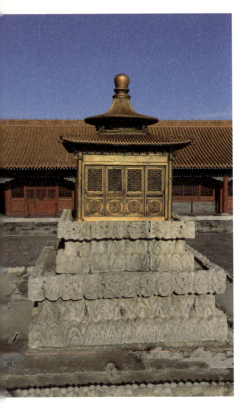

乾清宫前江山社稷亭

"皆论以死"。宫女年老后，不会被准许出宫，而是全部禁锢在"浣衣局"，以保守宫内的秘密。朝廷采办宫女乐此不疲，只进不出，导致宫中宫女的数量越来越多。根据清代的统计，明代宫女至少有9000人，饮食不能遍及，日有饿死者。

清代的宫女制度宽松多了，宫女在宫中的地位也提升了。她们在宫中可以接受良好的教育。入宫初期，学习日常规矩，每天一小时学习写字和读书，并派专人教授。一年以后，授以六法，之后便分配工作。容貌姣好的侍奉后妃，容貌普通的便掌管衣服、服饰，各司其职，等级分明。

此外，清代的宫女每年都会有份例，包括年银6两，丝织品6匹，棉花2斤，膳食肉、米、盐、青菜等都有提供。可见，宫女们的待遇还是比较好的。在紫禁城里，主上责打奴才的情况比比皆是。明代，主子们责打宫女的情况非常严重，被杖毙的宫女

数不胜数。宫女们还经常会遭到同属下人的宦官的欺负与凌辱，生活非常凄惨。清代，宫女的地位及待遇得到明显的提高，这并不是说后妃们不能再责打宫女，而是要酌情处置。例如乾隆四十三年（1778年）十一月，惇妃将宫内的使唤宫女殴打致死，此事若是发生在明代，根本不值一提。但是，乾隆得知此事后，特地就此事发谕："前此妃、嫔内，间有性气不好，痛殴婢女，致令情急轻生者，将该妃降为嫔。"可见，清代对后宫命妇的要求还是比较严格的。无论是打死宫女，还是逼迫宫女致其自杀，都要受到严厉的惩处，这也表明宫女的生活待遇有了明显的提高。

清代宫女的数量一直控制在一定的范围内。据康熙四十九年（1710年）的统计，"今宫中不过四五百人"。到了乾隆三十三年（1768年）七月，通过军机大臣的奏折可知，各宫主位的宫女总计只有一百三十四人，其他宫女总计一百零四人，比康熙年间少了很多。人少了，自然不会出现明代"饮食不能遍及，日有饿死者"的情况。

此外，最为重要的是，清代宫女入宫并不意味着终身失去自由，她们服役是有一定年限的。按照规定，宫女入宫后，到了二十五岁就会被遣送出宫。如果皇帝和各宫主位还要留用的话，可以留至三十五岁再出宫回家，此后随便嫁聘。这些出宫的宫女或是嫁给旗下的男子，或是凭借自身的技艺糊口度日，但她们之中也会有比较悲惨的。

宦官和宫女的地位

不知从何时开始，英伦的风尚席卷了全球，绅士风度成了衡量男士品行的标准之一。女士们往往欣赏优雅有风度的男士，而男士们也为了更加贴近女士的审美眼光而严格要求自己。在紫禁城里，规矩是很严格的，同属侍从身份的宦官和宫女处在同样的环境，受着同样的待遇，承受着同样的压力。真遇到利益冲突时，哪一方会退让呢？宦官们会遵从"女士优先"的原则吗？

紫禁城里除了主子，就剩侍奉主子的仆人了。无论是宦官，还是宫女，都是处在封建等级最底层的。那么宦官和宫女，究竟哪一方的地位更高呢？

要理清这个问题，首先要看一看宦官和宫女在宫中的法定地位，也就是官方身份。明、清两代，宦官同外朝官员一样，是有品级的。按照品级的不同，来划定等级、出任职务、领取俸银等。尽管明太祖朱元璋在开国之初就立下规制，太监的品级最高不许超过正四品，但随着历代皇帝越来越宠幸宦官，太监们的地位越来越高，在品级上居然也可以封公封爵，例如明朝太监魏忠贤。明熹宗朱由校于天启六年（1626年）封魏忠贤为上公，赐金印。一个宦臣能有如此荣耀，已是十分罕见了。清代较之明代，还比较理性。清代宦官也有品级。据《历代职官表》记载，太监的职制包括：总管太监，四品，也有以七品执守侍充者，官衔为宫殿监督领侍，宫殿监正侍，计14人；副总管太监，六品，官衔为宫殿监副侍，也有执守侍衔者，计8人；首领太监，七品执守侍，八品侍监，计189人；副首领太监，八品侍监，也有无品级者，计43人；笔贴式太监，八品侍监，此品级太监只有敬事房才有；太监，从事扫除、守护之役者，无品级，人数不定。也会有一些特殊的情况，例如清末太监李莲英，就被赏戴二品顶戴花翎，为清代历史上品级最高的太监。那么宫女呢？明代宫廷中的宫女，只有被皇上选中，才能得到晋封，赐有品级，普通的宫女是没有品级的。清代也一样。清代后宫命妇的级别，以康熙朝为例：皇后，一位，居中宫，超品；皇贵妃，一位，视正一品；贵妃，两位，视正二品；妃，四位，视正三品；嫔，六位，视正四品；贵人，无定额，视正五品；常在，无定额；答应，无定额。以下为其他宫女，没有品级。可见，宫女只有成为主子，才会有名分和品级。如果只是宫女，就永远是没有品级的下人。可见同为下人，有品级的太监地位要高得多。

除了官方身份，还要比较一下权势。明代初期的宦官是没有权势的，实际上他们根本就没有掌握权势的机会。明太祖一朝结束后，宦官的势力日渐膨胀，宦官的地位也随之提升，并常常受皇帝委任，做一些原为外朝大臣做的事情，例如出使外国。此后一度出现宦官专权、把持朝政的情况。宦官成了皇帝的代言人，至高无上的皇权反而被宦官势力压制了。明朝中后期，势力强大的宦官组建了"阉党"，直接与外朝大臣抗衡，气焰嚣张，不可一世。明末出现了一位达到权力顶峰的太监魏忠贤。魏忠贤不但是阉党的领袖，而且是朝廷的实际掌权者，号称"九千岁"。凡是反对他的大臣，全都被诛斥了。皇帝是"万岁"，而一个宦官竟然可以称"九千岁"，实属荒唐至极。清代的情况要好得多，终其一朝都没有出现宦官专权的情况。虽然清末也出现了宦官干政的情况，但较之专权程度要轻得多。比起宦官，宫女的状况不是很好。纵观明、清两代，没有听说宫女专权或是擅权干政的情况。而且，宫女的生活境遇，比起太监，凄惨程度更甚。

此外，从薪金待遇方面看，太监们的待遇也是较高的。洪武四年（1371年）正月，朱元璋规定，不论职事大小，宦官月俸米仅1石，而当时正一品文武官员月俸米87石，九品官员的月俸米也有5石，宦官的俸禄还赶不上最低级官吏的月俸，可见当时对宦官制约之严。但这种情况并没有持续多久。随着对宦官的宠信日增，从永乐年间开始，不断给予宦官"以功加岁米"的奖励，所获俸米达到几百石之多。除此之外，还有其他赏赐，如赐衣料、赐建祠寺坟茔、赐修房造官、赐田地等不一而足。俸禄由过去的仅米一石变为政府官员的几倍甚至十几倍，其富足可想而知。清代，太监的俸银也是很高的，总管、首领这些上层太监，生活奢侈，一掷千金。总管和首领太监都有单人厨房，有的和主子吃一个厨灶。宫女的状况很糟，由于没有品级，也就没有俸银。明代宫廷里的宫女还不如"蝼蚁"。由于数量多，饮食尚且不能遍食，更不要奢望发赏银。清代的宫女则幸运得多，每年还会有份例，不但发赏银，还会发衣料、棉花、肉食、青菜、盐、茶等生活用品。尽管待遇还可以，但比起宦官来实在是天壤之别。

无论从哪一方面相比，宫女的地位都是不及宦官的。事实上，在紫禁城里，宦官欺负宫女的事情很多。由于身体上的缺陷，导致宦官的思想和行为都比较偏激，常常折磨和凌辱宫女，致使宫女们不但要承受主子的责难，还要忍受来自宦官的压迫，生活更加凄惨。这种情况在明朝十分普遍。清代对宫女的保护是比较到位的，即使是后宫主子，也不能轻易殴打、责难。宦官们更是如此，例如凡宫殿监等处太监行路遇到各宫女子时，都要让女子先过，自己再行，不许掺杂争路。

宦官、宫女的数额

　　一个主人需要多少个仆人来侍候呢？应该是多多益善吧，有谁会抱怨自己的随侍太多呢？紫禁城里的主子们每天要操持的事情很多，人手充足的话，工作开展起来也会比较顺利。此外，宫里的随从多，证明此宫受重视的程度高。如果每个宫都因此而扩充本宫的人手，最终会使得紫禁城里的宦官、宫女的数量越来越多，毫无约束。那么，宫里有没有相应的规定，对各宫随从数量进行限制呢？

　　从心理上讲，后宫的主子们很希望自己的随侍没有数量限制，多多益善，人多还能显示排场。但是，这是不切实际的。实际上，能够随侍在各后宫主位身边的宫女并不是很多。以清朝为例：皇太后，随侍宫女12人；皇后，随侍宫女10人；皇贵妃位下，随侍宫女8人；贵妃位下，随侍宫女8人；妃位下，随侍宫女6人；嫔位下，随侍宫女6人；贵人位下，随侍宫女4人；常在位下，随侍宫女3人；答应位下，随侍宫女2人。

　　宦官的数量也是受到限制的。清初宦官的整体数量一直保持在1000人左右，但各王府旗下的太监数量众多。因此，清廷也做出了很多限制。康熙十四年（1675年）规定：亲王府中可以使用太监25人，世子或郡王20人，贝子8人，入八分公6人，公主10人，郡主5人，县主4人，郡君及不入八分公3人，公、侯、伯和一品大臣2人，二品大臣1人。这一时期，由于皇宫和王府太监的使用量较小，太监的征用能够得到充分的保障，故而雍正朝以前，宫中太监和旗下太监互不干涉，处在一种相对平衡的状态之中。

　　乾隆时期，伴随着政治、经济、文化的繁荣，皇室宫苑空前扩大，宫中对太监的需求量与日俱增。按照当时的规定，宫中使用太监数量应为3000人，但实际上从没有达到过这个数目，宫中太监严重不足。因此，乾隆趁机以宫中太监数量不够为由，强制要求各王公、宗室、大臣定期或不定期地无偿向宫中进献太监，规定每次亲王进太监8人、郡王6人、贝勒5人、贝子4人。仅乾隆四十六年（1781年）十一月，一次就从各私府挑选了154人旗下太监入宫。嘉庆十四年（1809年），嘉庆帝又以宫中太监实不敷使用为借口，让和硕礼亲王等27家进献了65名太监。此后，王公大臣向宫中进献太监成为定例。

宦官制度较为稳定后，嘉庆四年（1799年）三月规定，以后亲王准用七品首领太监1人，太监40人；郡王准用八品首领太监1人，太监30人；贝勒准用太监20人；贝子准用10人；入八分公准用8人；一品以上文武大臣准用4人；公主、额附准用10人；公爵准用6人。不入八分公及二品以下官员全部不准私用太监。如果超过规定数额，就以违制论罪，从重处罚。

由此，宫中各处太监的数量也逐步固定下来。光绪年间，宫廷太监共有1900多人，其中总管太监16人，首领太监152人。宣统时期，敬懿、荣惠、庄和三宫共有太监267人，其中首领太监12人；端康宫中太监121人，其中首领太监13人；皇后宫中太监89人，其中首领太监12人。

"连坐"制度

没有谁生下来便低人一等，所以，陈胜才会迸发出那句惊世骇俗的呐喊："王侯将相，宁有种乎？"但也有人选择对不平等的待遇默默承受，于是，"不在沉默中爆发，便在沉默中死亡"。在紫禁城这种等级森严的深宫大内里，宦官、宫女面对悬殊的身份差距，只能忍耐。如果遇到善良的主子，尚且可以宽心，如果遇到像魔鬼一样的主子，就只能苟延残喘，或者选择了结自己的生命。如果这些宫女、宦官选择了自杀，会连累家人吗？

当宦官与宫女不能忍受残酷的宫禁时，或积极反抗，或消极抵抗，也就是逃跑或者自杀。逃跑的难度非常高，而且成功率较低，一旦失败，通常会被杖毙。自杀是一种无奈的解脱方式，因为明代宫廷中杖毙宫女的情况比较多。下人们一旦犯错，无论轻重，都会遭受极重的惩罚。主子们视人命如草芥。那么，与其被折磨致死，不如自己了断，更有一些会采取十分激烈的手段——忤逆犯上。例如，明嘉靖时期，宫女杨金英率领众宫女冲进皇帝寝宫，企图勒死嘉靖，但没有成功。随后这些宫女受到的惩罚极重，所有参与的人全部被"千刀万剐"。清代比较理性，惩罚制度也比较完善。

清代的规制严格规定，凡太监、宫女在宫中用金刃自伤者，斩立决；欲行自缢自尽经人救活者，绞监候；在宫中自缢身亡者，将尸骸抛弃荒野，其亲属要发往伊犁、黑龙江等边远地区，给官兵为奴；对屡次潜逃的太监，永远罚在边疆地区给官兵为奴，遇赦不赦；如越省远遁，一经拿获，虽无其他不法罪行，均罚永远枷号，终身禁闭。

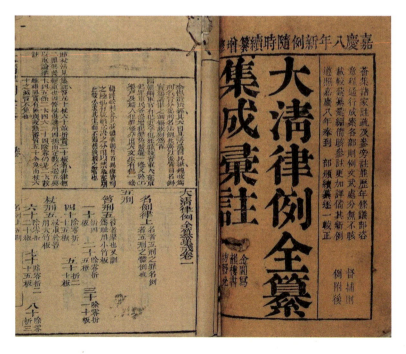

《大清律例全纂集成汇注》

由此可见，即使宫女、宦官自杀，也不是"一死百了"，而是将所有的问题都转嫁到亲人的身上。这种制度的理念源于古代非常著名的刑罚制度——"连坐"，其施刑目的在于威慑。宫廷中制定这样的制度是残忍的，下人忍受不了苛刻制度的情况是很普遍的，如果忍受不了就一死了之，很快就会形成一种效应，一旦自杀成了人们争先恐后寻求解脱的手段，局面将难以控制。为此，"连坐"以亲人来要挟，也就起到了威慑的作用。因顾及亲人，宫女、太监们就不会轻易地选择自杀。

明、清两代，后宫女性是不可以参与政事的，也就是说，女性的权力只限于后宫范围之内。后宫主位们尚且如此，宫女更是不可能有什么作为。即使犯错，也是一些日常生活中的错误。但太监的身份不同，他们既可以掌控后宫，也很容易将势力延伸到国家政务上，因此才会有擅权、干政甚至专权的威胁，故在管理、约束和处罚上也会更加严格。按照清朝皇室的宫规，凡宫殿监等处的太监在外犯法者，由外部按律治罪；在内犯法者，由内务府治罪。重者交总管内务府，轻者由总管和各处所的首领太监责罚。

"磨镜"和"对食"

紫禁城犹如一个巨大的牢笼，关在里面的人在经历了漫长的岁月后，所有人的心智都会发生各种各样的变化。处于最底层的仆从，不但忍受着身体上的折磨，而且还承受着精神上的压力，希望寻找到心灵上的慰藉。异性之间的慰藉无法实现，那么，同性之间的禁忌之爱会存在吗？

同性之间的恋情在很久以前就出现了，并非明、清宫廷才有。由于宫廷严格的宫禁及特殊的环境，更容易孕育出同性之间的恋情。明、清两代的宫女，大多十多岁便被选入宫，除极少数幸运者被皇帝看中，其余都从事着卑下的杂役工作。青春年少，情窦初开，然而由于宫禁森严，他们的自由受到极大的限制，整日生活在无聊寂寞之中，于是便有了历代宫词中描写后宫佳丽孤寂生活的辛酸词句：

一入宫门深似海

镇日无人独掩门，梨花月上又黄昏。

空余孤枕不成寐，拨碎琵琶弹泪痕。

或者：

无语凭栏珠泪潸，双眉蹙蹙锁春山。

可怜空长彤宫里，一世光阴半世闲。

正值青春年华的宫女面对长时间的压抑，很容易在互相扶持的过程中产生强烈的情感，从而像两性一样，结成稳定的关系，称为"磨镜"，意思是指女同性恋双方相互以厮磨或抚摸对方身体得到一定的满足。由于双方有同样的身体结构，似乎在中间放置了一面镜子在厮磨，故称"磨镜"，也称为"对食"。

早在汉武帝时，由于皇后陈氏无子，恩宠日衰，孤独苦闷之中，便命宫女穿着男子衣冠，与她同寝一室，相爱如夫妇。不想此事被武帝发现，废除了她皇后的封号，贬至长门宫居住，此后类似事件屡见不鲜。另据《汉书》记载：

房（道房）与宫（曹宫）对食。元延元年中，宫语房曰："陛下幸宫。"后数月，晓（曹宫的母亲曹晓）入殿中，见宫腹大，问宫。宫曰："御幸有身。"

由此可见，不仅从来没有被皇帝宠幸过的宫女会结成"磨镜"，即使是被皇帝宠幸的宫女也会有"磨镜"之举，不能不称为怪异。

可见，长期的情感压抑对年轻的宫女影响巨大，同性恋情也在一定程度上反映了特定时期、特定环境的社会特点。

随着社会发展，同性之间的"对食"渐渐发展为宦官与宫女之间的"对食"。为了互相满足，宦官与宫女常常会结成临时的恋爱关系，所谓"宫掖之中，怨旷无聊，解馋止渴，出此下策耳"。北魏孝文帝时，冯皇后与太监高菩萨的对食被斥为淫乱行

可怜空长彤宫里，一世光阴半世闲

径，可知那时还是禁止男女"对食"的。到了五代南汉宫廷，对食出现了新的特点。南汉皇帝刘美规定，凡是成为状元的，必须先受宫刑，然后才可委以政事，因此，南汉宫女多以这些人为"对食"对象。罗履先《南汉宫词》中有"莫怪宫人夸对食，尚衣多半状元郎"的句子，说的就是这一时期的历史事实。

"菜 户"

男人和女人成亲是很自然的事，但是，宦官和宫女成亲就是奇闻了。宦官的状态不必多说，对他们而言，成亲简直是一种奢望。单就宫女而言，作为后宫之人，无论身份多么卑微，也是皇帝的女人。这两种身份的人，如何能够谈及婚姻嫁娶呢？宦官真的可以和宫女成亲吗？

宦官与宫女"对食"的关系进一步发展就成了"菜户"。如果说"对食"时期宦官与宫女的关系还停留在短暂的、临时的恋爱关系中，那么，"菜户"就是宦官与宫女结成的稳定的夫妻关系。

"菜户"关系始于明代，明、清两朝极为普遍。所谓"宫人无子者，各择内监为侣，谓菜户，其财物相通如一家，相爱如夫妻"。明人沈德符在其所著《万历野获编》中记载了当时宫中菜户的情况："内中宫人，鲜有无配偶者，而数十年来为盛。盖先朝尚属私期，且讳其事，今则不然，唱随往还，如外面夫妇无异。"明朝初年，朱元璋对宦官与宫女之间的这种行为深恶痛绝，并严加取缔，对娶妻成家的宦官更是处以十分残酷的剥皮之刑。但自永乐之后，宦官的地位上升，这一禁令也随之烟消云散。据《万历野获编》所载，最初因值房宦官和司房宫女接触较多，便逐渐产生感情。宦官以此为基础，往往主动替宫女采办衣食、首饰及日用杂物，以表达追慕之情。宫女若相中此宦官，即可结成伴侣，"菜户"关系也就随之产生。

此后，"菜户"之风愈演愈烈，居然发展成公开的关系。如果宫女长时间没有找到中意自己的宦官，没有"菜户"，就会受到其他人的耻笑，称其为弃物。有时就连皇帝、皇后也会问宦官"汝菜户为谁"，宦官只需据实回答即可，不会受到任何责难，致使"菜户"的关系越来越猖獗。后来，"菜户"逐步发展到妃嫔以下无子者，皇帝对此居然也采取公然许可的态度。直到后来，有些太监的胆子越来越大，竟然千方百计地企图成为皇后的"菜户"。例如，明熹宗驾崩后，年轻的懿安皇后寡居慈庆宫。魏忠贤旧党、新上任的内侍总监陈德润见懿安皇后貌美，便心生邪念。他先贿赂皇后的侍女，在皇后面前游说："皇后还年轻，而先帝却撒手而去，并无子嗣留下，因此，现在的境遇与以前的皇后是不同的。宫监陈德润人品清雅，性情淳厚，皇后何不将他召进宫中，作为'菜户'，以解闲闷呢？"懿安皇后闻此言，不禁大怒，把这位侍女贬出宫外。此后，陈德润又强行闯入皇后寝宫，结果被贬至孝陵种菜去了，成了真正的菜户。

在宫中，有专门为宫女和太监牵线搭桥的人。一旦婚媾订定，二人便会星前月下，彼此海誓山盟。倘若有一人先死，那么另一个人就会发誓终身不配，以保持义节。据《万历野获编》记载，在作者居住的一间寺庙的一个房间中，放满了由宦官奉祀他们伴侣的牌位，牌位上都写有宫女的姓名。每逢宫女的忌日，与其结为"菜户"的宦官便会前来祭悼，其悲伤之情犹如丈夫悼念爱妻。宦官对所爱的宫女固然是任劳任怨，听凭驱使，但宫女也会心疼宦官，不让他干太多的活儿，而是支使别的宦官去干。宫中有些地位低贱、相貌丑陋且年岁较大的宦官自知不可能被宫女看上，便甘心做"菜户"之仆役，为其执炊、搬运、浆洗，宫女每月付给他们一定的银两。在这种情况下，一些善烹饪的宦官便成为雇佣的对象，所得的报酬也较多。

但是，并不是所有"菜户"的关系都很好，也会有"红杏出墙"的时候。宦官如果发现他所爱的宫女移情别恋，往往万分痛苦，但不会对宫女如何，而是常常与其情敌发生尖锐的冲突，争风吃醋，大打出手。典型的事例就是明熹宗朱由校的乳母客氏，其原来的"菜户"是兵仗局掌印太监王国臣，后来又与奸猾狡诈的魏忠贤私通。一天晚上，客氏正与魏忠贤在乾清宫西暖阁亲昵，被王国臣撞见，于是王、魏二人打斗起来，响声惊动了明熹宗。二人与客氏惊恐地跪在地上听候处分。不想明熹宗却笑着问客氏："奶妈，你有心跟谁，就尽管说，我来替你了断。"结果客氏选择了魏忠贤，于是，王国臣被处决。明末秦徵兰在《天启宫词》中特记此事云："梦断君王下玉楼，新欢从此更绸缪。闲来私誓桃花岸，席市仙居共白头。"类似的事件很多，不胜枚举。

明代宦官权力很大，因此，"菜户"之事也可以理解，但清代对宦官的管束十分严格，重压之下，仍然出现"菜户"，可见宫廷生活对宦官、宫女的伤害难以言表。

溥仪裁撤太监

1923年7月16日中午，早已退入紫禁城后宫做"宫廷小皇帝"的溥仪，突然下了一道谕旨，要求即刻"将宫内太监全部裁撤，立即出宫"。这好端端的，为何要将这些平时俯首帖耳、逆来顺受、做牛做马、唯命是从的贴身奴才撵走，并且即命护军把太监们强送出宫？消息传开，非但宫内的绝大多数人都惊恐万分，就连宫外的各界官吏、百姓也大惑不解。那么，这小皇帝究竟要干什么呢？

那些职位不高但身处要职的太监，守着奇珍异宝，日久便渐生贪欲，起初顺手牵羊，小偷小摸的情形时有发生，久之，欲壑难填，贼胆包天，遂监守自盗，变本加厉，内勾外联，沆瀣一气。尤其是皇帝退位，清朝气数已呈将尽欲尽之时，他们更加肆无忌惮。

1923年6月27日，紫禁城建福宫大火焚库，向溥仪敲响了警钟。不久，溥仪便在谋臣的劝谏下，忍痛做出了裁撤太监的决定。

当时，那些衣来伸手，饭来张口的太妃不肯轻易答应，极力争辩劝阻。然而，溥仪决心已定，毫不松口。万般无奈之下，除了央告留下个别太监，只能随这位小皇帝去折腾。最后决定除三位太妃、溥仪、淑妃这五个宫各留二十名太监，其余全部裁撤。由于绝大部分太监在北京没有家，若让数百名太监流落街头，未免有碍北京的治安，于是又把王怀庆、薛之珩找来，商量处置的办法，议定由内务府筹措一笔遣散费，北京有家或有亲朋投宿的，即刻携带行李出宫；实在无处投奔的，暂时住在地安门内大街雁翅楼内，待领到遣散费后，再各自回乡。

傍晚，当绍英把全体太监召集在乾清门内，宣读了溥仪的谕旨时，太监们都非常恐慌和愤慨。他们绝大部分都是河北沧县、河间一带的人，在宫中当了几十年的差，宫中就和他们的家差不多，也积攒了一些东西，如今限令在几小时内出去，他们将投奔何处？以后怎么生活？有的惨号大哭，有的高声咒骂。晚九时许，太监们除留下的以外，已全部出宫。7月下旬，内务府筹妥了遣散费，在雁翅楼里会同军警人员开始发放。综计这次裁撤的太监，共有七百多人，首领每人发200元，一般太监发20元。太监除北京有家的，其余有的搬到了庙里，有的回到原籍，还有三百余人仍旧住在雁翅楼内，靠乞讨为生。不少衣衫褴褛的太监在廊下生火做饭，极像逃荒的难民，其状颇为凄惨。

　　另外，那些下层小太监一旦失去服役能力之后，都要被逐出紫禁城。不少太监晚年以寺庙栖身。据调查，在北京城郊，共有明、清时期的太监寺庙约二十多座。辛亥革命之后，皇朝覆灭，在逊清小朝廷被逐出紫禁城后，太监这一不合理的制度，终于被彻底废除了。

保和宝顶

『陆』深宫秘闻

清逊帝溥仪于1931年9月13日在京、津、沪三地报纸上登出一道『上谕』：『淑妃擅离行园，显违祖制，撤去原封位号，废为庶人。钦此。』

谋杀嘉靖帝

　　明朝嘉靖时期，一群宫女明知会被砍头、灭族，却仍将死神的镰刀伸向了高高在上的皇帝。"宫女杀皇帝"，这在中国历史上是绝无仅有的，也是人们难以想象的事情。那么，这群宫女为什么要冒天下之大不韪，做这种自掘坟墓的事情呢？

　　经过绵延上千年封建礼教的熏陶，"君君臣臣"的等级观念已深入人心，人们对皇权的敬畏与崇尚根深蒂固。按照常理，宫中最底层的仆役是不敢有丝毫拂逆"龙鳞"的，更不要说有"弑君"的谋逆行为。尽管统治者们对此讳莫如深，史籍资料也较少，但这丝毫不影响"弑君"事件的最终披露。

　　明嘉靖二十一年（1542年）十月二十一日凌晨，杨金英等十余名宫女拥入明世宗嘉靖帝的寝宫，趁皇帝熟睡之际，将事先准备好的绳结套在嘉靖的脖子上，试图勒死嘉靖。从睡梦中惊醒的嘉靖帝被勒得两眼翻白，气绝失声。谋杀皇帝毕竟是十恶不赦的重罪，宫女们慌张之余，竟然手忙脚乱地将绳子打了个死结，致使绳子无法勒紧，皇帝只是晕死过去。千钧一发之际，参与此事的一名宫女见不能勒死皇帝，心中极度恐惧，竟然跑去向皇后方氏告发。皇后立即带人冲到皇帝的寝宫，将谋逆的宫女们拿住，解救了嘉靖帝，这就是震惊朝野的"壬寅宫变"。宫女们空前绝后的行为最终招致了杀身之祸，全部案犯无一例外地被处以极刑，剐尸枭首示众。

　　回首这段历史，迷雾重重。尽管一入宫门深似海，但也不是穷途末路，究竟是什么原因，使得一群豆蔻年华的少女采取了这种极端的方式，选择与皇帝同归于尽呢？据史料记载，在审讯宫女的口供笔录中，有"咱们下手吧，强如死在他手里"的话。话中的"他"自然是指嘉靖帝。从这句话中不难看出，宫女们并非丧心病狂、胡乱杀人，而是遭受迫害，不得已做出的积极反抗。

究其原因，有以下几点：

第一，由于嘉靖帝执迷于求仙炼丹，这也是最主要的原因。封建帝王夙求长生不老，历朝皆有，并不少见，但是嘉靖帝的炼丹方法实属残酷，几近变态。嘉靖帝听信方士的谗言，先后几次征召幼女进宫，用来炼制丹药。具体方法是收取少女们的月信，加药物调配焙炼，形成辰砂一样的晶体，名曰"红铅"。据说服用"红铅"可以强身长寿，增强色欲。在炼丹过程中，宫女们的身心遭到严重的摧残。为了采得足够的原料，强迫宫女们服食催经下血的药物，导致很多宫女失血过多，甚至血崩。同时，为了防止秘密外泄，还将采过血的宫女杀死灭口。此外，为保持洁净，规定宫女们不得进食，只能吃桑饮露。可见，嘉靖帝是用牺牲宫女生命的方式在炼制丹药。面对如此残酷的折磨，走投无路的宫女们选择了反抗。

第二，嘉靖帝的喜怒无常、凶残暴虐也是引发"宫变"的重要原因。据记载，嘉靖帝暴虐不仁，滥施刑戮，对上疏劝谏炼丹的大臣直接杖毙，曾创造了同时廷杖124人，当场杖毙16人的纪录。对待大臣如此，对待后宫中人，无论皇后，还是普通宫女，亦是如此。地位卑微的宫婢们苦不堪言，稍有过错，便罪无可恕，痛加责打，因此，被打死的宫女多达数百人。这种非人的生活使宫女们蓄怨积苦，最终爆发了"宫变"。

还有学者认为，宫妃之间的争宠以及朝廷各派政治势力之间的权力角逐，也是"宫变"爆发的原因。但是，这两种说法都缺乏证据支撑。

首先，如果是起因于宫妃之间的争宠，那么，争锋的焦点自然是通过此次事件得到好处的后妃。"宫变"结束后，最大的赢家貌似是护驾有功的方皇后。方皇后趁着嘉靖帝治疗期间，将罪名直接诬陷到嘉靖帝的宠妃端妃头上，并将其除掉。但是，嘉靖帝得知此事后，非常愤怒。在几年后的后宫失火事故中，嘉靖帝下令不许营救皇后，致使皇后受惊吓而死。有资料表明，方皇后只是在"宫变"发生后的责罚问题上动了手脚，而不能证明此事是由皇后策划的。而且，作为嘉靖帝的后妃，无论是否得宠，应该都很了解皇帝的性情变幻无常。发生如此谋逆的事情，根本无法得知嘉靖帝会迁怒于谁，也就是说，后宫每个人的风险都相差无几。方皇后堂堂国母，善后时为了一时的私心便付出了生命的代价，因此，后妃们不会仅仅为了争宠就策划如此危险的"弑君"之事。

此外，朝廷各派之间的权力角逐也不太可能，因为根本就不存在填补嘉靖帝死后出现的权力真空的政治势力，也就不存在"宫变"的政治动因。而且，杀死嘉靖帝只会带来政局动荡，这也不是明廷愿意看到的。

由此可见，"壬寅宫变"是由于宫女们不堪忍受残酷的折磨而自发组织的单纯的报复行为，意欲与嘉靖帝同归于尽。虽然"宫变"最终没有成功，但是，小女子们的壮举足以震惊朝野，在历史上留下了浓重的一笔。

一月天子

　　明光宗泰昌皇帝朱常洛是一位极富传奇色彩的皇帝，其生身之母宫婢的身份注定了他多舛的命运。万历帝死后，当了十几年太子的朱常洛终于继承了皇位。但是，登上皇位仅一个月，朱常洛便一命呜呼了，成为明代历史上最短命的一位皇帝。那么，泰昌帝为什么继位一个月便命断皇城呢？

　　要解开这个谜题，首先要从泰昌帝的身世说起。朱常洛的母亲是慈宁宫的宫女王氏。一次，明神宗万历帝到慈宁宫拜见太后时，偶然看中了王氏。不久，皇太后就发觉王氏的身子发生了变化，非常高兴。尽管万历帝并不想承认这个孩子，但是拗不过皇太后的劝解，最终册封王氏为恭妃。不久，恭妃生下了万历帝的长子朱常洛。虽然万历帝非常不喜欢这个儿子，但朱常洛毕竟是皇长子且是唯一的儿子，他的地位还是很稳固的。后来，万历帝宠幸的郑贵妃生下了皇三子朱常洵（皇次子，一岁时夭折了），朱常洛的地位就开始动摇了。万历帝当然想立宠爱的三儿子为太子，但是，朝中大臣一律奉行"有嫡立嫡，无嫡立长"的原则，纷纷拥护朱常洛，从而开始了长达十几年的皇储之争。在这期间，万历帝对朱常洛母子的态度近乎虐待，郑贵妃的气焰也极为嚣张，朝臣们每每提出立储，相关奏折就会被全部搁置待议。直到同为宫女出身的皇太后出面干预，朱常洛的太子之位才得以确立。但是，太子的头衔并没有使朱常洛的生活有所改善，他所住的宫殿破陋不堪，防卫极差，只有几个随朱常洛一起长大的贴身太监和几个老弱病残的侍卫守卫宫殿。反之，朱常洵倒是活得像个太子，其母郑贵妃勾结党羽，谋害太子的事件不断，而且还策划了"梃击案"，刀锋直指太子。举朝震怒，要求严惩凶手。万历帝非常为难，但群臣激愤难平。正值胶着之际，太子朱常洛出面表示不愿深究，才使得此事得以从速解决。此举令万历帝甚感欣慰，由此，朱常洛的地位才最终稳固下来。

万历四十八年（1620年）七月，神宗驾崩。八月，做了十几年太子的朱常洛终于继位了。此时，他已经年近四旬了。正当朱常洛准备一扫先前的压抑，大展宏图之时，却突然染病去世。朱常洛在位一月便暴毙，有几个重要的原因。

第一，当"梃击案"审结时，郑贵妃意识到朱常洛的地位已经不可撼动，为求自保，她便不时地送去金银珠宝和精美食肴，并精心挑选了八位美女送去服侍太子。常年备受冷落的朱常洛受宠若惊，就像穷人乍富，开始放纵享乐，贪淫纵欲。酒色掏身，朱常洛的身体原本就很瘦弱，此后就越加羸弱。直到登基之时，朱常洛已经元神大耗，病势沉重，这就成了光宗在位短暂的隐患。

第二，登基以后，朱常洛日理万机，精神劳损，应该说光宗是很勤政的，但是，他并未因此远离女色，而是每日愈烈，使得病况加剧。

第三，光宗卧床不起后，御医崔文生为皇帝诊病。光宗原本是纵欲伤身，身体虚弱，而崔文生不知道皇帝生病的原因，遂误诊为肾虚火旺，需要泻火，便给光宗开了一服药性很强的泻药。结果，光宗一夜泻了数十次，精神萎靡，几近衰竭。

第四，最致命的一击是一颗神奇的丹丸。由于光宗病情加重的消息传遍朝野，内阁首辅方从哲向光宗推荐了鸿胪寺丞李可灼。李可灼见到光宗后，依据病情，将自制"仙药"说得天花乱坠。光宗高兴之余，便服用了李可灼进献的"红丸"。光宗服完药后，起初感到浑身舒畅，病情略有好转。然而，第二天清晨，光宗的病情急转直下，不久便去世了。

这几个关键的步骤，看似毫无关联，其实背后都能看到一个人的影子，那就是郑贵妃。最初，就是因为郑贵妃向光宗进献了美女，才使光宗的身体每况愈下。此后，御医崔文生与鸿胪寺丞李可灼的两次献药，最终断送了光宗的性命，而崔文生和举荐李可灼的方从哲都是郑贵妃的幕僚。而郑贵妃本人在光宗生病期间，不但不劝诫其保重身体，反而不断向其施压，以便达到册封自己为皇太后的目的。由此可见，光宗的死与郑贵妃难脱干系，而历史也记住了这位"爱美人不爱江山"的皇帝。

"独臂神尼"

《鹿鼎记》中，男主人公韦小宝的两位师尊都是令人敬畏的武林高手。其中，韦小宝的女师傅九难师太就是明朝末代皇帝崇祯的女儿长平公主。回顾历史，这位昔日高贵尊崇的帝女花，是否真如金庸先生小说中所描述的那样，修炼成了高强的武功，成为叱咤江湖的独臂神尼呢？

在历史长河中，历朝历代的公主何止千万，唯明朝长平公主的名字得以广泛流传。这并非由于她的美貌或是她的作为，而是在改朝换代的特殊背景下，亡国公主凄惨哀伤、风雨飘摇的悲情命运。

纵观明代历史，崇祯帝算是一位比较勤奋的皇帝，也曾执着地希望通过自己的努力可以挽救衰微的国运。但遗憾的是，明朝积重难返，回天乏术，亡国的命运已成定数，这样，崇祯的孩子们自然就注定了多舛的人生命途。长平公主应该算是幸运的，毕竟，在崇祯的六个女儿中，只有长平公主长大成人，其他的都早殇了。但是，长平公主也是不幸的，生于王朝末期的她，也只能感叹生不逢时。

当李自成的刀锋伸进紫禁城时，崇祯帝站在空荡荡的金銮殿上，才真正体会到了孤家寡人的凄凉。关于这一段历史，各种记载出入不大。《明史》列传中记载："长平公主，年十六，帝选周显尚主。将婚，以寇警暂停。城陷，帝入寿宁宫，主牵帝衣哭。帝曰：'汝何故生我家！'以剑挥斫之，断左臂；又斫昭仁公主于昭仁殿。"从这段资料可以得知，崇祯十七年（1644年），十六岁的长平公主本来应该与驸马周显完婚的，但由于李自成的起义大军攻入了京城，此事就顾不上了。眼看城破在即，为了不让女儿遭受侮辱，崇祯帝拿着剑冲进寿宁宫。长平公主还在期待与驸马相聚，不想就这样死去，于是拉着父亲的衣服，痛哭着希望他可以放自己一条生路。崇祯摇摇头说："你为什么要生在这帝王之家？"挥剑砍下。长平公主被砍断了左臂，晕死过去。失魂落魄的崇祯以为女儿已死，又冲进昭仁宫，砍死了年仅十岁的三公主。公主年幼还没有封号，后来清廷以居所为名，追封为昭仁公主。崇祯帝绝望之余，带着随侍太监王承恩跑到万岁山（今北京景山，俗称煤山），自缢而死，王承恩也以死殉主。世上的事总是变幻多端，长平公主竟然重伤未死。而就在这一刻，长平公主的人生衍生出了无数的传奇故事。

景山顶观景

民间流传的一种说法很是流行，大致是说长平公主大难不死之后，为报国仇家恨，练就了一身武艺，人称独臂神尼九难。长平公主还收了八个徒弟，个个武艺高强，称为"清初八大侠"，威震天下。其中，关门弟子吕四娘曾潜入皇宫，杀了雍正帝，辗转为师父报了家国之仇。此外，在金庸先生的武侠名著《碧血剑》《鹿鼎记》中，长平公主也被塑造成会武功的女尼形象。目前，这种说法流传很广，人们也欣然地接受饱受苦难折磨的公主能够成为一个真正的强者。

但是，历史终究不会随着人们的意愿发展，事实上，当时的京城兵荒马乱，想要逃出去谈何容易。崇祯帝就是因为转了好久，逃不出去才自杀的。而尊贵娇婉、纤纤弱质且还失去一只手臂的长平公主，怎么可能拖着重伤的身体逃出京城，而且还练就一身高强的武功呢？所以，这样的说法是不可能实现的。我们将视角拉回到那段动荡的岁月。崇祯帝已死，李自成占领了紫禁城。混乱之时，宫廷仆役是不会去理会长平公主的"尸体"的，那么，"尸体"理所当然地会被李自成军发现。对此，《明史·流贼传》中做了印证："长平公主绝而复苏，舁至，令贼刘宗敏疗治。"可见，长平公主苏醒之后，李自成命部下刘宗敏对其看管和治疗。两个月后，李自成的大顺军退出了北京，北京旋即又被清军控制。入主中原的清朝对待前明崇祯帝还是礼遇的，不仅下令哭灵三日，而且还追加了谥号，并将他和周皇后的棺木起出，重新以皇帝之礼下葬。在京城游荡的长平公主看到父母入土为安后，想必也会感到欣慰吧。《明史·公主传》中记载："……越五日，长平主复苏。大清顺治二年上书

广宁门外石道碑

言：'九死臣妾，踯躅高天，愿髡缁空王，稍申罔极'。诏不许，命显复尚故主，土田邸第金钱车马锡予有加。主涕泣。逾年病卒。赐葬广宁门外。"可见，长平公主一直受控于清朝政府。凄惨的亡国奴的生活让公主萌生了出家的念头。长平公主是前明的长公主，为了招抚汉人，无论如何也不能让长平公主出家。于是，清廷找到了崇祯帝亲选的驸马周显与公主完婚，并赏赐了很多的金银珠宝、府邸田产。但是，仅仅过了几个月，身心俱创、悲伤过度的长平公主就病逝了，时年十八岁。

在男尊女卑的封建社会，很多女孩子都没有名字，即使是生在帝王之家的公主也是一样。历史上很多公主只记载封号，而找不到名字。但是，孙承泽的《春明梦余录》中却清楚地记载了公主的名字：朱媺娖，也许正是因为长平公主太过悲惨的命运吧。

孝庄秘史

在很多描写清代宫廷的影视作品中，都将草原上最美丽的女人和爱新觉罗最勇猛的男人描述成一对痴情的恋人，于是，便有了孝庄皇太后与多尔衮百转千回的爱情故事，甚至，还出现了孝庄皇太后下嫁多尔衮的传说，给这段漫长的爱情长跑画上了一个圆满的句号。那么，历史是否真如传说那样动人，皇太后是否真的下嫁了呢？

清初的政治舞台上，出现了一位重要的女政治家——孝庄文皇后。她历经三朝，两辅幼帝，以其过人的政治谋略和胆识深远地影响了历史的走向，稳定了清初动荡混乱的政治局面。智慧与美丽并重的女性往往会牵扯出更多的话题，围绕孝庄与多尔衮关系的话题一直争论不休，甚至传出孝庄曾下嫁多尔衮的说法。为了剖析这个问题，我们先要了解其人、其事。

孝庄皇太后，名为博尔济吉特·布木布泰（或译成本布泰），蒙古科尔沁部贝勒宰桑之次女。蒙古科尔沁部很早就归附了后金，双方以联姻的方式巩固政治同盟关系。早年，宰桑将自己的妹妹哲哲嫁给了努尔哈赤第八子皇太极做正房大福晋，但是

孝庄文皇后

多年没有子嗣。1625年，宰桑又将时年十三岁的布木布泰嫁给皇太极做侧福晋。布木布泰先后生下了皇四女、皇五女和皇七女，全部受封公主尊号，长大后皆嫁与蒙古贵族。皇太极继承汗位后，于天聪八年（1634年）娶了布木布泰的姐姐海兰珠。1636年，皇太极改国号为清，建元崇德，称帝于盛京，并建立了后宫制度，在众多的妻妾中分封了五宫后妃。大福晋哲哲为中宫皇后；海兰珠为宸妃，位居东宫——关雎宫，地位仅次于皇后；布木布泰被封为庄妃，居次西宫，即永福宫；其余两位分别是西宫麟趾宫贵妃和次东宫衍庆宫淑妃。从封妃的情况可以看出庄妃姑侄三人的受宠程度。尽管庄妃不及海兰珠受宠，但也是比较受宠的。尤其是崇德三年（1638年），宸妃所生的被皇太极视为皇嗣的皇八子夭折，而庄妃恰逢此时生下皇九子福临，更加抬升了她的地位。

崇德八年（1643年），皇太极病逝。由于皇太极生前没有指定继承人，因此朝中出现了权力真空的局面，很快形成几方势力的严重对立。按照传统，传位有"父位子继""兄终弟及"两种形式。这样一来，作为皇太极长子的豪格与作为皇太极弟弟的多尔衮就成了继位的热门人选，双方的争夺非常激烈。

爱新觉罗·多尔衮，清太祖努尔哈赤第十四子，母亲是努尔哈赤最宠爱的大妃乌拉那拉·阿巴亥。据说多尔衮的相貌最像努尔哈赤，因此也最受父亲的喜爱。努尔哈赤死后，阿巴亥被逼殉葬，年仅十五岁的多尔衮也失去了争夺皇位的可能。此后，多尔衮凭借赫赫战功被晋封为睿亲王，与同母弟多铎共掌两白旗。

皇太极的死再一次造成了皇权之争，尽管豪格握有从皇太极那里继承的两黄旗，以及自身的正蓝旗三旗力量，但多尔衮的威望仅次于皇太极，双方互不相让，剑拔弩张。多尔衮审时度势，意识到如果双方兵刃相见，必然是两败俱伤，于是决定放弃皇位，但同时又要牵制住豪格，遂决定从皇太极的子嗣中另选一位皇子。而年仅六岁的皇九子福临脱颖而出，其母永福宫庄妃作为五大后妃的尊贵地位起到了重要作用。通过这次政治斗争，福临成为帝国新的君主，其母庄妃也被晋封为"圣母皇太后"，多尔衮也在粉碎豪格皇帝梦的同时，极大地扩展了自己的势力。此时，清朝最有权势的三个人，即皇帝福临、孝庄皇太后和摄政王多尔衮。皇帝年幼，作为监护人的母亲自然站到了与多尔衮政治征伐的对立面。聪慧而又美丽，并且非常年轻的皇太后要如何抑制多尔衮称帝的野心，保护年幼的福临呢？于是，孝庄皇太后与摄政王多尔衮之间的关系便开始衍生出很多的传说，其真假难辨，甚至还出现了"太后下嫁"的说法。具体依据如下：

说法一是前明遗臣张煌言所作的《建夷宫词》十首，其中有一首写道：

上寿觞为合卺尊，慈宁宫里烂盈门。

春官昨进新仪注，大礼躬逢太后婚。

此诗中，慈宁宫是太后居住的寓所，而春官是指礼部官员。整篇诗讲的是，慈宁宫里张灯结彩，礼部官员已经呈进了预先拟定的礼仪格式，因为正遇上太后的结婚典礼。

持"太后下嫁"说的学者们认为，由于此诗作于顺治六七年间，当时宫中有两位皇太后，一位是年近五十的孝端皇太后，另一位是三十多岁的孝庄皇太后，而多尔衮比孝庄大两岁，不可能娶五十岁的孝端，所以大婚只能是指孝庄与多尔衮的婚事。对于这一说法，不同意"太后下嫁"的学者给予了反驳，认为诗歌是一种艺术创作，本身就不能作为可靠的史证。况且，张煌言是明朝遗臣，诗中不免存在贬斥、嘲笑清廷的成分。其在另一首诗中写过"错将虾子作龙儿"，意在讽刺清初某皇帝娶了一位怀有遗腹子的孀妇做皇后，这在清史上是子虚乌有的事。此外，诗作本身的意思也有问题，诗作提到慈宁宫张灯结彩，准备大婚。事实上，慈宁宫因修缮，在顺治十年

慈宁宫

（1653年）时，孝庄才搬进去，而此时多尔衮都去世三年了。因此，著名的清史学家孟森先生在其著作《太后下嫁考实》中认为张煌言的诗："自必有成见，且诗之为物，尤可以兴致挥洒，不负传言之责。"也就是根本没有史实依据。

说法二是"皇父摄政王"的称谓。

清乾隆时期史学家蒋良骐，在担任国史馆纂修官时编撰的《东华录》中有这样的词句：顺治五年十一月，"冬至，恭奉太祖配天，四祖入庙，遣官祭告天地太庙社稷……加'皇叔父摄政王'为'皇父摄政王'，凡进呈本章旨意，俱书'皇父摄政王'"。此外，《清史稿·睿忠亲王》中也有记载：顺治五年十一月，"南郊礼成，敕，诏曰，'叔父摄政王治安天下，有大勋劳，宜加殊礼，以崇功德，尊为皇父摄政王，凡诏疏皆书之'"。以上两部史书，清楚无误地交代了多尔衮加封"皇父摄政王"尊号的史实。于是部分学者认为，将臣子尊为"皇父"，这是历史上绝无仅有的事，既然有"皇父"的称号，自然是娶了孝庄以后才被如此尊称的。但是，持相反观点的学者认为，"皇父摄政王"显然是一种尊号，而且，多尔衮的尊号是一步步抬升的。顺治元年（1644年）十月，顺治帝被拥入关后再次举行登基大典，此后，功勋卓著的多尔衮就被晋封为"叔父摄政王"，共同辅政的郑亲王济尔哈朗被封为"辅政叔王"，级别低了一格。顺治二年（1645年），御史赵开心上疏称多尔衮以皇叔之亲兼摄政王之尊，仪制宜定，"称号必须正名"。他说原来的"叔父摄政王"不妥，"夫叔父，为皇上叔父，惟皇上得而称之，若臣庶皆呼，则尊卑无异矣"，建议更名为"皇叔父摄政王"，经礼部等议定批准。顺治五年（1648年）十一月，南郊礼成，颁布恩诏大赦天下，第一条即称"叔父摄政王治安天下，有大勋劳，宜增加殊礼，以崇功德"。经部院大臣集体讨论，多尔衮的称号就定为"皇父摄政王"。自此，直到多尔衮病逝，清政府的公文中都是这样称呼的，现存清代档案可以确证。此外，从时间上说，朝鲜《李朝实录》中记载，顺治六年（1649年）二月接到的清朝咨文中已有"皇父摄政王"的称谓，而多尔衮的妻子是在同年十二月底去世的，传说的"太后下嫁"是在顺治七年（1650年）初，与定尊号"皇父摄政王"相差了一年多。显然，"皇父摄政王"的称号是在表彰多尔衮的功德。古时周武王曾称姜子牙为"尚父"，齐桓公称管仲为"仲父"，蜀汉后主刘禅称诸葛亮为"相父"。因此，此次将多尔衮加封为"皇父摄政王"，是沿用古代国君尊称臣下的遗意，绝非指多尔衮真的娶了孝庄太后，成了顺治小皇帝的继父。

说法三是"亲到皇宫内院"的词句。

此句出自清代蒋良骐编撰的《东华录》，这也是给多尔衮定罪时所列的罪行之一。持下嫁说者认为，这句话实属暧昧，有秽乱宫廷之嫌。但是，这句话的上下原文为"自称皇叔父摄政王，又亲到皇宫内院，以太宗文皇帝之位原系夺立以挟制皇上"。这句话的意思非常清楚，是说多尔衮曾亲自到皇宫内院里发牢骚，说皇太极的皇位是抢夺来的，所以顺治的皇位也是"名不正，言不顺"，并以此来要挟小皇帝。挟制皇帝，这才是多尔衮这项罪名的正解。无论这项指控是否属实，"亲到皇宫内院"的句子只是指多尔衮指责皇太极得位不正的事情，而不能将其单独抽出来，不顾上下文原意，单独解释成多尔衮淫乱后宫，还将其作为"太后下嫁"的证据，很明显是断章取义，不具有任何说服力。

说法四是孝庄的灵柩没有安放于皇太极陵墓。

清东陵是清代最大、最集中的皇陵，是一处"万年龙虎抱，夜夜鬼来朝"的风水宝地，"寿宫"的周围有一道四十华里长的"风水墙"围托。但是，只有孝庄皇太后的昭西陵孤零零地立于风水墙外。持"下嫁说"的学者认为，孝庄皇太后的灵柩之所以没有与皇太极合葬，就是因为孝庄皇太后曾下嫁多尔衮，自视无颜再见太宗帝于泉下。而孝庄的灵柩"暂安奉殿"，数十年不下葬，就是因为康熙责怪祖母不守妇道，最后将孝庄葬于风水墙外，是在责罚孝庄，让她为清朝子孙看大门，世世代代永受孤寂。但是，这样的说法纯属猜测，太过牵强。根据《孝庄后传》记载，孝庄之所以没有与皇太极合葬，是因为孝庄在病危前曾对康熙说："太宗文皇帝梓宫安奉日久，卑不动尊，此时未便合葬；若另起茔城，未免劳师动众，究非合葬之义。我心恋汝父子，不忍远去，务必于遵化安厝，我心无憾矣。"康熙遵照孝庄太皇太后的遗愿，将孝庄生前居住的慈宁宫拆迁移建到孝陵附近的昌瑞山下，改称"暂安奉殿"，停柩其中。康熙不忍将祖母草草下葬，不顾大臣们的反对，坚持为祖母打破了丧事不令逾年的祖制，这样放置长达三十余年，直到自己死去。雍正继位后，正式建陵安葬，谥为孝庄文皇后，徽号为昭圣慈寿恭简安懿章庆敦惠温庄康和仁宣弘靖太皇太后。其陵园布局显示出陵园主人极其尊贵的地位，比清东陵里所葬的任何一位皇后的陵寝都更显尊贵。因此，传闻康熙憎恶其祖母，实属无稽之谈。康熙八岁丧父，十岁丧母，其幼年成长、登上皇位、手掌大统，多赖于孝庄的扶持与帮助。康熙侍奉孝庄非常孝顺，在相处的三十余年时间里，祖孙两人的关系特别深厚。在孝庄病重之时，康熙亲自看护，衣不解带，夜以继日。孝庄病危时，康熙号哭不止。因此，说康熙罚孝庄"看大门"，实在情理不通。其实，孝庄的陵墓之所以称为昭西陵，是因为其陵在盛京太宗皇太极昭陵之西，故称此名。之所以建在陵墙以外，其一是遵照了孝庄的遗愿，不使其与亲手抚育辅政的子孙两代君王远离；其二是表示孝庄的昭西陵与东去近千里之遥的昭陵同属一个体系，并在规制建筑上饰以特色，以示该陵园与清东陵这一体系有所区别。

说法五是满族的婚俗的确与汉人不同。

孝庄姑侄三人同侍太宗帝，这在汉人看来就是有悖伦常的事，而在满族地区，这样的情况比比皆是，例如努尔哈赤曾娶乌拉部布占泰侄女，而布占泰又娶努尔哈赤第四女；阿敏以亲女嫁给蒙古贵族塞特尔，自己又娶塞特尔之女；多尔衮与豪格是叔侄，却娶了同为蒙古桑阿尔寨之女的姐妹俩。豪格死后，多尔衮又纳其妻为王妃。在当时满族人的观念中，根本没有母族、妻族的区别，因此，即使孝庄下嫁多尔衮，这种嫂子嫁小叔子的情况也是正常的。但是，持相反观点的学者认为，虽然孝庄与多尔衮的婚姻符合满族人的婚俗，但并不意味着他们一定要这样去做。更何况，关于"太后下嫁"的说法没有任何历史资料证明，全是一些野史小说的流传。清初时，文人排斥清廷的情绪严重，不乏一些文人执笔诋毁清政府的情况。此外，如果真像民间所传，太后下嫁，大发圣谕，天下皆知，那么官修史书和民间的私修史书中一定都会有记载，而且还会发一份圣谕给藩属国朝鲜。但是，事实上，这几方面的史料中都没有相关记载。如果说官修史书是由于后来清政府认为此事不好，故删去了，但难以保证私修史书也全部删去了。那么，总会有私修史书记载此事。事实上，完全没有相关的资料。至于朝鲜的《李朝实录》，如果"太后下嫁"确为事实，《李朝实录》中一定会有记载的。而且，朝鲜一直看不起清朝，虽然表面奉迎，但私下认为他们是未开化的夷人，对清朝怀有敌意，在《李朝实录》中常常会看到对清朝的不满和蔑视。如果太后下嫁实有其事，朝鲜当然不会避讳清朝的隐讳，一定会记录下来，而且事后也不会删去的。但是，朝鲜的《李朝实录》完全没有相关的资料。可见，尽管"太后下嫁"的故事流传极广，但找不到相关的证据证明。想必在清朝初期，排满情绪高涨的时候，文人在狭隘的民族气节的鼓动下，不顾真实的史实，全凭个人随性，以讹传讹的情况在所难免，导致出现了很多恶意丑化清廷的文学作品，使得后世在研究这段历史时难辨真伪、争论不休。

苏麻喇姑

　　苏麻喇姑，一位在清代宫廷权力斗争中多方斡旋的杰出女性，孝庄皇太后的得力侍婢，并非出身皇族的皇室成员，其与清廷中几位到达权力顶峰的人之间的复杂关系，确立了其独特的身份、地位以及在宫廷中的作用，也成就了后世对其广为诵唱的传奇篇章。但是，在我们接触到的有关资料中，苏麻喇姑，或与孝庄同时代，或与康熙同时代，混乱之下不禁使人怀疑其存在的真实性。那么，历史上是否真有苏麻喇姑其人呢？

苏麻喇姑并非来自野史的杜撰，而是真实存在于清初的政治舞台。通常情况下，普通的侍女不会在宫廷中产生很大的作用，然而，苏麻喇姑可以说是一个特例。她既非皇族亲属，又不是皇帝的嫔妃，却自皇太极时代至康熙时代，一直活跃于清宫政治舞台。虽身为宫侍，却早已超越宫侍的职能，历朝三世，先后侍奉过孝庄太后、两代皇帝以及一位皇子，与皇室的关系非常特殊。

总结现有的历史资料，我们大致可以还原这位清初宫廷侍女极富传奇色彩的人生。

苏麻喇姑，原名苏墨儿（尔），也有写作"苏茉儿"的，由蒙语直接音译过来，意思是毛制的长口袋。毛制的长口袋是蒙古牧民装东西时的常用之物，蒙、满等民族都有这种用随身物品给孩子取名的习俗。但由于长期生活于满族上层社会，其名字在保留原意的前提下，于顺治晚期或康熙年间改为满语"苏麻喇"，意思是半大口袋，而官中的人也尊称其为"苏麻喇姑"。

苏麻喇姑原是科尔沁草原牧民的女儿，从小聪慧机灵，被科尔沁贝勒府看中，成为科尔沁贝勒宰桑次女布木布泰的随身侍女。1625年，布木布泰在兄长吴克善的护送下，前往后金都城盛京（沈阳）与皇太极完婚，苏麻喇姑作为贴身侍女随行前往。顺治元年（1644年），清朝入主中原，苏麻喇姑跟随当时已是孝庄皇太后的布木布泰进驻北京紫禁城。

苏麻喇姑原本就聪慧过人，随侍在孝庄身边后，接受了良好的教育，文化修养与学识眼界都得到迅速的提高与扩展。苏麻喇姑通过学习，很快就掌握了满语和汉语，并写得一手漂亮的满文。同时，苏麻喇姑心灵手巧，在裁剪方面也是行家里手，凡她做的衣服，既合身，又美观，因此，她还曾参与清朝衣冠饰样的制定。此外，苏麻喇姑有着自己的生活方式和信仰，她终身未嫁，一直生活在皇宫内。

关于苏麻喇姑的年纪，由于其为孝庄皇太后的贴身侍婢，年纪应该比孝庄略小或相近，是与孝庄皇太后同时代的人，是康熙祖母辈的人。

苏麻喇姑因其特殊的身份，先后与皇室中的掌权者有着密切的关系。

苏麻喇姑作为孝庄的贴身侍女，与孝庄形影不离，六十余年的岁月，她们积累了深厚的情谊。两人虽然名为主仆，却形同姐妹。孝庄称呼其为"格格"，可见其身份的特殊。也正因为如此，苏麻喇姑在宫中颇受尊敬。作为孝庄的亲信，苏麻喇姑经常出宫为孝庄办理各种事务，对孝庄治理朝政起到了很大的作用。

顺治初期，由于多尔衮摄政王辅政，年幼的福临与孝庄分宫居住，不能经常见面。这样，苏麻喇姑作为孝庄母子最困难时期的联系人，承担了代替孝庄联系和教导顺治的使命。

康熙幼年时曾经避痘离宫，在此期间，苏麻喇姑再一次代替孝庄承担了探望和教导之责。当时，皇子们的国语（满语）教育非常重要，而苏麻喇姑凭借其优秀的国语修养被孝庄任命辅导康熙学习满文。嘉庆年间的文史学者昭梿编撰的《啸亭杂录》中记载："仁皇帝幼时，赖其（指苏麻喇姑）训迪，手教国书。"经过她的教导，康熙的满文字体舒展流畅、雍容大度，而康熙也尊敬地称其为"额涅"（母亲），康熙的子女称其为祖母。但是，苏麻喇姑始终谦恭谨慎，不仅在孝庄太皇太后面前毕恭毕敬，小心侍奉，而且对比自己小四十多岁的康熙帝奉若神明，在皇帝面前总是以"奴才"自居。

康熙二十六年十二月（1688年1月），孝庄太皇太后病逝，此事给苏麻喇姑以巨大的精神打击，使她陷入无尽的悲伤、孤独和空虚之中。此时的苏麻喇姑已经是七十多岁的老人了，照此下去，对其身心健康极为不利。康熙慎重考虑后，将庶妃万琉哈氏（后来的定妃）所生的年仅两岁的皇十二子胤裪交由苏麻喇姑抚养。按清宫惯例，只有嫔以上内廷主位才有资格抚养皇子。由此可以看出，康熙对苏麻喇姑的信任和重视。苏麻喇姑对于康熙的这一安排，深表感激，同时也感到责任重大。为报答浩荡皇恩，苏麻喇姑再一次担负起抚养和教导皇子的重任。她以无微不至的关爱和孜孜不倦的言传身教，使胤裪健康成长。后来，胤裪成为一位颇有政治头脑和才干的皇子，曾多次奉旨办理各种政务。在康熙末年争夺储位的激烈斗争中，胤裪基本上保持中立，所以在雍正帝即位后，他不仅没有遭到打击和排挤，反而还被封为郡王。乾隆时期，胤祹被晋封为和硕履亲王，授议政大臣。乾隆二十八年（1763年），胤祹以七十九岁高龄寿终正寝。在康熙的儿子中，他是活得最久的。胤祹能够荣列藩封，参与政务，并高寿而终，与苏麻喇姑的教育培养是分不开的，因此，他对苏麻喇姑的感情也明显比其他皇子深。

康熙四十四年（1705年），九十余岁高龄的苏麻喇姑因病去世，走完了传奇的一生。康熙深感悲痛，率领几乎全部的皇子亲送遗体。苏麻喇姑的遗体被移入停放着孝庄遗体的"暂安奉殿"，阔别十八年的主仆终于再次相聚了。雍正继位后，孝庄的遗体被迁入昭西陵。同时，为了照顾苏麻喇姑与孝庄之间的亲密关系，遂将苏麻喇姑的墓地选定在昭西陵以东南新城的东墙外，距昭西陵只有1.5公里，墓的规格为嫔级。

现在，苏麻喇姑的墓地只留有宝顶，似乎还在向人们诉说着苏麻喇姑传奇的一生。

顺治出家

自古帝王多风流，但是纵观中国历史，真正做到"不爱江山爱美人"的帝王并不多见。历史上的美人何其多，其中，顺治的宠妃董鄂氏无疑是幸运的。尽管她过早地香消玉殒，但在其短暂的一生中，顺治为她拂逆了自己的母亲，为她背弃了自己的兄弟，为她抛弃了清朝来之不易的万里江山，最后甚至长伴青灯古佛，终了一生。那么，这位清朝入主中原后的第一位君主，真如人们所说的那样，经受不住失去宠妃的打击，出家当了和尚吗？

顺治并非人们想象中那样，是一个只会拜倒在美人石榴裙下的平庸男人。历史上的清世祖顺治帝——爱新觉罗·福临，是清太祖努尔哈赤的皇孙，清太宗皇太极的第九子，承袭了父辈的优良血统，并身受母亲孝庄皇太后的精心教导。顺治帝于十四岁时开始亲政，掌控大权，广泛吸收中国历代帝王的治国经验。政务之余，他还刻苦学习，涉猎十分广泛。顺治帝在领悟了文教治天下的道理后，开始学习用汉民族固有的生活方式和伦理道德不断完善自己对国家的统治。他深知国计民生为治国的第一要务，所以推行招降弥乱、以扶助剿的军事政策，推行屯田开荒、休养生息的经济政策，并且注重整顿吏治，建立廉洁有效的政府机构。到顺治十六年（1659年），除郑成功势力，顺治帝扫清了全国范围内的抗清武装力量，社会经济得到恢复，在自己这一代实现了清朝统治中原的梦想。

这样一位继承了满人勇猛顽强，又容纳了汉族文治民生思想、刻意求治又实现了权力统一的年轻有为的皇帝，为什么会出现遁入佛门的说法呢？

究其原因，大致可归为两点：

第一，顺治帝在广泛地学习汉文化的同时，接触到了佛教文化。藏于中国第一历史档案馆的清初国史院满文档册对此有相关的记录。顺治八年十一月初七（1651年12月19日），顺治帝与皇太后、皇后一同行猎，驻于河北遵化。次日，顺治帝与一位名叫海寿的法师谈了很久，对佛教产生了浓厚的兴趣。此后，顺治十三年（1656年），顺治帝又多次到京西的海会寺，同寺里的高僧憨璞谈禅，并请憨璞奏列了江南各大名刹的高僧姓名和情况，开始邀请临济宗的高僧入宫阐释佛法。从此，顺治帝经常研读佛经，参悟禅机。根据《啸亭杂录》的记载，顺治帝"博览书史，无不贯通，其于禅语，尤为禅悟。尝召琳、木陈二和尚入京，命驻万善殿，机务之暇，时相过访，与二师谈论禅机，皆彻通大乘"。很多的佛家著述杂记中，都有关于顺治信仰佛教的记载。也许，正是由于顺治帝深深折服于佛法教义，才使"顺治出家"在思想上找到了根源。

第二，宠妃董鄂氏的去世使顺治帝遭遇了前所未有的感情重创。据《清史稿·后妃传》记载，董鄂氏是内大臣鄂硕的女儿，于顺治十三年（1656年）夏天入宫。又据《清世祖实录》卷一百二记载，董鄂氏夏天入宫，在七月份就准备立妃；卷一百三记载，八月二十二日，董鄂氏被正式册立为贤妃，顺治在册文中称赞她"性资敏慧，轨度端和"；卷一百五记载，十二月初六，越级，直接册立董鄂氏为"皇贵妃"，并对正式册礼进行了详细的记录。在册文中，顺治帝再次称赞董鄂氏"敏慧凤成，谦恭有度，椒涂敷秀，弘昭四德之修"，并且颁发诏书，大赦天下，将自己的喜悦心情推及全国。该诏书长190厘米，宽93厘米，目前仍完好地保存在中国第一历史档案馆。董鄂氏从入宫到晋升为宫中最高嫔妃等级的"皇贵妃"，只用了半年时间，可见顺治对其宠爱和重视程度。也正因为如此，董鄂氏的去世对顺治帝的打击是巨大的。顺治十七年八月二十一日（1660年9月25日），在董鄂氏病逝后的第三天，顺治追封其为皇后，谥号为"孝献庄和至德宣仁温惠端敬皇后"，而当时顺治的正宫——孝惠皇后还在位上，这实在是不合礼法的举动。仅仅追封皇后，已经不能表达顺治帝的悲伤，万念俱灰之余，顺治帝只能从长期以来修习的佛教思想中寻找精神慰藉，因此，萌生出家的念头也在情理之中。

通过上面的分析可以了解，顺治"出家"的思想基础和缘由都具备了，那么，顺治帝是否真的"出家"了呢?

顺治十七年（1660年）十月，茆溪森和尚在西苑（中南海）万善殿为顺治帝举行了皈依佛门的净发仪式，但是在茆溪森的师父玉林琇的规劝和要烧死茆溪森的压力下，顺治帝最终还俗。对这一段历史的记载虽然不见于官方史书，但是，广泛地见于僧侣著作中。这些著书立说的僧侣都是当年被顺治帝请进宫里阐释佛法的著名人士，且都是各自分别记录，可信度极高，普遍为史学研究者认可。

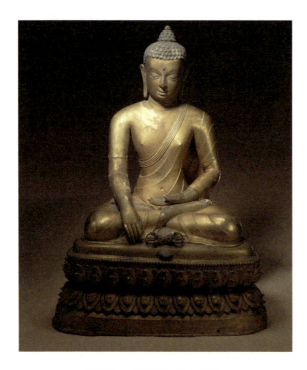

清顺治　铜鎏金释迦牟尼佛

而关于顺治帝的归宿，清代官方史书的记载非常明确。根据《清世祖实录》记载："顺治十八年（1661年），辛丑，春正月，辛亥朔，上不视朝。免诸王文武群臣行庆贺礼。孟春时享太庙，遣都统穆理玛行礼。壬子，上不豫……丙辰，谕礼部，'大享殿合祀大典，朕本欲亲诣行礼，用展诚敬。兹朕躬偶尔违和，未能亲诣，应遣官恭代。著开列应遣官职名具奏'。尔部即遵谕行。上大渐，遣内大臣苏克萨哈传谕，'京城内，除十恶死罪外，其余死罪，及各项罪犯，悉行释放'。丁巳，夜，子刻，上崩于养心殿。"这段话详细记录了从顺治十八年（1661年）正月初一到初七几天内顺治帝的情况：初一，顺治帝免去了群臣的朝贺礼仪，春季祭祀太庙的礼仪也是派官员前往的；初二，顺治帝感到身体不适；初六，由于病情加剧，顺治帝派官员代自己参加大享殿礼仪，并赦免了十恶死罪以外的一切死罪；初七的凌晨，也就是相当于现在零点到一点左右，顺治帝病逝。

清代另一份重要的官方史料《玉牒》中的记载大致与《实录》的记载相同。同时，中国第一历史档案馆中还保存着顺治帝的《遗诏》。根据《清圣祖实录》卷一记载，初六，召原任学士麻勒吉、学士王熙到养心殿，奉完旨意后在乾清门撰拟的。而王熙撰写的《自撰年谱》又对此提供了佐证。

《清圣祖实录》卷一中还记载，顺治十八年二月初二（1661年3月2日），盛殓顺治帝遗体的梓宫（棺材）移放景山寿皇殿；二十一日，清廷举行了"奉安宝宫礼"。可见，此前顺治帝的遗体已经火化了，因为，"宝宫"指的就是骨灰罐。此外，很多僧侣著作都印证了此事。《旅庵和尚奏录》中写明，顺治帝临终前对身边的僧侣嘱咐，因为祖制是火葬，而自己又信奉佛教，所以如果茆溪森和尚能赶到，就由其主持火化仪式；如果没有赶到，就由北京的善果寺和隆安寺来主持。旅庵和尚伴随在顺治帝身边，其记载的与顺治帝的奏对极具真实性。而《五灯全书》中记载，茆溪森和尚在接到旨意后星夜兼程赶抵北京，于四月十七日的一百祭日为顺治帝举行了火化仪式。此记载不但证实了旅庵和尚的说法，同时也与《清世祖实录》记录的百日祭奠、安放宝宫相吻合。

因此，顺治帝的确萌生过皈依佛门的想法，也曾有过具体行动，但最终还是没有实现，于顺治十八年（1661年）正月初七的子时，病逝于养心殿。

"还珠格格"与"公主坟"

民间长大的女孩子进入宫规森严的紫禁城，女孩子的活泼天真与庄严肃穆的皇城威严激烈碰撞，于是产生了啼笑皆非的喧嚣、缠缠绵绵的情感、轰轰烈

景山公园寿皇殿

烈的叛逆和潸然泪下的包容。一时间，《还珠格格》的故事家喻户晓，"小燕子"也成了女孩子羡慕和效仿的榜样。但是，历史上真的有这样一位"民间格格"吗？

作为一部古装偶像电视连续剧，《还珠格格》的影响力就像是一颗重磅炸弹，掀起了一股强烈的清宫热旋风。而原著小说作者琼瑶女士则表示，《还珠格格》的故事是虚构的文学作品，其创作灵感来源于北京西郊的"公主坟"地名。

其实，北京城数百年的历史，埋葬于此的公主数以百计，形成村落的何止数十。但由于年代久远，大多数公主的坟地早已湮灭无痕，形成的村落也所剩无几。现在，北京地区仍然以"公主坟"为名的地方大概有十处，分布在海淀、朝阳、丰台、房山等区。其中，最为闻名的要数北京复兴门外的"公主坟"。关于它的由来，民间有很多传说，其中最具代表性的一种说法是：

> 汉人金泰从小就被满人收养，因立下赫赫战功而被封为元帅。一天，金泰在游园时与公主相遇，两人一见钟情，朝中大臣却从中作梗，奏请皇帝流放了金泰。金泰贫困交加，将不久于人世，便写信告诉了公主，以表自己对她的思念。当公主看到信中所写"见信时我已不在人世"的绝笔时，悲痛之余，服下毒酒，殉情而死。皇帝无奈，将金泰草草埋于香山，而将公主远远地葬在了今天的公主坟。

尽管传说颂扬着浪漫、凄美的爱情，但这也只是传说。据史料记载，"公主坟"确实埋葬着清代的两位公主，此地也因此得名。

这两位公主分别是清仁宗嘉庆帝的两个女儿：皇三女和皇四女。皇三女出生于乾隆四十六年（1781年）十二月十七日，母亲为嘉亲王（后来的清仁宗嘉庆）的侧妃刘佳氏。嘉庆六年（1801年），皇三女受封为庄敬和硕公主，同年十一月嫁给蒙古科尔沁部博尔济吉特氏索特纳木多布济。嘉庆十六年（1811年）三月去世，时年三十一岁。皇四女出生于乾隆四十九年（1784年）九月七日，其母为孝淑睿皇后喜塔腊氏。嘉庆七年（1802年）受封为庄静固伦公主，同年十一月下嫁蒙古族土默特部的玛尼巴达喇郡王。嘉庆十六年（1811年）五月去世，时年二十八岁。

遵循祖制，清代公主下嫁，死后不能葬入皇陵，也不能葬入公婆墓地，必须另建坟茔，所以北京地区才会出现如此多的公主陵园。而皇三女庄敬和硕公主与皇四女庄静固伦公主同年离世，时间相差不过两个月，所以就葬在了一起，从而形成了今天的"公主坟"。但是，当年的"公主坟"与现在的公主坟是不一样的。原来的公主坟墓地有围墙、仪门、享殿等地面建筑，四周及里面广植芳松、翠柏、国槐、银杏等树木。地宫均为砖石结构，非常坚固。双墓均为夫妻合葬墓，陪葬品有兵器、蒙古刀、珠宝及丝绸等物品。

可见，公主坟里的公主是真正的"清朝格格"，而不是出身民间的汉人女子。但是，回顾清朝的历史，据记载，确实出现过一位汉族公主。

清崛起后，有很多明朝将领投降了清廷，其中就有一位名叫孔有德的将领。早在后金崇德元年（1636年），孔有德就受封为恭顺王，出征朝鲜、锦州、松山等地。入关后，孔有德追随多铎追剿农民起义军，镇压了江南各地的抗清斗争。顺治三年（1646年），孔有德授平南大将军，进攻南明永历政权；顺治五年（1648年），改封定南王，出征广西；顺治九年（1652年），被南明将领李定国围困在桂林，兵败自杀，清廷破格予以厚葬。在那场战役中，孔家一百二十余口悉数遇难，仅有一个女儿侥幸存活，名叫孔四贞。清代学者杨陆荣撰写的《三藩纪事本末》中记载："惟一女年十七，逸出城，单骑走京师，哭于朝。世祖怜而养之宫中。"清代叶梦珠在《续编绥寇纪略》中写道："世祖怜之，将册立为妃，知先许孙延龄，乃止。"孝庄皇太后遂收其为义女，封为"和硕格格"，成为清朝唯一的汉族公主。《清史稿》中记载："孝庄皇后育之宫中，赐白金万，岁奉视郡主。"

顺治十三年（1656年），孔四贞与孙延龄成婚，一切按照公主的出嫁礼仪进行。康熙十二年（1673年），三藩之乱爆发，吴三桂起兵谋反。孙延龄竟一度响应吴三桂，反叛清廷，后虽反正，但被吴三桂设计杀死，孔四贞也被吴三桂掳到昆明。三藩之乱平定后，孔四贞辗转回到京城，晚年生活凄凉。著名的清史学家孟森评价说："从此为孤豚腐鼠，不过为孙氏一老寡妇，无争相取重者矣。"经考证，孔四贞死后，很有可能下葬于北京阜成门外的孔王坟，埋在其父的身边。但沈顺根、张鸣两位学者认为孔四贞才是公主坟真正的墓主。

雍正是否篡位

在人们的印象中，雍正帝是一位暴戾的君王。传说，他通过篡权得到了皇位，排挤了原本应该继位的弟弟。但是，也有另外的说法为雍正帝的合法继位正名。那么，这位备受争议的帝王是否真的篡权夺位，通过分析几个焦点问题，相信我们能够渐渐地看清历史的轮廓。

康熙帝一生共有三十五个皇子，成人者二十人，其余早殇。康熙十三年（1674年），考虑到立储问题关系到清朝的长治久安，所以，康熙帝立孝诚仁皇后赫舍里氏所生的皇二子胤礽为皇太子，他对胤礽极为重视，完全按照储君的标准严格教育。但是胤礽从小顽劣，结党营私，对皇权造成严重的威胁，康熙帝对其两立两废。自康熙五十一年（1712年）第二次废掉太子后，他再也没有立太子。但是，不公开册立太子，并不说明他没有考虑过选拔继承人的问题。作为清代历史上一位伟大的君王，康熙帝不可能忽略传位这样关乎国运的大事。因此，康熙帝在第二次废掉胤礽后，很有可能一直在审视众位皇子，挑选符合心意的。

在众位皇子中，皇四子胤禛、皇八子胤禩以及皇十四子胤祯（后改名为胤禵）是比较突出的，其中胤禛与胤祯同为德妃乌雅氏所生，是同母所生的胞兄胞弟，也是"雍正夺位谜案"的两位主角。康熙六十一年十一月十三日（1722年12月20日），康熙帝于北京畅春园驾崩，终年六十九岁。随着康熙帝的离世，他的继承人继位合法性的争议也由此开始。长久以来，关于雍正继位是合法还是篡位争论不休，持"篡位说"的学者其依据大概有以下几点：

第一，雍正篡改了康熙的遗诏，将"皇位传十四子"，改成"皇位传于四子"，从而取代弟弟，篡夺了皇位。

但这个说法是站不住脚的。清代，满语是国语，清代的诏书都是由满文与汉文两种文字书写，前后对照，修改汉文也许很容易，但是满文的"十"是用字母拼成的，无法像汉字那样改变字体和字义。况且，清朝时并不通用简体字，古代汉语中的"于"，其字形为"於"，事关国体的诏书，不可能用别体字。此外，清代的皇子书写制度也与别朝不同。现存的清代档案记载，凡书写皇子时，均写为"皇某子""皇某某子"。目前在中国第一历史档案馆的上万件档案中，尚未发现有例外的情况。据此，如果真有"皇位传十四子"的遗诏，那就是不合祖制；如果加上"皇"字，改为"皇位传皇十四子"，那雍正篡改遗诏后就变成了"皇位传皇于四子"，这根本就不是通顺的语句。

第二，雍正继位以后，大肆删改《清圣祖实录》中对自己不利的记载，而且其撰述的《大义觉迷录》中对继位过程的描述矛盾，疑点很多，可见雍正不是正常继位的。

这样的怀疑是正常的，但是，仅仅根据在位十三年的雍正时期《实录》一百五十九卷、乾隆在位六十年的《实录》一千五百卷、康熙在位六十一年的《实录》三百卷，就认为不正常，就断定康熙时期的《实录》被修改、删除过，似乎证明力也不强。《大义觉迷录》中的破绽是存在的，例如，雍正自述自己在赶到畅春园之前，康熙已经向胤祉等七位皇子及大臣隆科多口述了遗诏的内容，而雍正抵达畅春园以后，却没人告诉他。此后，雍正先后三次觐见康熙，康熙却没有提传诏之事。传位大事向继承人隐瞒，好像不太合情理。此外，《大义觉迷录》出现于雍正七年（1729年），书中提到的给雍正继位作证的八个人，除了胤祥和胤祐，其余六人，或已死，或被禁锢中，或已被革去爵位，自然不会有人出来否认，诸如此类的疑点使得雍正继位的合法性存疑。

应该说，关于雍正继位这段历史，确实有很多疑点颇多的记载。雍正继位以后，想必也是流言四起，纷纷猜测其谋权篡位。名不正则言不顺，因此皇位也会不稳，政局必然动荡。刚刚继位就遭遇此事，必然要采用一些极端的军政手段稳定政局，但是，树欲静而风不止，想必雍正也是无奈之下，撰写了《大义觉迷录》来为自己辩解。但即使作为整个事件的核心，也不可能完全掌控全局，有很多细节是处于当时的时代与环境下无法洞悉的。而当今的人们在拿着放大镜找破绽，再根据想象推测，臆测出来的事情很可能偏离历史事实，而遗留下来的五花八门的史料又都是当时各种各样背景的人依据各自的理由撰写的，带有很强的个人感情色彩，因此，这些史料的真实性不能确证。

《清圣祖实录》中的记载则更为可靠些，详细地记录了雍正被授以皇位的经过："康熙六十一年，壬寅，十一月……庚寅（初九），上因圣躬不豫，十五日南郊大祀，特命皇四子和硕雍亲王胤禛恭代。皇四子胤禛以圣恭违和，恳求侍奉左右，上谕曰……皇四子胤禛遵旨于斋所致斋。辛卯（初十），皇四子胤禛三次遣护卫、太监等至畅春园候请圣安。上传谕，'朕体稍愈'。壬辰（十一日），皇四子胤禛遣护卫、太监等至畅春园候请圣安。上传谕，'朕体稍愈'。癸巳（十二日），皇四子胤禛遣护卫、太监等至畅春园候请圣安。上传谕，'朕体稍愈'。甲午（十三日），丑刻，上疾大渐，命趣召皇四子胤禛于斋所，谕令速至。南郊祀典，著派公吴尔占恭代。寅刻，召……允祉……允祐……允禩……允禟……允䄉……允裪……允祥、理藩院尚书隆科多至御榻前，谕曰，'皇四子胤禛人品贵重，深肖朕躬，必能克承大统，著继朕登基，即皇帝位'。皇四子胤禛闻召驰至，巳刻，趋进寝宫，上告以病逝日臻之故。是日，皇四子胤禛三次觐见问安。戌刻，上崩于寝宫。"这段记载足以说明雍正继位是有证可循的。

第三，雍正继位以后，推行的政策极为暴戾，皇八子胤禩、皇九子胤禟被害死，皇三子胤祉被革职削爵，隆科多、年羹尧均遭清洗，等等，这说明雍正帝要将帮助自己夺权以及知道内情的一干人全部清除。

此说法看似合理，实为不然。其实雍正的政策并没有不妥的地方。皇八子胤禩本身就曾是皇位的热门人选，皇九子胤禟等人均牵涉其中。雍正继位之初，面对其他皇子以及他们周围政治势力的虎视眈眈，不得不采取一些必要的措施，使政权得以较为平稳地过渡。不可否认，这些军事铁血手腕的确起到了稳定政局的作用，在打击威胁势力的同时，巩固了皇权。而隆科多、年羹尧两人均结党营私、居功自傲，对皇权产生了威胁，处理这两人是很正常的。关于这两人的死，史料都有记载，我们没必要与雍正是否篡位的事件联系起来。

第四，雍正对皇十四子胤禵的态度很奇怪，自己继位后，马上将他削职软禁，改了名字，直到雍正死去，他才恢复自由。这说明雍正忌惮胤禵，因为自己是顶替篡位的。

对皇十四子胤禵的处理，与处理皇八子胤禩的道理和理由是一样的，没理由处决了胤禩，却放过胤禵。而且胤禵手握兵权，对皇权的威胁更甚。然而，雍正对自己的同胞弟弟还是手下留情了。至于将胤禵的名字改为"允禵"，这没有什么特殊含义。雍正继位后，所有兄弟的名字中的"胤"都改成了"允"，以避讳。而胤禵名字中的"禵"字与雍正名字胤禛的"禛"字是同一个音，为了避讳皇帝名号，所以改成了"允禵"。

当然，还有一些说法和疑问，都颇具传奇色彩，但捕风捉影、缺乏实证支持的居多，此处不便一一反驳。

其实，要判断雍正帝是否篡夺皇位，首先要明确康熙帝对众位皇子的态度以及他在离世前的一系列举动，毕竟康熙帝的态度和最后的行为才能够显示出他心目中的储君人选。皇四子与皇十四子都是热门人选，尤其是皇十四子，聪明过人，才能出众，极有可能是康熙帝重点考察的对象。但是在争夺皇位的过程中，康熙帝对两位皇子的态度渐渐地有所分别。在第一次废黜皇太子胤礽时，皇四子胤禛对胤礽表现出了极大的同情，从而给康熙帝留下了很好的印象。康熙帝曾亲自下诏褒奖："前拘禁胤礽时，并无一人为之陈奏，惟四阿哥性量过人，深知大义，屡在朕前为胤礽保奏，似此居心行事，洵是伟人。"胤禛是年长的阿哥，平日经常参与朝中和宫中的事务，深得康熙帝的好评，说众皇子中，唯胤禛"朕亲抚育，幼年时微觉喜怒不定，至其能体朕意，爱朕之心，殷勤恳切，可谓诚孝"。康熙五十七年（1718年），西北战事起，康熙帝选中了皇十四子胤禵，任命他为抚远大将军，赴西北平息战事，并为他举行了隆重的欢送仪式，给了他极好的机会登上政治舞台。此后，康熙帝降诏西北各部，要他们听命于"大将军王"（指胤禵），以提高其在军中的威望。此时，整个局面向着有利于胤禵的方向发展。但是，胤禵在西宁建立衙府，收受贿赂，恃功骄纵，虽人在西北，却仍与京中争位势力有所勾连，这令康熙帝很失望。康熙六十年（1721年）十一月，胤禵回京述职，康熙帝对西北的政策虽转为招抚，却仍在康熙六十一年（1722年）四月，将胤禵派往了前线。同年十一月，康熙帝病重之时，让胤禛代自己行南郊冬至祭天大礼，这不得不让人怀疑，康熙帝已无传位于皇十四子胤禵的意思，而将重心转移到皇四子胤禛身上了。

乾隆的血统之谜

传说，清圣祖康熙曾认为自己的皇孙弘历（即乾隆）是"贵富天然"的福命，遂将皇位传给了雍正，以便以后乾隆继位。此事真假众说纷纭，但能够证实的是，乾隆帝确实是一位很有福气的皇帝，不仅治世繁荣安定，本人也健康长寿。但是，乾隆帝的身世引发了争议。有人说乾隆是满汉混血，也有人说这位清朝的皇帝根本就不是满族人。那么，乾隆帝的血统究竟有没有问题呢？

　　关于乾隆的身世，民间流传着一个极具传奇色彩的版本。该版本广泛地记载于清末的野史笔记中，《清秘史》《清朝野史大观》中都有记撰。该版本大概是说：康熙年间，海宁有个陈姓的人家入朝为官，与雍亲王一家的关系很好。两家于同年同月同日各生下了一个孩子，陈家的孩子是个男孩，雍亲王家的是个女孩，于是，雍亲王用自己的孩子换了陈家的孩子，而这个被调换的男孩就是后来的乾隆。乾隆长大后得知了自己的身世，对海宁陈家极为优待，自己六下江南就是去亲生父母家探望，还亲笔在陈家的宅堂题写了"爱日堂""春晖堂"两块牌匾，以表示自己尊敬和孝敬父母的意思。此外，那个换到陈家的"公主"长大以后，嫁到了江苏常熟巨室蒋家，蒋家还特意为其建了一座"公主楼"。

　　根据这个说法，清高宗乾隆，即爱新觉罗·弘历根本就不是满人，更不要说是努尔哈赤的子孙了。应该说这个说法太大胆了，或者说太离谱了。研究清史的学者们也予以了驳斥。根据史料记载，海宁在清代隶属杭州府，是滨海的一个小县。而陈氏是官宦世家，陈氏子孙在康熙、雍正、乾隆年间都曾在朝为官。乾隆六下江南巡查河务，视察前线修塘，总要找个好一点的住所。海宁是小城，而陈家花园算是最好的地方了，住在此处没什么不妥。陈家花园本名"隅园"，乾隆改名为"安澜园"，为水波不兴之意，可见来

乾隆朝服像

此的目的是巡视海塘工程。此外，陈家花园与陈家住宅隔了几里远，且乾隆一次也没有召见过陈氏子孙，更谈不上所谓的"探望生身父母"了。至于恩宠陈家，这在乾隆时代根本谈不上。据记载，一次陈世倌拟旨有错，乾隆痛斥其："无参赞之能，多卑琐之节，纶扉重地，实不称职！"而后，乾隆听闻陈世倌在山东兖州偷置田产，资财来源不明，遂将其革职严办。至于那两块牌匾，据《清史稿·陈元龙列传》记载，康熙三十九年（1700年）四月，康熙帝在偏殿召见大臣，一时来了兴致，写字请大学士欣赏，并说："尔等家中各有堂号，不妨直言，当书以赐。"陈元龙奏称："老父年逾八十，拟'爱日堂'三字，请皇上赏赐。"康熙帝遂提笔写了此匾。康熙五十二年（1713年），陈邦彦奏请皇帝赐字，以褒奖自己的母亲陈家黄氏守寡四十余年，矢志不嫁，以及对自己的抚育之情。康熙帝准了陈邦彦的奏请，写了"节孝"两字赐之，不久又赐予"春晖堂"牌匾。可见，这两块牌匾是康熙帝准许在朝为官的陈氏子孙所奏请，赐予陈家的，与乾隆帝根本没关系。至于所谓的"公主楼"，更是无稽之谈。当然，最重要的理由是，乾隆生于康熙五十年（1711年），雍正帝时年三十四岁，生有四个儿子，尽管其中三个早殇，但有一子弘时已经八岁，另有一福晋耿氏已怀孕五个多月，雍正帝当时不缺子嗣，也不用担心以后缺子嗣。而且，当时康熙帝身体也很好，皇太子胤礽仍在位上，对于雍正来说，何时传位以及是否能够传至自己都是未知数，实在没有必要去换孩子。更重要的是，清代皇子、皇孙的出生有一套极其严密的验看、奏报、记录制度，申报时是女孩，过几天变成了男孩，这样的传闻实在是太可笑了。而雍正帝作为"康乾盛世"承前启后的人，其英明伟岸自不必说，所以，关于"换子"的说法实属恶意丑化和讽刺。

那么，乾隆帝的身世为什么会引发争议呢？主要是关于乾隆的出生地出现了两种说法，而且官方对此的说法也比较混乱，不能统一。而由出生地的分歧又出现了对乾隆生母的疑问，导致围绕乾隆的身世血统产生了很多的争议。

乾隆帝认为自己出生于雍和宫，也就是雍亲王府。乾隆继位以后，把父亲雍正帝的画像供奉于雍和宫的神御殿，每年正月都要去瞻仰一番。乾隆五十年（1785年）正月，乾隆到雍和宫瞻仰礼拜后，作诗曰：

首岁跃龙邸，年年礼必行。

……

来瞻值人日，吾亦念初生。

这首诗的意思是：在正月初七"人日"那天到雍和宫做礼拜，不禁感念当初自己就是生在这里。类似的诗句乾隆写了很多。特别是在一首雍和宫纪事诗中，乾隆很明确地写道："斋阁东厢胥熟路，忆亲唯念我初生。"通过此诗，乾隆不仅认定自己出生于雍和宫，还隐隐地暗示了具体地点，即为雍和宫的东厢房。

但是，乾隆帝还在位时，就有很多不一样的传闻。有一种说法认为乾隆并非生于雍和宫，而是生于承德避暑山庄。

乾隆朝时，一位名叫管世铭的军机章京，经常随乾隆驻游承德避暑山庄外的狮子园，对宫中之事应该是比较了解的。他在随乾隆到承德避暑山庄打猎的过程中，写下了三十四首诗，其中的第四首写道：

庆善祥开华渚虹，降生犹忆旧时宫。

年年讳日行香去，狮子园边感圣衷。

在这首绝句之后，管世铭作了如下注解："狮子园为皇上降生之地，常于宪庙忌辰临驻。"意思是说，狮子园是皇上的降生地，所以皇上常常在先帝雍正驾崩的忌日到那里小住了几日。大概乾隆在晚年时对自己出生地的流言蜚语已有耳闻，便在自己七十二岁那年正月到雍和宫拜佛后写诗作注说："余实康熙辛卯生于是宫也。"此后，乾隆于七十九岁那年正月到雍和宫拜佛后，又写下一首七律诗，在注释中乾隆再次重申："予以康熙辛卯生于是宫，至十二岁始蒙皇祖（指康熙）养育宫中。"乾隆多次强调自己出生于雍和宫，以辟谣言。

但是，乾隆的继承人——嘉庆竟然也认为父亲出生于承德避暑山庄。嘉庆登基那年（1796年）八月，乾隆以太上皇的身份到避暑山庄过生日，嘉庆写诗庆贺，前两句为："肇建山庄辛卯年，寿同无量庆因缘。"嘉庆在这两句后面注释说："康熙辛卯肇建山庄，皇父以是年诞生都福之庭……此中因缘不可思议。"意思是"皇父"乾隆于康熙辛卯生于避暑山庄，与康熙肇建山庄恰好同时，这其中的因缘确实"不可思议"。第二年，乾隆再次到热河行宫过生日，嘉庆还是这么说的。不过，嘉庆十二年（1807年），嘉庆在为乾隆编写的《实录》和《圣训》中发现，编修官们将乾隆的出生地写为雍和宫。嘉庆开始意识到事情的严重性，在阅读了大量乾隆生前写的诗作后，嘉庆命人在最具权威的官方典籍《实录》和《圣训》中，将乾隆的出生地修正为雍和宫。由此，乾隆的出生地便有了权威的说法。但正是由于中间的一段插曲，使得大家在这个问题上众说纷纭，莫衷一是，还衍生出了对乾隆生母的疑问。

在1944年5月出版的《古今文史》中，有一篇《清乾隆帝的出生》记述了这样的故事：一次，雍正随康熙到热河行宫狩猎时，射到了一只梅花鹿，雍正追这只鹿追得又累又渴，便喝了很多鹿血。鹿血有很强的壮阳功能，雍正喝完后感到身体不适，便随意临幸了一位李姓的汉族宫女。时值冬季，雍正没有在意便回京了。第二年秋季，宫女在草棚里生下了一个男孩，即是后来的乾隆。这个说法流传很广，但也有很大的漏洞。据《清圣祖实录》记载，康熙四十九年（1710年）五月初一，雍正随康熙到热河狩猎，当年九月初三随驾返京。也就是说，雍正九月就回京了，怎么可能在冬季临幸李姓宫女呢？此外，如果这名宫女是在九月初三前怀孕的，那孩子就应该在次年的六七月出生，而乾隆是生于八月，这名宫女怎么可能坚持到八月再生呢？这显然不合理。而且，清代家法、规制非常严格，皇子勾搭宫女，以秽乱宫廷罪论处，罪名相当严重。雍亲王如果真和宫女关系暧昧，一定会受到重处，更不要谈继位了。

清皇室族谱《玉牒》中记载："世宗宪皇帝（雍正）第四子高宗纯皇帝（乾隆），于康熙五十年辛卯八月十三日，由孝圣宪皇后钮祜禄氏、凌柱之女诞生于雍和宫。"这段文献表明，乾隆是由钮祜禄氏生于雍和宫的。

此外，乾隆对钮祜禄氏的态度，也是乾隆为钮祜禄氏亲生的佐证。乾隆对母亲非常孝顺，还特意命能工巧匠用三千多两黄金制作了一个金发塔，专门用来存放母亲钮祜禄氏梳头时掉下来的头发，可见乾隆母子的感情非常深厚。

至此，关于乾隆血统的诸多说法都是不可靠的，乾隆作为爱新觉罗一脉的子孙，是无可争议的事实。

乾隆的"私生子"

　　作为一名臣子，福康安似乎得到了乾隆太多的宠爱和恩典，所以，后世对他们之间关系的猜测从未停止。难道真的是因为福康安是乾隆帝的私生子，所以才被乾隆区别对待吗？

　　根据史料记载，福康安的父亲傅恒是孝贤皇后的弟弟，满洲镶黄旗人。傅恒在乾隆时历任侍卫、总管内务府大臣、户部尚书等职，授军机大臣加太子太保、保和殿大学士、平叛伊犁统帅，是乾隆帝倚重的大臣。傅恒一共有四个儿子，依次为福灵安、福隆安、福康安和福长安。父亲有如此功勋，孩子们自然从一出生就备受重视。长子福灵安，封多罗额驸，曾随兆惠出征回疆有功，任职正白旗满洲副都统；次子福隆安，封和硕额驸，做过兵部尚书和工部尚书，封公爵；第三子福康安；第四子福长安，任户部尚书，后来封到侯爵。《清宫词》中用一句"外家恩泽古无伦"形容此事，可见傅恒满门富贵，举朝莫及。

　　在傅家的四个孩子中，第三子福康安最受乾隆恩宠。福康安生于乾隆十八年（1753年），八岁时被带入内廷，与众位皇子一起在上书房读书。乾隆待福康安如亲子一般，亲自教养，并在其十二岁时加封贝子。福康安长大后，乾隆更是对其委以重任。福康安曾先后担任侍卫统领、户部尚书、军机大臣，直至武英殿大学士；死后又被乾隆赐谥文襄，追封为嘉勇郡王，配享太庙。这样的隆恩际遇在皇族以外的外姓大臣中极为少见。也正因为如此，福康安的出身才与乾隆牵扯上了暧昧不明的关系。

　　据民间传说和野史记载，福康安是傅恒的夫人与乾隆所生的私生子。相传傅恒的夫人是满洲有名的美人。一次，皇太后游园时，后妃、公主、内命妇们随行侍候，乾隆在众人中一眼看中了傅恒的夫人。不久，皇后寿辰，宫中大摆宴席，内命妇们纷纷入宫道贺，傅恒的夫人也不例外。乾隆也早早到席，两人眉来眼去，情愫暗生。此后，傅夫人常常被召入宫中，名为陪皇后散心，实为与乾隆私会，甚至生下了孩子，就是福康安。后来，皇后察觉了此事，便力谏乾隆要注意形象。乾隆不但不听劝阻，反而斥责皇后。皇后忍无可忍，忧愤自尽。

但这仅仅是野史传说，没有任何证据证明。事实上，乾隆与孝贤皇后的感情非常深厚，不存在皇后因为乾隆与傅夫人私通而忧愤自杀的事情。据史料记载，孝贤皇后，原名富察氏英绮（一说容音），雍正五年（1727年）经清世宗雍正指婚，封为宝亲王弘历嫡妃。乾隆二年（1737年）册封为皇后，先后育有皇二子永琏、皇十一子永琮，但均早夭。乾隆十三年（1748年）正月，孝贤皇后随驾东巡，三月十一日死于回銮途中的德州舟次，享年三十七岁，追谥为孝贤诚正敦穆仁惠徽恭康顺辅天昌圣纯皇后。孝贤皇后性贤淑，尚节俭，不奢华，孝敬太后，敬重乾隆。孝贤皇后死后，乾隆悲痛万分，曾经连续九天为皇后灵柩添摆供品，并写下《述悲赋》来表达对皇后的哀思与怀念。其中写道："易何以首乾坤？诗何以首关雎？惟人伦之伊始，固天俪之与齐。""悲莫悲兮生别离，失内位兮孰予随？"可见，乾隆对孝贤皇后情意真切，恩爱相敬。或许正是因为乾隆对富察皇后万分宠爱，才在其死后对其娘家格外恩遇，使其全家受封爵位的有十四人之多，富察家的荣耀可谓绝于朝野。

此外，除了孝贤皇后对他的影响，福康安得天独厚的条件还源于自己的父亲。傅恒虽是外戚，却没有坐享荣华富贵，而是致力于朝务军政，为君分忧，为国效力，立下赫赫战功，曾先后参与平定大、小金川和卫拉特蒙古准噶尔部叛乱。乾隆三十四年（1769年），傅恒率军入缅甸作战，连克敌军，虽身患重疾，但仍带病督军奋战，后与云贵总督阿桂合兵并进老官屯，久攻不下，遂乘

孝贤纯皇后朝服像

缅军遣使请和，疏奏罢兵。乾隆三十五年（1770年），傅恒班师回京，不久病逝。傅恒的忠君爱国深为乾隆所感念。所以，傅恒死后，乾隆追谥其为"文忠"，并亲临傅府祭悼，还作了一首悼亡诗，诗云："平生忠勇家声继，汝子吾儿定教培。"诗中竟将傅恒的孩子视作亲子，亲自教导，可见乾隆对这位忠勇家臣的深厚情谊。

出身功勋卓著的官宦世家自然是无上的荣耀，但福康安自身的努力才是其功成名就的主要原因。十九岁时，时任头等侍卫的福康安就跟随定西大将军温福征剿大金川，开始了戎马生涯，此后担任过吉林将军、盛京将军、成都将军、四川总督、陕甘总督、云贵总督、闽浙总督、两广总督等职。福康安作战勇猛，足智多谋，一生驰骋疆场，所向披靡。乾隆三十七年（1772年），福康安率军平定大、小金川叛乱；乾隆四十九年（1784年），福康安平定甘肃起义；乾隆五十二年（1787年），福康安远涉东南，平定了台湾林爽文起义；乾隆五十六年（1791年），福康安领军前往尼泊尔击退了廓尔喀族的入侵，甚至一直打到尼泊尔首都加德满都，使清军取得了重大胜利。福康安为清朝驰骋疆场二十余年，转战南北，战功赫赫。鉴于他的功绩，乾隆曾想封他为王，但考虑富察氏一门太盛，便放弃了，但将三个六品官缺赏于福康安，以示恩宠。乾隆六十年（1795年），福康安奉命带兵镇压苗民起义，初战告捷，就在成功指日可待之时，却由于长途跋涉和紧张的战事病倒了，但他仍带病督军，不久病逝于军中。乾隆对福康安的死十分悲恸，写出"到处称名将，功成勇有谋。近期黄阁返，惊报大星流。自叹贤臣失，难禁悲泪收。深恩纵加增，忠笃哪能愁"的诗章感念福康安，并追封其为嘉勇郡王。

作为清朝名将，福康安的功绩被永远镌刻在史书之上。有如此功勋，得到乾隆帝的垂青，晋爵封王，实在是再正常不过的事。而乾隆与福康安之间所谓的暧昧关系，也只不过是人们茶余饭后、闲散无聊时谈论的传奇故事罢了。

慈禧的出身

慈禧太后是人们在研究清代历史时不能回避的一个人，一个掌控清朝政权近半个世纪的女人。由于她的统治，叶赫那拉氏取代爱新觉罗成为帝国新的统治姓氏。这位最终爬到权力巅峰的女人是贵族出身吗？

满族的姓氏有很多，其中最显赫的有佟（佟佳氏）、关（瓜尔佳氏）、马（马佳氏）、索（索绰罗氏）、赫（赫舍里氏）、富（富察氏）、那（那拉氏）、郎（钮祜禄氏）八大姓氏，称为"满洲八大姓"。此外，也有将伊尔根觉罗、舒穆禄、费莫、董鄂、辉发、乌喇、兆佳等姓氏列入其中的。在众多的姓氏当中，我们对那拉氏的熟悉程度应该是比较高的。那拉氏是一个古老的姓氏，最早可以追溯到先秦时期的黄河流域一带。此后，古女真族、蒙古族、高丽族、羌族等少数民族部落逐渐出现了那拉姓氏的演化，属于以部落名称汉化为氏，并在汉化过程中，出现了很多不同的音译，例如纳喇、纳兰、纳拉等。那拉氏在女真族是一个庞大的姓氏，其中包括乌喇那拉氏、哈达那拉氏、辉发那拉氏、那木都鲁氏、赫特那拉氏、夸尔那氏、玛那依尔氏、莽那特氏、那克塔氏、那勒加氏、那木图氏、纳塔氏等。清朝钦定《八旗满洲氏族通谱》中记载：那拉氏"为满洲著姓，其氏族散处于叶赫、乌拉、哈达、辉发及各地方，虽系一姓，各自为族"，可见该姓氏派系的庞大。在众多的支系中，叶赫支系应该说是比较闻名的一支。该支系起源于明朝末期叶赫国主之族，下辖十五部，其先祖本为蒙古族土默特氏，后灭扈伦那拉部，占据其地，遂改姓那拉，自号叶赫那拉氏。此后，叶赫部被努尔哈赤征服，并随后金南征北战，为满族的形成和清朝的建立奠定了基础。清军入关后，那拉氏大部分移居关内，被派到各地驻防。那拉氏一族在清朝身居高位且地位显赫的人有很多，例如清太祖努尔哈赤的孝慈高皇后、清德宗光绪的孝定景皇后，以及清代名臣苏克萨哈、纳兰明珠及其子纳兰性德，等等。其中，清文宗咸丰的孝钦显皇后叶赫那拉氏，即慈禧，可以说是显贵中的显贵。

但是，显赫的姓氏就意味着显贵的家世吗？这可不一定。因为那拉是一个大姓，所以这个姓氏的人很多，其中既有王侯公卿，也有普通满族人，所以并非所有姓那拉的人都是显贵出身。

尽管慈禧顶着叶赫那拉的满族大姓，但也并不能证明其是贵族出身。按照常理，像慈禧这样的人物，其身世背景应该会被记录得非常详细。然而，清宫档案、国朝正史等资料对慈禧的童年生活都极少有记载，所以关于慈禧的身世背景引发了很多争议。很多学者纷纷以民间传说、慈禧的嗜好、散乱存于各地的史料记载为依据，对慈禧的身世提出了不同的说法。近年来，山西一位名叫刘奇的学者提出了一种全新的说法，称慈禧不是满人，而是一位命运离奇的汉族姑娘。

根据这位学者的考证，1835年，慈禧出生于山西长治县西坡村一个名叫王增昌的贫穷农民家庭，取名为"王小谦"。由于家境贫寒，四岁的慈禧被卖给本县上秦村宋四元做女儿，并改名为"宋龄娥"。慈禧十二岁时，又被卖到正在潞安府做知府的惠征家为婢，改名为"玉兰"。有一次，玉兰在服侍惠征夫人洗脚时，看见她脚底有一颗痣，便说自己两只脚底都有痣。惠征夫人听后大惊。两只脚底都有痣，那是做皇后的命。于是，惠征夫人不敢再让玉兰做婢女了，而是将她认作干女儿，并精心培养。到了咸丰二年（1852年），宫中大选秀女，玉兰便以惠征之女、叶赫那拉氏的身份入选宫中。

这一说法的提出引起了极大的轰动。该学者还撰写了《慈禧童年》一书，并在书中列举了大量证据证明慈禧是汉人的说法，包括：西坡村王英培的家谱上有"王小谦后来为慈禧太后"的记载；西坡村外羊头山的山脚下有慈禧母亲的坟；上秦村宋家后人宋六则和宋德文家中有祖传的光绪、宣统年间清廷制作的皮夹式清代帝后宗祀表；在宋六则家中还发现了一封慈禧寄给其堂兄宋禧馀的感谢宋家养育之恩的信件残片和慈禧本人的单身照片；同时，这个村还留着慈禧幼年时曾住过的房子，为了纪念，改名为"娘娘庙"。此外，作者还列举了慈禧与长治当地民风有关的一些习惯，如慈禧喜欢吃长治人常吃的萝卜团子、壶关醋、玉米糁粥、沁州黄小米，爱看上党梆子等。这一说法在慈禧的御前女官裕德龄所著的《清宫二年记》中也可以得到印证。书里面曾记载慈禧太后"喜欢乡村生活，觉得那比宫里的生活自然得多"。这个版本新奇无比，但缺乏强有力的证明，仅凭那些根据慈禧的生活习惯、民间传说而产生的臆测，实在不能算是证据，就连那些所谓的信件残片、宗祀表之类的，也难以让人信服。

根据《清史稿·后妃传》的记载："孝钦显皇后，叶赫那拉氏，安徽徽宁池广太道惠征女，咸丰元年（实际为咸丰二年），后被选入宫，号懿贵人，四年封懿嫔，六年三月庚辰，穆宗生，进懿妃。七年，进懿贵妃，十年，从幸热河。十一年七月，文宗崩，穆宗即位，与孝贞皇后并尊为皇太后。"这段记载将慈禧的身份说得很清楚。

为了可以更清晰地了解慈禧的身世，考察慈禧的祖辈是很有必要的。根据清宫档案记载：慈禧的曾祖父名叫吉郎阿，镶蓝旗人，曾在户部做官，后来因为户部的粮食亏空问题受到牵连被罢了官；慈禧的祖父名为景瑞，曾在刑部做官，由于受到父亲的牵连，也被革职；慈禧的父亲名为惠征，道光十一年（1831年）任吏部笔帖式，道光十四年（1834年）经考察被定为吏部二等笔帖式，道光十九年（1839年）升为八品笔帖式，道光二十三年（1843年）经再次考察定为吏部一等笔帖式，道光二十六年（1846年）调任吏部文选司主事，道光二十八年（1848年）被调任为山西归绥道道员，咸丰二年（1852年）调任安徽宁池太广道任道员。慈禧出生于道光十五年（1835年），从惠征的履历表可以看出，慈禧出生时惠征正好在京任职，因此，慈禧应出生于北京。关于慈禧的身世，这个说法是最有说服力的，不但得到很多学者的认同，而且还得到了慈禧娘家后人的认可。同时，学者们还澄清了另一个错误，就是慈禧的乳名并不叫兰儿，她的娘家人都叫她"杏儿"，而慈禧的全名是"叶赫那拉·杏贞"。

既然慈禧的身世基本上清晰了，那么，慈禧的娘家算不算显贵呢？这要取决于慈禧父辈们的官爵。通过上面的分析可以得知，慈禧的曾祖和祖父虽然曾在户部和刑部做官，但均被贬官革职了。慈禧的父亲惠征在出仕时任笔帖式。笔帖式是什么官呢？笔帖式，满语意为办理文件、文书的人。清代各部院、内行衙署均设置此职，主要掌管翻译满汉奏章文书、记录档案文书等事宜。由于分工不同，各具体部门的笔帖式的职能略有不同。笔帖式为国家正式官员，有品级，早年为五品、六品，雍正以后，除极少数主事衔笔帖式为六品，一般为七品、八品、九品。在慈禧被选中入宫前，惠征还做过吏部文选司主事，正六品；山西归绥道道员，五品或五品以上。由此可见，惠征的官职并不是很高，至少不是王公贵戚的显贵家庭，只能算是一般的满族官宦家庭。但这种局面在慈禧入宫以后就改变了，尤其是慈禧生下载淳后，其地位已是其他后妃所不能比拟的。咸丰死后，载淳继位，慈禧被尊为圣母皇太后，而慈禧的娘家人也在慈禧掌权后，纷纷加官晋爵。慈禧不但追封其父为承恩公（后由弟弟承袭），而且将母家旗籍由下五旗的镶蓝旗提升到上三旗的镶黄旗。随着慈禧的野心越来越大，慈禧及其家族的权势达到了高峰。慈禧死后，清政府上谥号为"孝钦慈禧端佑康颐昭豫庄诚寿恭钦献崇熙配天兴圣显皇后"，总共二十五个字，为清代历任帝后身后哀荣之最。而慈禧一家的荣耀显贵，皆源于这个叶赫那拉氏女子。

溥仪的母亲

关于溥仪生母的猝死，按以往的说法是因为受到端康皇贵妃（即光绪帝的瑾妃）的申斥而被逼自杀的，如溥仪在《我的前半生》一书中就说："……据说，我母亲从小没受别人申斥过一句。她的个性极强，受不了这个刺激。她从宫里回去，就吞了鸦片烟。后来端康担心我对她追究，从此便对我一变过去的态度，不但不再加以管束，而且变得十分随和。于是紫禁城里的家庭恢复了往日的宁静，我和太妃们之间也恢复了母子关系。然而，却牺牲了我的亲生母亲……"关于溥仪生母的死，还有一种尚待确证的说法。

溥仪与溥杰的生母名叫瓜尔佳·幼兰，人称"八妞"，在世时声名赫赫。她是慈禧太后手下重臣荣禄的掌上明珠，由慈禧指婚嫁给醇亲王载沣，是个敢说敢干的女人。她的猝死，一般传言是起因于溥仪与端康皇贵妃的矛盾，在被端康皇贵妃斥责罚跪后，因不堪受辱而自杀。就连溥仪所著的《我的前半生》一书中也持这种说法。

而据贾英华所著的《末代皇弟溥杰传》披露，参与"复辟"的秘密活动未果以及端康皇贵妃的迁怒，才是真正导致溥仪生母愤而辞世的主要原因。

溥杰夫妇

这件事真正的导火索还是溥仪。随着溥仪日渐长大，端康皇贵妃对他的控制也愈加强烈。端康皇贵妃是个庸碌无识的女人，一心效仿慈禧，想把溥仪控制于股掌之中，却不料自己并无慈禧的地位、权势，溥仪也非光绪一般软弱可欺，大臣们更不愿因她而得罪年轻的皇帝，还有宫中同治帝三位妃子的侧目，使她越发感到势孤力单。于是，端康皇贵妃在恼羞成怒后，借口溥仪买洋袜子而责打太监，斥退与溥仪交好的太医，这都成为溥仪与端康皇贵妃矛盾爆发的契机。

终于，溥仪在端康皇贵妃一顿劈头盖脸的斥责之下，忍无可忍，当面顶撞。端康皇贵妃丢了面子，怎肯善罢甘休，先是招来载沣哭诉，又将瓜尔佳氏传进宫，命她谴责溥仪。

对于溥仪的逊位和清朝的覆亡，瓜尔佳氏是心有不甘的。不甘导致了她与宫中的端康皇贵妃频繁往来，不但联合宫中旧势力进行策划，而且由她出面拿宫中的珍宝去贿赂荣禄的旧部，参与他们的"复辟"活动。结果是"复辟"遥遥无期，而珍宝也打了水漂。

端康皇贵妃（中坐者）与太监们合影

瓜尔佳氏在这场宫廷冲突中，始终左右为难，既无法说动载沣和溥仪，也无法止息端康皇贵妃的盛怒。表面上，瓜尔佳氏只能无可奈何地维护宫廷的利益，站在端康皇贵妃一边。而溥仪却告诉她，自己仿佛是当年的光绪，终日处在端康皇贵妃所派太监的监视之下。她听后愈加感到为难。

更可怕的是，端康皇贵妃发疯似的斥责她对溥仪管教不严，还公然责问她以活动"复辟"为由，从宫中拿走大量珍宝，到底是去贿赂了军阀，还是她中饱私囊……这大大刺激了性格刚烈的瓜尔佳氏。她受不了这有生以来的奇耻大辱，在宫中一番长跪痛哭之后，绝望地返回了醇王府，接着就传出了醇亲王福晋暴毙的噩耗。她是抱定了必死的决心——活生生吞了鸦片烟，而且是就着烈性白酒喝下去的，使一切救治都徒劳无功。是抗争？是辩白？答案也随她自己葬入地下了。

母亲命归黄泉，溥杰痛不欲生。瓜尔佳氏亲笔署名给他留下了一封遗书，更令他几天几夜无法安眠："我的儿，你千万不要忘记你额娘的死，是为清朝的江山而走的。在我走后，你要听从你阿玛的话，帮助你哥哥溥仪匡复清朝……"可见，真正置她于死地的乃"复辟"清朝江山未果。

就在她刚刚闭上双目时，载沣对醇王府所有的知情者下了命令："绝不允许在外人面前泄露一点自杀的痕迹！"

载沣的命令使事件真相近一个世纪以来不为世人所知，而溥仪在特赦之前的数十年间，家人怕招惹祸患，故意掩盖事实，溥仪根本就无从得知他的生母猝死的前因后果。

建福宫火灾

建福宫位于紫禁城内廷西路的西六宫西侧，乾隆七年（1742年）修建而成。乾隆帝将他最钟爱的珍奇文物收藏于此，并经常在花园内写诗赏画。嘉庆七年（1802年）重修后，嘉庆帝下令将其全部封存，成为名副其实的宝库。然而，清帝逊位后的1923年6月27日凌晨，建福宫内的德日新斋突然燃起一场大火，并迅速延及其他建筑。园内整座建筑和花园连同无数珍宝，一夜之间化为灰烬。后来，根据各种迹象判断，溥仪怀疑系宫中太监相互勾结，监守自盗，事久深恐败露，遂纵火焚毁，湮灭偷盗证据所为。事实真的如此吗？

建福宫花园建于乾隆七年（1742年），位于故宫内廷西六宫的西北侧，东为重华宫，南为建福宫，西、北两面邻接宫墙，其原址为明代的乾西四所、五所，为皇太子居住处。乾隆朝陆续将其改建为花园，因其主体建筑为建福宫，故称其为建福宫花园。又因该花园地处内廷西侧，亦称西花园，为帝后休憩、娱乐的场所。

自乾隆一朝，许多皇家珍宝均存放于建福宫花园。另外，这里还供奉了不少金质法器、藏文经版以及字画古玩等。此后，建福宫花园一带一直作为皇家珍宝的收藏地。1923年，溥仪计划彻底清点建福宫珍宝的数目，结果在清点工作刚开始不久，就发生了一场大火，静怡轩、延春阁、敬胜斋及中正殿等皆被焚于这场大火，这座瑰丽的皇家花园也连同无数珍宝一同化为灰烬。

据说，最早发现火情的竟是在紫禁城外六国饭店顶楼上休憩的外国人。时值6月底，正是登高乘凉的时节，楼顶上的外国人看到宫中火光冲天，连忙通知东交民巷中的意大利救火队。等到救火队驱车赶至神武门前，故宫大门紧闭，他们只好急叩大门，门卫却以"清室向例未奉谕旨，外人不许入神武门一步"为由，不敢擅自为他们开门。消防人员只能在宫门外等着溥仪下"谕旨"启门。

内务府总管绍英急忙入宫四处寻找溥仪，请求他下"谕旨"启门。在宫里找了一小时二十分钟，才在西宫见到溥仪。溥仪闻讯后，起初并没有下"谕旨"启门，而是思考着"家训不得外人入宫"，犹豫不决。绍英一再陈请，溥仪决定召集临时御前会议，随后才下"谕旨"，准许各消防人员入宫救火。因为丧失了救火的最佳时机，消防人员赶到现场的时候，建福宫花园已经成了无法控制的火海。宫内没有自来水，水井又早已干枯多年，这让救火人员一时间无计可施。无奈之下，也只是尽力拆除房屋、阻断火道，一直折腾到第二天早上七时左右，大火才渐渐被扑灭。等到大火的余烬完全被扑灭，已经是两三天之后了。

关于建福宫火灾的损失，据内务府事后呈报说，这次大火共烧毁房屋120间，金佛2665尊，字画1157件，古玩435件，古书几万册。其实这也不过是内务府的一笔糊涂

建福宫花园（局部）

账。由于建福宫花园深得乾隆帝的喜爱，经常作诗赋词加以赞美，还将众多自己喜爱的珍玩宝物存放于此处，以后的清朝历代皇帝都把这里当作存放珍宝的秘密仓库，里面堆满了古玩、字画、瓷器、彝器、珍宝等，数不胜数。建福宫内究竟有多少东西，就连内务府自己也无法搞清楚。

造成如此巨大损失的建福宫火灾，究竟是什么原因引起的呢？

据当时的《申报》报道：

起火原因传说不一，据昨日所得报告，有如下述：（一）此次宫中起火，系某太监平日将宫内所存御用宝物私自运出盗卖，价值数十万之多，因虑其他太监揭发，乃仿燃灭参战案办法，预施此计，暗下火种，以为灭迹之计。（二）宫中原有金佛爷一座，本远代之物，佛爷头顶悬有一珠，价值甚巨，早日觊觎者苦无机会，此次中正殿之失慎，佛爷之珠，早已不翼而飞，不为无因。（三）电线走火，将屋顶引燃，延及各宫殿。

火灾后，聂宪藩、薛之珩等目击者却向国人发布通电说："本月26日夜12时，神武门电线走火，由德日新斋内延烧。"当时，妃嫔们为了消遣，经常在宫内放电影，德日新斋就是电影场所在，电影机、电灯房也在这里。负责管理的太监缺乏用电知识，漏电失火不无可能。1904年，慈禧七十岁寿辰的时候，就曾出现过正在放映的电影片子着火的情况。

但是溥仪、溥佳等人怀疑是宫内偷盗珍宝的太监放火灭迹。宫里太监偷盗珍宝，到外面古玩店抵押变卖的情况非常多。甚至在溥仪大婚当天，婚礼刚刚完毕，皇后凤冠上的珍珠玉翠装嵌就整个被换成了赝品。那些日常发生的盗宝事件就更多了。大火发生之前，溥仪曾接受老师庄士敦的建议：清点宫内藏宝。没料到，建福宫的清点刚刚开始，大火就发生了。在此之前，庄士敦建议溥仪把清朝历代皇帝的画像和行乐图取出拍照（建福宫内保存着清朝历代皇帝圣像）。溥仪觉得有意思，就叫太监每天到建福宫取出十几幅画像，由一个美国摄影师来拍照。结果有几次太监竟然取不出来了，再加上以前要他们拿某件宝物时他们心虚的样子，溥仪越发怀疑太监们有偷盗行为。因此，在大火发生后，他就认为是偷盗犯眼看自己就要暴露，先下手为强，用火来消踪灭迹。

但是，据曾经在故宫工作过的人员传说，在中华人民共和国成立后不久的20世纪50年代，曾进行"三反五反"，清查故宫偷盗行为，的确在宫中的一些枯井中找到许多瓷器、古玩等器

婉容与庄士敦合影（中坐者为婉容）

物，推测为当年宫人一时无法将所盗之财携出宫外，遂将其暂匿于井中，然后想办法再分别携出，但建福宫的一把大火与太监的遣散出宫使得计划功败垂成。

"妃子革命"

所谓"妃子革命"是指发生在1931年10月25日，早已退位的末代皇帝溥仪与其皇妃额尔德特·文绣之间的法院外协议离婚案。当时，这对刚结束皇权统治不久的中国来说，不啻为爆炸性新闻，产生了极大的轰动效应。那么，这一"妃子革命"的真相及其来龙去脉究竟是怎么回事呢？

额尔德特·文绣，小名蕙心，自号爱莲，学名傅玉芳，清朝宣统元年（1909年）12月20日生于北京方家胡同，蒙古族，姓额尔德特氏。额尔德特氏隶属于镶黄旗，是满洲八旗中最负盛名的几大家族之一。文绣的祖父锡珍，历任工部右侍郎、刑部右侍郎、户部右侍郎、吏部右侍郎、吏部尚书等职，有五百多间房产。文绣的父亲端恭，系长房，一生不得志，清朝垮台后靠收取房租维持生活。生母蒋氏，汉族人，是端恭的续弦。文绣自幼在家读私塾，知书达礼，举止端庄。

1916年，未满七岁的文绣进入崇文门外花市附近的敦本小学读书，起学名傅玉芳（清朝末期，许多满、蒙贵族都将老姓改为汉姓，文绣家族将额尔德特氏改为傅姓）。因家境贫寒，文绣白天上学，晚上还要帮母亲做针线活。

1921年6月1日，清朝遗臣醇亲王载沣与遗老们商议逊帝溥仪婚事，根据清朝皇帝的择婚条件：为保持满洲贵族的尊严和特权，须血统纯正的官员女子，额尔德特·文绣被定为后妃人选。后因皇太妃们之间的权力之争，1922年11月30日，未满十三周岁的文绣被已退位但仍保留帝号的清末代皇帝溥仪诏选进宫，册封为"淑妃"。1922年12月1日，清王朝最后一个皇帝爱新觉罗·溥仪的结婚大典，却成了文绣忧郁苦闷的紫禁城生活的开始。文绣进宫后，住在西六宫的长春宫。由于清王朝统治早已结束，紫禁城也失去了往日的生机，皇后婉容经常找碴儿给其难堪。自幼喜欢读书写字的文绣，只好把长春宫的西配殿承禧殿作为自己的书房，将自己的痛苦与无奈，倾诉于笔端纸上。她用任人宰割的圃鹿来比喻自己，抒发压抑的哀叹，以此来打发那漫长的日日夜夜。

1924年年底，冯玉祥把末代皇帝溥仪赶出了紫禁城。1925年2月，溥仪携同文绣住进了天津富户张彪的花园别墅，简称"张园"。文绣曾经痛苦地几次自杀未遂。1930年，当时的中华民国政府颁布了《中华民国民法》，该法第四编《亲属》中做出了"允许自愿离婚"的明确规定。这一规定的出台，使"淑妃"文绣如获至宝。在现代法律精神的鼓舞和妹妹文珊带来的新思想的感召下，文绣于1931年8月25日下午，在妹妹文珊的陪同和掩护下，以外出散心为由，毅然决然地离开了住所，即位于天津和平区鞍山道70号的静园，住进了天津国民饭店37号房间，并通过律师向清逊帝溥仪提出离婚，踏上了挑战封建皇权和封建婚姻制度的道路，掀起了轰动全国的"妃子革命"。

溥仪得知后，马上召集清朝遗老召开"御前会议"。老先生们都认为这是见不得人的丑事。最后，他们决定委托律师出面，与文绣的律师对话，争取和解。但是皇妃出走这条爆炸性新闻，在文绣出走的第二天就已不胫而走，震惊全国。

全国各大报刊媒体热闹非凡，有的支持文绣，呼唤人权，有的则坚决维持帝制，维护皇族体面，一时间吵得沸沸扬扬。一向与文绣作对的末代皇后婉容也站在了文绣这边，要求溥仪给文绣自由。鉴于多方压力，溥仪被迫答应协议离婚，并支付赡养费5.5万元。为保脸面，显示皇权，清逊帝溥仪于1931年9月13日在京、津、沪三地报纸上登出一道逊帝宣统"上谕"："淑妃擅离行园，显违祖制，撤去原封位号，废为庶人。钦此。"1931年10月23日，清朝末代皇帝溥仪终于在皇后婉容、社会舆论、法律的内外夹攻下，和文绣达成了法院外离婚，同意在文绣的离婚协议书上签字，开了中国自有皇帝以来的首例，造就了中国历史上首位"休书"皇帝的皇妃。而这一场"妃子革命"的重要意义在于：文绣用以挑战封建皇权的武器不是别的，正是当时中华民国的法律。文绣和溥仪离婚的理由是：文绣和溥仪结婚九年，两人甚至从来都没有过性生活。溥仪和文绣在1931年10月25日达成了法院外协议离婚，这标志着旧的封建婚姻制度的彻底解体。

文绣离婚后，回到了北京，过上了普通人的生活，5.5万元的赡养费经各方打点后也所剩无几。为了追求新的生活，过上幸福美满、向往已久的日子，她曾放下以前"皇妃"的身份，利用自己当年在宫中学到的知识，在北平私立竞存小学做了语文教员，但仅一年就辞职。辞职后，文绣在德胜门内刘海胡同买了一座九间房子的小院居住，雇了用人，又过上了衣来伸手、饭来张口的宫廷式生活。由于文绣不懂得勤俭持家，也不擅理财、交际，与同族、亲戚之间的关系极为生疏，日子日见拮据。为了生计，她糊过纸盒，摆过烟摊，当过泥瓦小工。

1947年，三十八岁的文绣与当时任北平行营少校军需官的河南人刘振东结婚，租住在地安门外白米斜街。1949年，北平解放，当过国民党军官的刘振东被政府依法管制，文绣也受到了牵连，遭到了邻居的横眉冷对，身心受到重创，患病在身，生活无法保障。1953年9月17日晚10时，额尔德特·文绣因心梗病死于西城区辟才胡同家中，结束了她凄苦而颠沛流离的一生。穷困潦倒的刘振东在同事的帮助下，钉了一具木板薄棺，将文绣埋葬在安定门外的义地里。文绣终年四十四岁，一生没有子女。

龙袍

『柒』宫廷服饰

『黄帝、尧、舜垂衣裳而天下治……上衣玄，下裳黄。日月星辰，山龙华虫，作缋宗彝，藻火粉米，黼黻绮绣，以五采章施于五色作服。』

龙　袍

　　皇帝是真龙天子，所以皇帝的衣服才可以称为"龙袍"。皇帝的衣服很多，款式也很多。在众多的衣服中，究竟哪一件被称为"龙袍"呢？还是说皇帝所有的衣服都叫"龙袍"？

　　"龙袍"是指衣服上绣有龙形图案的衣服。而龙自古以来就是代表皇帝的图腾，代表至高无上的皇权威严。按照这样的逻辑，有且只有皇帝的衣服才能被称为"龙

江宁织造云锦龙袍

袍"。这里要澄清两点：第一，皇帝的衣服样式众多，不同的场合有不同的款式。但并非皇帝所有的衣服都叫"龙袍"，而是只有其中的一种款式才能称为"龙袍"；第二，并非只有皇帝才可以穿"龙袍"，其他的皇室成员也有机会穿"龙袍"。

龙作为服装的装饰图案，始于隋唐时期，"龙袍"是皇帝最神圣、最尊贵的服装。自作为皇帝的服饰后，"龙袍"就一直沿袭至封建王朝结束。但"龙袍"上的各种龙章图案，历代均有所变化。

随着皇帝服饰的完善，皇帝的衣服根据功能的不同，大致可分成两类，即平时穿的常服，以及在正式场合时穿的官服。官服在不同的朝代，还有详细的划分。今天我们所说的"龙袍"是按照典章制度的规定，皇帝在各种正式场合时穿的官服。

明代帝王冕服前期、后期做了许多的更改。在明初，朱元璋主张一切从简。据《明史》记载，洪武元年（1368年），学士陶安请制五冕。朱元璋说："此礼太繁。祭天地、宗庙，服衮冕。社稷等祀，服通天冠，绛纱袍。余不用。"随着明朝政权的巩固，皇帝在各种场合的着装也日渐有所变化，各类服饰划分更为细致。明帝的冕服主要有衮冕、通天冕服、皮弁服、武弁服、常服等。礼服据《明会典》记载，皇帝冕服"凡祭天地、宗庙及正旦、冬至、圣节，则服衮冕，祭社稷、先农、册拜亦如之"。明朝皇帝在重大仪典用衮冕，规格最高的衮服是"玄衣纁裳"，即黑色上衣，下身为绛红色，设计精美，常用金线和孔雀羽毛线缂制。除了官服，其余就是皇帝日常穿着的便服。据《明史》记载：洪武三年（1370年）定常服为乌纱折角向上巾，盘领窄袖袍，束带间用金、琥珀、透犀；永乐三年（1405年）更定为冠以乌纱冒之，折角向上，其后名翼善冠。袍黄、盘领、窄袖，前后及两肩各织金盘龙一。带用玉，靴以皮为之。可见，随着明朝政权的日渐稳固，皇帝的着装也是日趋奢靡而精致。

到了清代，皇帝的服饰发生了很大的变化，除延续历朝历代的服饰规制外，也保留了满族独特的风格，例如清代皇帝服饰保留了披领、箭袖和腰带等。清代皇帝的官服基本上分为三大类，即礼服、吉服和便服。礼服包括朝服、朝冠、端罩、衮服、补服；吉服包括吉服冠、龙袍、龙褂；便服即常服，是在典制规定以外的平常之服。可见，清代皇帝的"龙袍"是属于吉服的一种，规定在出席节日庆典时穿着。

清乾隆年间对"龙袍"的样式进行了规制，规定皇帝"龙袍"为明黄色，"惟祀天用蓝，朝日用红，夕月用月白。披领及袖皆石青，缘用片金，冬加海龙缘。绣文两肩，前、后正龙各一，腰帷行龙五，衽正龙一，襞积前、后团龙各九，裳正龙二、行龙四，披领行龙二，袖端正龙各一。列十二章，日、月、星、辰、山、龙、华、虫、黼黻在衣，宗彝、藻火、粉米在裳，间五色云。下幅八宝平水"。

此外，清代与前代不同的是，除了皇帝穿"龙袍"，皇后也有资格穿"龙袍"。清代皇后的"龙袍"有三种制式，"皆明黄色，领袖皆石青：一，绣文金龙九，间以五色云，福寿文采惟宜。下幅八宝立水，领前后正龙各一，左右及交襟处行龙各一。袖如朝袍，裾左右开。一，绣文五爪金龙八团，两肩前后正龙各一，襟行龙四。下幅八宝立水。一，下幅不施章采"。

虽然一些学者认为皇子也是可以穿"龙袍"的，但《清史稿》中记载皇子穿的朝服是有龙饰的。"朝服之制二，皆金黄色：一，披领及裳俱表以紫貂。袖端薰貂。绣文两肩前后正龙各一，襞积行龙六，间以五色云。一，披领及袖俱石青，片金缘，冬加海龙缘。绣文两肩前后正龙各一，腰帷行龙四，裳行龙八，披领行龙二，袖端正龙各一。下幅八宝平水。"

"龙袍"的出现是皇权具象化的特征之一，也是皇权强化的表现。作为一件衣服，它的出现最初是展现皇帝至高无上的权威，但随着人皇权力的全面巩固，"龙袍"不再是依附于皇帝的附属，而是成为能够独立体现君权的存在。

十二章纹饰

皇帝衣服上有好多的图案，分别为山、火、日、月、星辰等十二种事物，称作"十二章纹饰"。这些图案作为服饰出现在衣服上，必定代表了一定的意义。那么，这"十二章纹饰"指的是什么？又分别代表了什么呢？

皇帝的龙袍上，除了龙纹图形和五彩祥云图形，还有其他的图形纹路，叫作"十二章纹饰"，包括日、月、星辰、山、龙、华虫、黼（fǔ）、黻（fú）、宗彝、

日

月

华虫

黼

黻

宗彝

藻、火和粉米十二种有着各种意义的图案。

十二章纹饰的历史非常悠久，但具体诞生于哪朝哪代至今尚无法考证。根据《周礼·春官·司服》注及疏中所谓的"天子六冕"的记载，部分学者推断，十二章纹饰始于周代。秦汉以后，统治者为了维持封建的统治秩序，制定了详细、烦琐的封建礼仪，并把一些礼仪的产生时间上推至三皇五帝时期，以显示其源自正统，十二章纹也不例外。例如，《史记·孝文本纪》中记载："盖闻有虞氏之时，画衣冠、异章服以为僇，而民不犯。"《后汉书·舆服志下》中记载："黄帝、尧、舜垂衣裳而天下治……上衣玄，下裳黄。日月星辰，山龙华虫，作缋宗彝，藻火粉米，黼黻绤绣，以五采章施于五色作服。"《晋书·刑法志》中亦云："五帝画衣冠而民知禁。"但是，这些记载尚没有证据佐证，因此也无法成为定论。

对十二章纹饰最早、最全面地记载出自《尚书·益稷》："予欲观古人之象，日、月、星辰、山、龙、华虫，作会（绘）；宗彝、藻、火、粉米、黼、黻，绤绣，以五采彰施于五色，作服。"而章服制度的真正确立是在东汉初年。东汉永平二年（59年），孝明帝诏有司博采《周官》《礼记》《尚书》等史籍，制定了详细的祭祀服饰及朝服制度，从此确定了汉代的服制。根据《后汉书·舆服志下》中的规定："天子、三公、九卿……祀天地明堂，皆冠旒冕，衣裳玄上纁下，乘舆备文，日月星辰十二章，三公、诸侯用山龙九章，九卿以下用华虫七章，皆备五采……"从此以后，十二章纹作为帝王百官的服饰，一直沿用到封建王朝结束。

十二章纹饰中的每一个图形都被赋予了特殊的含义，象征着帝王所具备的常人无法比拟的优秀品质，体现了极高的政治意义。"日月星辰取其照临也；山取其镇也；龙取其变也；华虫取其文也，会绘也；宗彝取其孝也；藻取其洁也；火取其明也；粉米取其养也；黼若斧形，取其断也；黻为两己相背，取其辩也。"龙袍的左肩是一轮红日，内有一只彩色的三足吉祥鸟；右肩是白色的满月，内有一只玉兔在杵臼，左日右月的排列与皇帝上朝坐北面南，左为东、右为西的顺序相符合，东即日升，西则月降。星辰是由蓝色或月白色的三个圆形并用线段连接而成。这"日月星"三章的运用则表示帝王以光明之德君临天下，皇恩浩荡，就如同日月星辰永恒的光辉那样普照大地。山是由彩色的三角形花纹组成，代表着帝王稳重的性格；山能够布云散雨，象征帝王的恩泽就像山生成雨那样普降臣民；龙是双龙戏珠的彩色花纹，变化多端，象征帝王能够像龙那样神奇遒劲地教化治理国家；华虫是一只五彩斑斓的雉鸡，象征帝王"文采昭著"；宗彝是一对古代祭祀宗庙的盛酒之器，通常是一对，上边绣虎和长尾猿各一只，象征帝王的威猛和机智，以神武来定天下；藻是绿色的水草，随波而上下摆动，象征帝王的诞生是随世应运而生，以及皇帝的品行冰清玉洁；火是红色的火焰，象征帝王的道德修养像火一样旺盛，光明磊落，天天有新的进步；粉米是内含白点的红色圆形花纹，象征帝王给养着人民，安邦治国；黼是一把月牙形的黑白色大斧，象征帝王遇事能有斩钉截铁的决断；黻是黑色的两弓相背的花纹，象征帝王具有与属臣相济而绝不独裁的品质，遇事能够明辨是非，知错能改的美德。总之，这十二章纹饰包含了至善至美的帝德，象征皇帝是大地的主宰，其权力"如天地之大，万物涵复载之中，如日月之明，八方圃照临之内"。

清代晚期，服饰已不像最初那样严格，后妃们的朝袍、龙袍上也开始有了十二章纹饰中的某些图案，或五章、六章不等，甚至多至八章。这显示出了封建王朝末期等级社会的礼仪规范已经失去了原有的严肃性，变得比较随意了。

补　服

明、清两代，朝臣的衣服上都绣有各式各样的图案，不同品级的官员衣服上的图案各不相同，代表的意义也不同。那么，这种服饰叫作什么？究竟有什么意义呢？

从明代开始，大臣们穿着的官服上面都有一块方形的绣有鸟兽的图案，称为"补丁"，这种衣服也因此被称为"补服"。

封建社会处处都能体现出等级贵贱，皇帝自然在衣、食、住、行等方面显示出得天独厚的权威，官员们也是如此。为了使各级官吏能够明确自己的等级，避免僭越，朝廷有必要统一官服，将等级观念在官服上体现出来，无论职务、级别、科署，从官

清代官服

服上就能一目了然。

汉代时，区别官位的高低是以官员米石、俸禄多少而定。自魏以后，封建官吏开始有九品的定制，此后历代均有变化。自此，各级官员的等级从服饰的颜色及图案的花纹上均能一目了然。唐代时，官服上开始标绣动物用来区分官级。据《旧唐书·舆服志》记载："延载元年五月，则天内出绯、紫单罗铭襟、背衫，赐文武三品以上：左右监门卫将军等饰以对师（狮）子，左右卫饰以麒麟，左右武威卫饰以对虎，左右豹韬卫饰以豹，左右鹰扬卫饰以鹰，左右玉铃卫饰以对鹘，左右金吾卫饰以对豸，诸王饰以盘龙及鹿，宰相饰以凤池，尚书饰以对雁。"元代时，一些服饰的前胸、后背处织有方形的装饰图案，称之为"胸背"，亦称"花样"。这样的服饰在考古中皆有发现。方形纹饰多作花卉状，但在当时，这些花卉似乎并没有作为官阶的标志。发展到明代时，官服的等级已经非常明显，一至四品为绯色，五至七品为青色，八品、九品为绿色。为了区别相同颜色官服的确切品级，对官服上的花卉图案又做了具体的规定：一品大独科花，花径五寸；二品小独科花，花径三寸；三品散搭花，花径二寸；四品、五品小杂花，花径一点五寸；六品、七品小杂花，花径一寸；八品以下无花纹。此后，明太祖朱元璋对官服制度进行了一次全面的改革，要求各级官员的前胸、后背处都要缀有方形的布块，"补丁"正式出现了。据《明会典》记载，洪武二十四年（1391年）规定，公、侯、伯、驸马用麒麟图案，文官用禽鸟图案：一品仙鹤；二品锦鸡；三品孔雀；四品云雁；五品白鹇；六品鹭鸶；七品鸂鶒；八品黄鹂；九品鹌鹑；杂职练鹊。武官用猛兽图案：一品、二品狮子；三品、四品虎豹；五品熊罴；六品、七品彪；八品犀牛；九品海马。都御史、监察御史、按察史等用獬豸图案。明代补丁是前、后两片，方形，大约40厘米见方，用金线把图案盘在红色底子之上，四周不加边饰，色彩比较暗淡。

清代沿袭明代补丁制度，并使之更趋完善，补丁成为表明身份、区分等级贵贱的重要标志。按清代的等级，可分为皇帝、皇子、亲王、郡王、贝勒、贝子、额驸、公、侯、伯、子、男、将军、一至九品官员正从（副）等多个层次。文臣武将，每一级均用相应的补丁来表示其身份，等级鲜明，规制严格。

清代补服与明代最大的区别是"圆补"与"方补"的区别。皇帝、皇子、亲王、郡王、贝勒、贝子等皇室成员皆为圆补，公、侯、伯、子、男、将军、文武百官则一律为方补。

圆补为龙蟒图案，有四团和两团之分。皇帝、皇子、亲王、郡王用四团圆补，其位置是前、后胸各一，左、右肩各一。四团圆补虽皆为龙蟒，但有微妙差别。皇帝、皇子的圆补，其图案为五爪正面金龙四团，其补丁不是缀上去的，而是直接绣在衣服上的，非常讲究。皇帝所穿的这种服装，左肩绣日，右肩绣月，前、后胸绣万寿篆文，间施五色祥云，称之为衮服。皇子的补丁也是在衣料上直接绣制，五爪正面金龙四团，间施五色祥云，但没有日月和万寿篆文，称之为龙褂。亲王补丁图案绣有五爪金龙四团，前、后正龙，两肩行龙；郡王绣有五爪行龙四团，前、后、两肩各一，皆没有日、月、万寿篆文及五色祥云。贝勒补丁图案绣有四爪正蟒两团，贝子绣有四爪行蟒两团，均前、后各一；镇国公、辅国公、和硕额驸、公、侯、伯所用补丁图案为四爪正蟒二方，前、后各一。亲王以下乃至文武百官，所穿的不论是绣或缀有补丁的服装，则一律称之为补服。

方补的使用方法比较烦琐，公、侯、伯等所用的补丁皆方补，图案为四爪正蟒。其余文武百官，文官"补丁"的绣饰图案是飞禽，按官级大小依次是：一品仙鹤；二品锦鸡；三品孔雀；四品云雁；五品白鹇；六品鹭鸶；七品鸂鶒；八品鹌鹑；九品练雀。武官"补丁"的绣饰图案是走兽，按官级大小依次是：一品麒麟；二品狮子；三品豹子；四品老虎；五品熊；六品彪；七品、八品犀牛；九品海马。此外，都御史、按察使等，均绣獬豸。清代补丁的底色为青、红、玄，以彩色丝线绣制，大小为30厘米见方。

明、清两代，通常官吏的妻子和母亲一旦受到诰封，也会备有补服。这些命妇所用的补丁纹样以其丈夫或儿子的官品为准，尺寸比男补要小。无论文官、武官的家属，其补式皆用禽纹，表示女子以娴雅为美，不必尚武。

顶戴和花翎

清代的官员如果犯了错误，皇帝会怒气冲冲地下令"摘了他的顶戴、花翎"，这就意味着这位官员的职务被罢黜了。如果某位大臣得到了皇帝的赏识，皇帝也会高兴地当众"赏戴几品的顶戴、花翎"，这就意味着升官了。那么，"顶戴""花翎"究竟是什么呢？

清代庞大的官僚集团使得官爵等级繁多，除了九品正、从（副）十八个等级，还有很多未入流的从九品官员。因此，仅靠补服制度是不足以区分如此众多的官位级别的，于是清代便诞生了独有的顶戴、花翎制度。

朝廷官员们的头上都戴有冠帽。冠帽除帽盔主体，其上又可分为顶戴与花翎两部分。所谓顶戴，也称为顶子或顶珠，是镶嵌在帽盔顶上的一个宝石材料的装饰物。官员的品级不同，其宝石的颜色和质地也不一样。花翎则是指插在冠帽上的孔雀翎毛。随着官僚机构的完善和官僚制度的成熟，顶戴、花翎也就成为区分官员品级的重要标志。

顶戴的装饰物按其形状，大致可分为两类：一类自皇子至辅国公所戴头冠，采用冠上承以二层金龙形式装饰，只以金龙上所饰东珠的多寡而加以具体区分。如皇子饰东珠十颗；亲王、世子九颗；郡王八颗；皇孙、贝勒七颗；皇曾孙、贝子、固伦额驸六颗；皇元孙、镇国公、和硕额驸五颗；辅国公四颗。金龙上所衔皆用红宝石。另一类自公、侯、伯、子、镇国将军、文武科一至九品的官员所戴头冠，采用冠上承以镂花金座，再以金座上贯出通天柱形式装饰。柱中贯穿錾花金珠一枚，柱顶衔宝石一块，以金珠上所嵌珠宝多寡及上衔宝石质地而视其级别。如公爵饰东珠四颗；侯爵三颗；伯爵两颗；子爵、镇国将军、郡主额驸、文武一品官员均一颗。柱顶上衔皆红宝石。自二至七品中层錾花金珠之前只嵌小宝石，例如县主额驸（郡王之女的丈夫）、二品中嵌小红宝石，上衔珊瑚；奉国将军、郡君额驸（贝勒之女及亲王侧福晋之女的丈夫）、三品中嵌小红宝石，上衔蓝宝石；奉恩将军、县君额驸（宗室女之丈夫）、

顶戴

花翎

四品中嵌小蓝宝石，上衔青金石；五品中嵌小蓝宝石，上衔水晶石；六品中嵌水晶，上衔砗磲；七品中嵌小水晶，上为素金；八品、九品中不嵌宝石，八品上为阴纹镂花，九品及未入流上为阳纹镂花。按照头冠上的装饰物区分官员的级别，没有顶珠就表示没有官品。清代到雍正、乾隆朝以后，随着玻璃制造业的发展，逐渐开始用彩色玻璃来取代宝石，如用红色明玻璃代替红宝石，称为亮红顶；用红色涅玻璃代替红珊瑚，称涅红顶等。所有在职的官员必须按照自己的品级使用顶戴，绝不能越雷池半步，一旦摘取顶戴，就意味着失去了官职。

花翎是用孔雀翎毛制作的，有单眼与无眼之分。单眼是指翎尾的彩色圈状花纹像眼睛，也称为目晕。单眼的称为花翎，无眼的则称为蓝翎。双眼和三眼花翎则是将两根或三根孔雀尾重叠排列，使翎尾目晕排成一直线。花翎的眼数越多，就越尊贵，其中三眼最为尊贵，长约尺余，插入专门的翎管之中，缀于冠后。

花翎与顶戴一样，也是区分官员级别的标志，但在清代初期，花翎仅仅是皇帝赏给特别恩宠的贵族或大臣，并有以彰军功的意思。最初赏赐蓝翎，即染成蓝色的鹖鸟羽毛，无眼，赐予六品以下及在皇宫和王府当差的侍卫官员享戴，也可以赏赐建有军功的低级军官，如果累计加功就可以赏赐花翎。后来，受到花翎奖赏的官员愈来愈多，这就需要一个说法，以便形成一种制度。清顺治朝时，朝廷对花翎的使用做出规定，大致为：亲王、郡王、贝勒等不戴花翎；低于上述级别的贝子和固伦额附有资格享戴三眼花翎；清朝宗室和藩部中被封为镇国公或辅国公的亲贵、和硕额附等，有资格享戴二眼花翎；其余五品以上内大臣、担任前锋营和护军营的各统领、参领，且必须为正黄、镶黄、正白这上三旗出身的官员，才有资格享戴单眼花翎；外任文臣不赏赐花翎。由此可见，花翎是位居高阶的王公贵族特有的装饰物，授予的标准也非常严格。

花翎制度实行以后，清廷仍保留了初期的特赏制度，即皇帝对有功之人可以随时赏戴花翎，不受任何限制。康熙时期，施琅归顺清朝被赐籍汉军镶黄旗。康熙二十二年（1683年），施琅率清军收复台湾后，康熙为表彰其功绩，特旨赏戴花翎。到了乾隆时期，朝廷明确规定，除了王公亲贵，建立显赫军功者也可以赏戴花翎。

赏赐花翎是一种莫大的殊荣，皇帝赏赐时十分谨慎，赏戴过花翎的人也没有多少。但是道光末期，国势倾颓，再加上外强入侵，致使国库空虚，也就出现了捐翎的例制，花翎为七千两实银，蓝翎为五千两实银。曾经代表无上荣耀的花翎沦为可以明码标价、买卖交易的物品，其原有的表示等级的作用也就名存实亡了。

黄马褂

　　皇帝赐予就是御赐，无论东西是否贵重，都象征着无上的荣耀，哪怕只是一件黄色质料的马褂，也会因出自皇家而身价倍增，被称为"黄马褂"。皇上赏赐的黄马褂也是一件衣服，臣下要穿上它才能最大限度地显示出皇帝的恩典。那么，是否要从赏赐的那一刻起便穿上，以后无论何时何地都要穿着呢？

　　马褂在中国历史悠久，早在三国时期，这种衣服的样式就出现了，但是一直作为非主流的服饰游离于主流服饰之外。到了清代，满族将其作为一种骑射穿着的正装，而后成为一种主流服饰，也是清代一种特有的服饰。因最早是满族骑马时的穿着，所以称为"马褂"。

　　清初，马褂为爱新觉罗家族与旗袍配穿的服装，后来，马褂流行于八旗军旅。雍正帝以后，马褂开始在民间出现。清代官府系统完备以后，官员的穿着制服分为"朝服""常服""行服""雨服"等，其中行服是外出时穿着的，而马褂就是行服的一种，也可以称为"行褂"。清代的马褂是以颜色区分穿用者的身份、地位的。按定制，皇帝及御前大臣、领侍卫内大臣、内大臣、侍卫长等扈从大臣，皆用明黄色；亲王、郡王及文武品目，穿石青色；八旗官兵依旗色定服色。

　　黄色为皇室专用的颜色，因此，黄马褂也就作为一种特殊的服饰被限定，朝廷官员不能随意穿着。按照清朝的规制，文武官员在以下三种情况下可穿黄马褂。

　　第一，凡御前大臣、领侍卫内大臣、内大臣、侍卫等，在皇帝出行时，担任扈从大臣者皆准穿，以壮声威。这种黄马褂没有花纹及图案，是因职务要求而穿着，故只

清中期　湖蓝底暗花纱绣人物图马褂

能在任职期间穿，又称"任职褂子"。

　　第二，在皇帝行围射猎时，获猎最多者或比赛中成绩优异者，可以得到皇帝赏赐的黄马褂。这种马褂只能在跟随皇帝行围射猎时穿着，故又称"行围褂子"。

　　第三，因建立特殊功勋而得到赏赐的黄马褂，用以奖励功勋。被赏者无论何时均可穿，在任何重大场合也可以穿着，且政绩载入史册，被视为极大的荣耀，称为"武功褂子"。

　　"任职褂子""行围褂子"用黑色纽绊，"武功褂子"用黄色纽绊，且"武功褂子"在清中后期才开始盛行。到了太平天国运动时期，很多参与了镇压太平天国运动的清朝将领都被赏赐了黄马褂。除了因战功受封，凡是讨主子们高兴的臣下，也有可能会被赐赏黄马褂。

　　黄马褂的赏赐有"赏给"与"赏穿"之分。赏给通常是皇帝赐一件"黄马褂"，

黄马褂

穿破为止，不可自行另制；而赏穿则表示，受赐者可穿用终生，即穿旧后或穿破后可
另外缝制。

旗　袍

　　"旗袍"是中华民族的传统女性服饰之一，起源于满族的传统服装。无论
是参加国内还是国际的大型聚会，女士们都可以将旗袍作为与会礼服的首选。
因此，人们也会很自然地以为"旗袍"原本就是女性的专有服饰。那么，是否真的如此呢？男士们可以穿"旗袍"吗？

早在唐朝时，少数民族紧窄合体的袍服形式就曾一度为汉人所接纳，以适应骑射等一些比较激烈的运动或活动。在辽、金、元等少数民族政权统治时期，袍服作为主流服饰文化得以广泛传播，并渐渐地发展为博宽的趋势，并在清代达到高峰。

满族的长袍是非常具有满族特色的服饰。随着满族的崛起和八旗制度的建立，旗人穿着的宽大长袍便被称为"旗袍"。满族的祖先原居住在东北长白山和黑龙江一带较为寒冷的地区，无论男女老少，一年四季都要穿袍服来御寒。可见，最初满人的旗袍并非只有女性才可以穿，而是一种普遍通行的服饰。

随着清朝入主中原，清政府强行向汉族人推行满族文化，包括发式、服饰等。同时，在满族文化向汉族文化推进的同时，也被汉族文化反推行，两种文化相互交融，使得双方的服饰文化差距逐渐缩小，无限地趋于统一，为旗袍的流行奠定了基础。此后，旗袍便成为一种官方的服饰为人们所接受，无论男女，都穿直立式的宽襟大袖长袍。

男子的旗袍是无领的，此外也有圆领的，无纹饰，捻襟，窄袖，扣袢，两面或四面开衩，束带，下摆至踝。窄袖，也称"箭袖"，俗称"马蹄袖"，就是在窄袖口上接一个半圆形的袖头，形如马蹄。这种马蹄袖的作用是御寒，平时挽起，冬季打猎或作战时放下，覆盖手背。清入关以后，马蹄袖御寒的作用已经不再具有实际的意义，遂放落马蹄袖便成了清朝礼节中的一个规定动作。官员入朝谒见皇上或其他王公大臣时，都得将马蹄袖弹下，两手伏地叩见，变为一种专门的礼节。此外，为了上、下马方便，旗袍设计为开衩的。到了皇太极时，开衩变成了区分等级的标志。通过旗袍的开衩，可以区别高低贵贱。根据清廷的规定，开衩的旗袍作为官服、礼服，皇族宗室开四衩，官、吏、士、庶开两衩。当然，旗袍也有不开衩的，俗称"一裹圆"。另外，还有一种便服，也不开衩，就是官吏在家时的服装和一般平民所穿的服装。

女式的旗袍下摆长及小腿，样式基本与男子旗袍相同，但往往会在衣襟、领口、袖边等处镶嵌几道花绦或彩牙儿，俗称"画道儿"或"狗牙儿"。

根据气候变化，旗袍可以分为单、夹、棉、皮等几种；根据其用途，又可以分为常服袍与行服袍。常服袍为平常所穿的袍子，行服袍则是外出所穿的袍子，比常服袍短十分之一左右，并将袍的右襟裁下一块，约一尺左右，故又称"缺襟袍"。所裁下的一块，可用纽扣扣上，长行或乘骑时解下，便于行走、骑马，因此又称为"行袍"。

旗袍除了整体造型美观大方、方便实用，其装饰也是很讲究的，通常会绣有不同的图案和花色，以代表不同的身份与地位，例如绣有团龙、团蟒、牡丹、凤凰等。此外，在北京等地还盛行十八镶的做法，即镶十八道衣边，使服装更加美观。民间常用的"大换袖式"旗袍，其袖过手，在袖的下半截刺绣各种与袖面不同颜色的花纹，然后将其挽出来，以显其别致、典雅。

早期的旗袍大都为直筒状，由一整块衣料剪裁而成，上下连体，穿在身上，美观大方、雍容典雅。此后，随着时代的发展，男旗袍逐渐废弃，女旗袍则不断演变。辛亥革命以后，随着西方服饰理念的东进，旗袍也由原来的宽腰身、直筒式逐渐变成紧身合体的曲线型、流线型，充分体现了女性的形体美，而旗袍也最终成为能够代表中华民族的一种传统女性服饰之一。

宫妃的"高底鞋"

喜欢看清宫剧的人一定对后宫女性脚上穿着的高底鞋不陌生，看着这些女子踩着高高的鞋子还能够跑来跑去，让人不得不佩服她们脚下的"功夫"。这样一种奇怪的鞋式，却成了清代宫廷服饰与其他朝代宫廷服饰截然不同的特点。那么，这种鞋究竟叫什么？到底有多高呢？

满族妇女在穿着旗装时，通常会搭配旗式坤鞋。这里所说的旗式坤鞋可分数种，一种高寸许，前后微缺，名为"寸底鞋"，还有一种鞋底中间高出数寸，中微细，下端作方形，名为"高底鞋"，俗称"马蹄底"或"花盆底"。这种木底的丝鞋由于木跟不着地的地方常用刺绣或穿珠加以装饰，鞋底平面呈马蹄形，另外一种鞋的底面呈

清　粉缎饰料片花卉纹马蹄底鞋

花盆形状，故而得名。鞋底中间即其木底一般高5~10厘米，有的可达16厘米，最高的可达25厘米。一般用白布包裹，然后镶在鞋底中间脚心的部位。跟底的形状通常有两种，一种上敞下敛，呈倒梯形花盆状，另一种是上细下宽、前平后圆，其外形及落地印痕皆似马蹄。除鞋帮上饰以蝉、蝶等刺绣纹样或装饰片，有的鞋尖处还饰有丝线编成的穗子，长可及地。这种鞋的高跟木底极为坚固，常常是鞋面破了，而鞋底仍完好无损，还可再用。高底旗鞋多为十三四岁以上的贵族女子穿着，穿上此鞋，走起路来，袅袅婷婷，轻盈娴雅，端庄秀美。老年妇女和劳动妇女所穿旗鞋以平木为底，称为平底绣花鞋，亦称"网云子鞋"。满族的女鞋，鞋面都有绣花，而袜子多为布质，袜底也纳有花纹，其前端着地处稍削，以便行走。

　　关于满族女性为什么穿高底鞋，有几种说法：一种说法认为，满族自古就有"削木为履"的习俗。过去满族妇女经常上山采集野果、蘑菇等，为防虫蛇叮咬，便在鞋底绑缚木块，后来制作得日益精巧，便发展成了高底鞋。另一种说法是，满族的先民为了渡过一片泥塘，夺回被敌人占领的城池，便学着白鹤的样子，在鞋上绑上了高高的树杈子，最后取得了胜利，达到了报仇雪恨、发展壮大的目的。为了不忘那些苦难的日子，纪念高脚木鞋的功劳，妇女们便穿上这种鞋，并世代相传，还越做越精致、美观，从而成为一款非常具有民族特色的服饰。

此外，还有说法是，清朝入主中原后，受汉族文化影响，裹脚之风有增无减。尽管满族的女性从不裹脚，但根据普遍的审美标准，大脚绝对是不漂亮的。为了解决这一问题，满族女性便发明了这种高底鞋，将脚藏在衣裙里，不会轻易显现出来。

龙纹彩绘

『捌』前世今生

1420年，北京皇宫正式修建完成。从这时候算起，北京故宫已历经六百年的沧桑岁月。虽然其间经历过无数次的灾难与翻修，但最终还是得以保存下来。

谁建造的故宫

北京是一座古老的城市，历史悠久，古迹遍地。早在宋、金对峙时期，北京就是金的都城。后来，北京又先后成为元、明、清的都城。明朝时期，明成祖朱棣通过靖难之役夺取了政权，迁都北京，在北京建起了雄伟壮丽的紫禁城。之后，明、清两朝统治者都对紫禁城进行了扩建和完善，最终成为我们今天看到的模样。这座闻名遐迩的皇家宫殿是什么样的工匠营建的呢？

漫长的封建社会造就了数不尽的王朝繁华，权力中心也从最早的黄河流域渐渐地东进或北移，而封建王朝选择的最后一块福地——北京，便是绵延了千年的王气所在。元末风起云涌的起义将元大都摧毁殆尽，现在的故宫，则是明、清两代不停营建的结果。在世界上现存的著名皇宫中，北京故宫是历史最悠久、建筑面积最大、保存最完整的一座宫殿。那么，它是由谁建造的呢？

故宫虽然是明、清两代的皇家宫殿，但它并不是明朝开国皇帝朱元璋建造的。朱元璋称帝后，将金陵（今南京）定为首都、凤阳（临濠）定为中都、开封称北京、北京改为北平。此后，朱元璋也曾想迁都到关中地区，并派皇太子朱标去陕西一带考察。但是，迁都之事还没有议定，朱标便患病身故。朱元璋悲痛之下便放弃了迁都的打算。

后来，朱元璋的第四个儿子燕王朱棣登基，他决定将北平改为北京，并迁都北京。这不仅仅是考虑到北京是自己做燕王时的封地，有着稳固的政治基础，同时也考虑到将全国的权力中心北移，有利于加强对北方地区的控制。1406年，朱棣"诏以明年五月建北京宫殿，分遣大臣采木于四川、湖广、江西、浙江、山西"。由于连年战争，民心不稳，再加上国家财政力量并不充裕，只能先做一些准备工作。这些准备工作持续了十一年，直到1417年，北京皇宫才开始修建。

1420年，北京皇宫正式修建完成。从那时候算起，北京故宫已历经六百年的沧桑岁月。虽然其间经历过无数次的灾难与翻修，但最终还是得以保存下来。

营建北京皇宫兴师动众，花费了很多的心血。《明成祖实录》中记载："初营建北京，凡庙社郊祀坛场、宫殿门阙规制，悉如南京，而高敞壮丽过之。自永乐十五年六月兴工……"至十八年冬告成。这样恢宏的一座皇家宫殿，其设计和建造者也绝非平庸之辈。

修建如此浩大的工程，参与者很多，其中最主要的一名设计师名为蒯祥。他是苏州吴县（今苏州市吴中区）人。蒯祥的父亲蒯富，是一名技艺高超的木工，曾是南京总管建造皇宫的"木工之首"。蒯祥自幼随父学艺，青出于蓝而胜于蓝，在父亲告老还乡后，他继承父业，成为朝廷的"木工之首"。

朱棣下令营建北京皇宫后，蒯祥奉命北上，参加北京皇宫的建造设计。蒯祥到任后，首先负责设计和组织施工，修建完成作为宫廷正门的承天门（天安门），之后又设计和主持修建了午门和两宫。皇宫主体工程完工后，在逐年扩建时，蒯祥还设计修建了太和、中和、保和三大殿，此后又主持修建了五府、六衙署、御花园等。除了宫殿建筑，蒯祥还先后设计修建了长陵、献陵、裕陵等皇家陵园。北京西苑（今北海、中海、南海）殿宇、隆福寺等，以及京城中文武诸司的营建，也大多出于他手。

在北京的四十多年里，蒯祥以其在规划、设计和施工方面的杰出才能，奠定了明、清两代宫殿建筑的基础。据《明史》及有关建筑专著评价，蒯祥在建筑学上的造诣达到了炉火纯青的程度。他精通尺度计算，"略用尺准度……造成以置原所，不差毫厘"，也就是说，他主持营建的建筑竣工以后，与设计图对比，分毫不差。蒯祥不论在用料、施工等方面都精心筹划，制作的榫卯骨架美观、牢固。此外，蒯祥还擅长宫殿装銮，把具有苏南特色的苏式彩绘和陆墓御窑金砖运用到皇宫的建造中去，使殿堂楼阁显得富丽堂皇。更难得的是，蒯祥还善于创新。据说在建造三大殿时，缅甸国

故宫的木制结构

向明王朝进贡了一根巨木，永乐帝下令将其制成大殿的门槛。一位木匠不小心将木头锯短了一尺多，顿时吓得脸色惨白。蒯祥看到后，叫那个木匠索性再锯短一尺多，然后在门槛的两端雕琢了两个龙头，再在边上各镶上一颗珠子，用活络榫头装卸，独具匠心地发明了宫殿、厅堂建筑中的"金刚腿"（俗称"活门槛"）。蒯祥技艺超群，"凡殿阁楼榭，以至回廊曲宇，随手图之，无不中上意"，他很快便被擢升为工部左侍郎，食从一品俸禄。

对于蒯祥的建筑造诣，人们无不感叹其技艺巧夺天工，而在京城"违其教者，辄不称旨"，皇帝也"每每以蒯鲁班称之"。成化十七年（1481年）三月，八十四岁高龄的蒯祥在北京病逝。明宪宗派人致哀，赠蒯祥祖父、父亲为侍郎，荫封两子，一为锦衣千户，一为国子监生，并将蒯祥当年的居住处、营造业的工匠聚集的那条巷命名为"蒯侍郎胡同"，以示怀念。蒯祥的成就代表了一个时代的建筑水平，其为北京的建筑设计、规划及营建所做的贡献，融在了每一块砖、每一片瓦中，人们永远不会忘记这位明代的建筑大师。

初叫"紫禁城"

北京故宫是世界上现存的最重要的皇家宫殿之一，它曾是我国明、清两朝皇帝及家眷的居住地，也是当时全国的权力中心，现在它已经更名为故宫博物院。"故宫"是我们现在对它的称呼，明、清时期，人们都称呼其为"紫禁城"。那么，这座历史悠久的皇家宫殿为什么会起名为"紫禁城"呢？为什么后来又叫"故宫"了呢？

明、清两代的皇宫在建成时，原本就叫"紫禁城"，而不是现在所说的"故宫"。说起紫禁城的来源，还要从天上的星星说起。中国古代天文学家曾把天上的恒星分为三垣、二十八宿和其他星座。三垣包括太微垣、紫微垣和天市垣。紫微垣在三垣中央，明亮耀眼，太微垣和天市垣陪设两旁，因而有"紫微正中"的说法。古代天文学家通过对太空天体的长期观察，发现紫微垣居于中天，位置永恒不变。在中国古代的神话传说中，世间存在着一个至高无上的权威，即玉皇大帝。他是法身无上、统驭诸天、主宰宇宙、权衡三界的"天帝"。天帝总不能在世间到处游荡、居无定所，于是，人们幻想了一个"天宫"，为天帝提供一个日常工作和休息的地方。按照人们的理解，天宫当然应该在天的正中央，而紫微垣正好在天的正中央，位置又一直没有变化，所以便成了古人心目中天宫所在的场所，天帝居住的天宫也被称为"紫宫"。

历代封建王朝的统治者都将自己喻为"上天之子"，即"天子"，也就是玉皇大帝的儿子。既然"天父"在天上住的是"紫宫"，那么，儿子在人间的住所也应该称为"紫宫"。此外，皇帝居住的皇宫四周警戒森严，有严格的宫禁，不是寻常百姓可以随便出入的，否则就是"犯禁"，因此，"紫宫"也就成了一座"禁城"，合起来就是"紫禁城"。

其实，紫微星就是北极星。在地球上观测时，北极星的位置和亮度相对比较稳定，所以，古代的科学家便认为它是恒久不变的。也正因为如此，北极星被人们赋予了特殊的意义。古代天文学和神学的文化交融，将北极星推到了天空中最尊贵的位置。《论语·为政》中记载："为政以德，譬如北辰，居其所，而众星拱之。"《观象玩占》中记载："北极星在紫微宫中，一曰北辰，天之最尊星也。其纽星天之枢也。天运无穷，三光迭耀，而极星不移。故曰'居其所而众星拱之'。"因此，北极星也就成了"帝星"。通过古代占卜学的演绎，命宫主星是紫微（北极星）的人，就是具有帝王之相的人。

受传统文化的影响，整座皇城也是按照"紫微正中"的格局修建的，于是形成了城内城、城套城的格局，而紫禁城就建在北京城的中心。太微垣南有三颗星被人视为三座门，即端门、左掖门与右掖门。与此相应，紫禁城前面设立端门、午门，东、西两侧设立左、右掖门。午门和太和门之间，有金水河蜿蜒穿过，象征着天宫中的银河，宫中的太和殿居高临下，象征天的威严。乾清宫和坤宁宫两座帝后寝宫象征天地乾坤，乾清宫东、西两面的日精门和月华门象征日月争辉。东、西十二宫院，象征十二星辰，十二宫院后面的数组宫阁象征群星环绕。设计者们绞尽脑汁地设计出这些象征天、地、日、月、星辰的建筑模式，凸显皇帝"君临天下"的威严和权力。

紫禁城这个名字一直延续下来，直到1924年，冯玉祥发动"北京政变"，将溥仪逐出皇宫，同时成立了"清室善后委员会"。1925年，当时的政府在原来紫禁城的基础上建立了博物院，取名为"故宫博物院"，这是"故宫"之名第一次出现。"故宫"，也就是"旧时的皇宫"的意思，标志着紫禁城作为"天子"住所的历史结束了。

末代皇帝

1912年2月12日，隆裕太后代皇帝溥仪颁布了《退位诏书》，宣告了清王朝的灭亡，标志着延续两千多年的封建帝制的结束。但溥仪等皇室成员并未离开紫禁城，只是退居后宫，仍然享有多项民国政府授予的皇室优待特权。那么，溥仪及其皇室成员是什么时候，又是因为什么离开了紫禁城呢？

根据辛亥革命后议定的《清室优待条件》，逊帝溥仪享受着民国政府的"优

末代皇帝溥仪

溥仪退位诏书

待"，在紫禁城内廷慢慢长大。他不仅可以继续使用"宣统"的年号，而且还开始以赏赐的名义将宫内的大批文物向外倒腾，加上宫内太监的大肆偷盗，致使紫禁城内大量的珍贵文物流失。1923年，一场莫名其妙的大火在顷刻之间将储存在建福宫内的大批无价之宝全部吞没，那些在明偷暗抢下还能得以幸存的文物也因此化为灰烬。由清王室造成的这些巨大的灾难性损失，引起了社会各界人士的强烈不满。他们纷纷发表抗议，要求将逊帝溥仪逐出紫禁城。

1924年，中国南方爆发了大规模的战争。浙江军阀卢永祥和江苏军阀齐燮元首先发难，紧接着，奉系军阀张作霖为了援助卢永祥而入关作战。此时，掌握着中国政权的直系军阀首领曹锟和吴佩孚再也坐不住了。不久，直系的大军就开到了北方。吴佩孚在北京调兵遣将，准备讨伐张作霖。

当时的直系军队实力强大，以致许多政治家在战事开始之前就宣称，只要曹锟总统肯前去督战，用不了多久，直系军队就可以进入沈阳。事实也的确如此。根据前线的战报，吴佩孚的军队节节胜利，眼看就要大获全胜了。可是就在这个时候，吴佩孚决定由冯玉祥的部队去镇守古北口，而冯玉祥没有听从命令，而是在开赴古北口的半路杀到了北京，于1924年10月23日，制造了震惊中外的"北京政变"，并且囚禁了总统曹锟，还解散了内阁。

就在这个山雨欲来的时候，紫禁城的"小朝廷"却依旧平静，有条不紊地运行着。溥仪继续做着"复辟"的梦，而他却不知道，自己在紫禁城里的日子，已经不多了。

1924年11月5日，在冯玉祥控制下的中华民国临时政府内阁会议通过了修正后的《清室优待条件》，做出了"清室应该按照原优待条件第三条之规定，即日移出宫禁"的决定，责成京师卫戍司令鹿钟麟、京师警察总监张璧负责执行。

修改后的《清室优待条件》是这样的：

（一）大清宣统皇帝即日起永远废除皇帝尊号，与中华民国公民在法律上享有同等一切权利。

（二）自本条件修改后，民国政府每年补助清室家用五十万元，并特支二百万元开办北京贫民工厂，尽先收容旗籍贫民。

（三）清室按照原优待条件，即日移出禁宫，以后自由选择居住，民国政府仍负责保护。

（四）清室之宗庙陵寝永远奉祀，由国民政府酌设卫兵妥为保护。

（五）清室一切私产归清室完全享有，国民政府当为其特别保护；其一切公产，应当归国民政府所有。

1924年11月5日晨，鹿钟麟、张璧携军警二十名前往紫禁城执行命令，这时溥仪还正召集内府大臣开"御前会议"呢。内务府总管绍英出迎，不断狡辩，希望有所转圜。直到鹿钟麟下达"如再不撤离，二十分钟后将炮击皇宫"的命令后，溥仪才惊慌失措地收拾细软离开。

在中华民国成立后，又在紫禁城里生活了十三年的清朝皇族，终于离开了这座皇宫。

故宫博物院的由来

1924年，冯玉祥发动"北京政变"，溥仪被逐，离开紫禁城内廷。紫禁城的外朝与溥仪居住的内廷均归"国民政府"所有，可是如此辉煌的宫殿群将作何用场，确实让当时的政府颇费了一番心思……

从1924年11月5日下午，溥仪和皇后等人被命令离开紫禁城的那一刻起，皇室留下的无数珍宝就处于危险之中。这片庞大的建筑群实际上变成了一座空城。

为了防止偷盗，"国民政府"迅速采取了行动。在溥仪出宫后的第一天，以黄郛为首的摄政内阁决定成立"清室善后委员会"，会同清室近支人员，协同清理公私产业。摄政内阁召开会议，任命李煜瀛为清室善后委员会委员长。李煜瀛当时是北京大学的一名教员，也是一位卓越的政治家，在1924年的第一届国民会议上被选为国民党

清室善后委员会在养心殿前的合影

中央监察委员会委员。他还帮忙使庚子赔款中法国的那部分得以归还中国。作为一名公认的进步教育家，在决定逊清皇室的命运上，他是最有资格代表中华民国政府的。

同时，清室善后委员会的其他十三名成员也被任命，八名成员代表中华民国政府，五名成员代表清皇室。1924年11月20日，清室善后委员会的所有成员全部就职。两天以后，清室善后委员会决议对宫廷物品进行查点，并进行编目。尽管逊清皇室的五名代表拒绝参加，但清室善后委员会就有关程序问题达成了协议，并于1924年11月24日开始进行查点工作。

清室善后委员会的第一项任务就是区分国有和私有财产。"国有"最初被定义为历史遗物，"私有"则指日常生活用品。刚开始时，几乎所有的物品都被编目成员认为具有历史价值。协助编制宫廷物品目录工作的庄严回忆了编目的过程：一人负责记录，一人负责鉴别，一人给每件物品编号，最后一人贴标签。在这样的编目四人工作组里面，只有做鉴定和贴标签的人被允许触摸这些物品。现场还有一位摄影师随时对不寻常的物件拍照。没有人可以单独留在宫里。编目四人工作组离开要随时上锁，只有在特定的时间内，编目四人工作组成员才能出宫，所有的行李都要经过检查。这些防范措施都是在一次偶然事故之后制定的。当时在一群被遣散的太监中发现了一件珍贵的书法作品，这一事件促成了上面的规定。

查点工作结束后，新的博物馆在1925年10月10日开放，并被称为"故宫博物院"。开放典礼在乾清门举行，有很多政界要员出席。此外，还有两万多名花了一元钱买门票进来的人，他们都想目睹一下宫廷珍宝。

直到1945年，北平结束被日本占领的状态后，设立博物馆的计划才得以实现。日本侵略战争和中国内战使这个博物馆和其中的收藏陷入了长达二十年的混乱。

1949年2月，北平解放，故宫博物院由中国人民解放军北平军事管制委员会文化接管委员会接管。同年10月1日，中华人民共和国成立，故宫博物院隶属中央人民政府文化部。之后，故宫博物院的职工拔除杂草，疏通河道，清理垃圾，自此，故宫博物院焕然一新。同时，故宫博物院还制定了"着重保护、重点修缮、全面规划、逐步实施"的古建筑维修方针，经过几十年的努力，许多残破、渗漏、濒临倒塌的殿堂、楼阁都得到了修复和油饰，院内各处高大宫殿也都安装了避雷设施，又斥巨资建设了防火防盗监控系统和高压消防给水管网，使这座古老的宫殿建筑群得到了更好的保护。改革开放以后，在政府的大力支持下，彻底整治了环绕故宫的筒子河，完美重现了昔日皇城的风貌。

1951年，故宫博物院业务管理机构进行了调整，院以下设陈列、保管、群众工作、古建筑管理等部以及图书馆。文献馆改称档案馆，后划归中央档案局，成立了中国第一历史档案馆。1961年，中华人民共和国国务院公布，故宫博物院为全国重点文物保护单位。现故宫博物院新增开放管理、服务等部及研究室、出版社、文物修复厂、文物保护科学实验室、古代建筑修缮队、安全保卫处等机构。

1971年，故宫博物院确定了政工组、办公室、陈列部、保管部、群众工作部、明清档案部、古建管理部、行政处等院内机构。1973年又增设了警保处、研究室和临时党委办公室，并将陈列部、保管部合为业务部。

1982年成立了文物保护试验室与计财处，次年4月又成立了紫禁城出版社。

1984年，故宫博物院对院内机构重新调整：原有院办公室、党委办公室、保管部、陈列部、古建部、图书馆、研究室、紫禁城出版社、工程队、行政处、计财处、保卫处仍旧保留；人事科提为人事处；由群众工作部分出开放管理部；内服部、外服部、劳动服务公司合并为服务部。

1987年12月中旬，世界遗产委员会召开了第11届全体会议，会议正式批准北京故宫博物院列入《世界遗产清单》。

1988年，故宫博物院专门成立了科学技术保护部，统一了文物科技保护工作的管理。

1998年，故宫博物院又对行政、工程和文物三个领域的机构进行调整，用时五个月完成了"拆八组七"的机构改革任务。撤销了行政处、综合治理办，成立了新的行政服务中心；撤销了古建修缮处、基建办、安工办，成立了工程管理处；撤销保管部、陈列部和群众工作部，新建宫廷部、古器物部、古书画部、展览宣教部和资料信息中心。

战火的洗礼

1931年9月18日，日军占领了沈阳。一时间，皇家宝藏的命运比其他任何时候都更加密切地与民族利益联系在了一起。面对日寇侵略、大军压境，故宫博物院院长易培基与一大批爱国志士，开始了现代史上波澜壮阔的故宫珍宝南迁工作。

日本的侵华战争以及紧随其后的解放战争，使中国陷入漫长而剧烈的动荡之中。在日军肆意蹂躏"满洲"的时候，很多中国人都担心日本侵略者下一步就要逼近长城关口。面对日军的侵略，故宫博物院院长易培基做出了一个果断而又大胆的决定：把故宫藏品中最好的一部分迁移到南方去，以保护它们免受战争的侵害。中国皇家藏品的历史由此进入一个新的阶段。此后又过了很多年，经过多次迁移，皇家藏品才又重新找到了一个永久性的寄身之所。

1932年9月，故宫博物院的理事会同意了古物南迁的建议。像以往一样，故宫博物院卖掉了宫里库房所存的一些物件，以便为珍宝南迁筹集资金。与此同时，烦琐的古物装箱工作也开始了。

这次古物南迁之所以要偷偷进行，不仅是为了安全，也是为了避免引起骚乱，因为转移文物的行为可能会被公众理解为是政府放弃北平的一个信号。为了安定人心，易培基请内政部官员做出保证：一旦政治形势稳定下来，这些文物就要运回故宫博物院。当时，几乎没人能意识到日本侵略战争的长期性，相反，大多数人担心的是："如今故宫博物院里空空荡荡，只剩下几件普通文物供游人参观了。"

1933年2月和3月，当文物通过铁路运至南方的时候，它们终将落脚何处还没有确定下来。临时的决定是，先把装书画的箱子运到上海，时机成熟再运往南京长期保存。在上海，文物被放在相对安全的外国租界的两个库房里，一个库房属于法国租界，另一个库房属于英国租界，每个库房都有法国或英国警察辅以中国便衣守卫。来自北平的三个博物馆——中央博物馆、历史博物馆、故宫博物院的官方书籍和文件直接被送往当时的国民政府首都——南京。

为给这批文物在南京找一个长期存放地花了好几年的时间，最后，在1935年7月，故宫博物院接收了南京的朝天宫，决定把文物存放在这里。存放藏品的仓库于1936年3月开始修建，当年12月竣工。自此，从1933年起就存放在上海的文物，被运到朝天宫。1937年1月1日，故宫博物院南京分院正式成立。南京博物院的工作人员面临的第一项任务就是举办一次展览。1937年5月，第二次全国美术展览会在国民大会堂举行，此次展览展出了从先秦到清朝的历代艺术品。教育部是这次展览中政府方面的赞助方，它期望通过这次展览能够树立南京国民政府在公众心目中的合法地位。这次宏大的展览同时也使公众确信，皇家珍藏的宝贝已经平安运达南方。

1937年7月，日本发动全面侵华战争，一场大灾难在中华大地上蔓延。抗日战争的扩大很快就迫使这些珍宝不得不再次转移。在战争中，故宫博物院管理层抓紧时间制订保护皇家藏宝的计划。经过紧急磋商，故宫管理委员会通过了一个方案，即分三路将文物（和政府一起）向西转移到重庆。

1937年8月14日，曾经运往伦敦展出的80只铁箱子装满了第一批被运出南京的文物，这是在南京大屠杀发生之前运走的，这批文物勉强逃过了被毁的命运。第一批运出的文物沿长江水路到达汉口（武汉附近），然后用火车运到长沙。几个月后，长沙也危险了，这些箱子又经广西运至贵州。不久，长沙原来存放这些箱子的图书馆就被一颗炸弹夷为平地。一年之后，这批文物被运到了贵州安顺附近一个隐蔽的山洞里。在这里，这批文物度过了1938年至1947年的漫长岁月。

1937年11月初，第二批文物也在准备迁移。故宫博物院的工作人员夜以继日地工作着：装箱、装车，把9369只箱子运至码头。这一大批文物从11月20日至12月8日离开南京，到12月10日，9369箱文物通过轮船经长江运至汉口，1938年3月到了宜昌。在宜昌，这批文物不得不停留几个月等待长江水位上涨。1938年秋天，文物被继续转移，穿过险恶的长江三峡到达重庆。随着战争局势的恶化，1939年春天，这些国宝又被装上小木船再次迁往乐山。

第三批文物从南京运出后，经陕西，最后被运到四川，这是运送文物最艰难的一条路线。这批文物共7286箱，于1937年12月10日日军攻陷南京前夕从南京转移，经陆路由火车运往徐州，接着在1938年1月至5月间又被装进300辆卡车运到汉中。只过了一个半月，国民党政府就下令让故宫博物院工作人员为国宝找一个更安全的地方。果然，汉中的储藏地孔庙在文物转移后不久，就被日军的飞机炸毁了。下一个目的地

1938年，汉中至成都。由于无桥可通，只能用木船载运装有文物的卡车渡河

1939年，四川峨眉大佛寺，文物仓库

是四川省的成都。去成都的路上要经过许多交叉的渡口，装满文物箱子的船只逆流而上，只能靠人力拉。文物刚到成都，又一道命令下来，要把它们再运到150公里外的峨眉山。这批文物从此被藏在峨眉山的两座庙里，直到抗日战争结束。

中华人民共和国成立以后，故宫博物院花费了大量的人力和时间来清点、核对文物。二十世纪五六十年代对清宫文物重新清点、核对，登记、造册，进行鉴别、分类和建档，纠正了过去计件不确之处，并增补了遗漏的文物。通过长达十余年的工作，总计清理出清宫旧藏文物71万余件。同时还通过国家调拨、向社会征集、私人捐赠等方式，新入藏文物达22万余件，极大程度地填补了清宫旧藏文物时代、类别的空缺和不足。而新入藏的古代法书名画中，如晋代陆机的《平复帖》、王珣的《伯远帖》、顾恺之的《洛神赋图卷》、唐代韩滉的《五牛图卷》、五代顾闳中的《韩熙载夜宴图卷》、宋代李公麟的《临韦偃牧放图卷》、郭熙的《窠石平远图》、张择端的《清明上河图卷》等，均为惊世之作。

同时，故宫博物院利用旧有房屋按文物类别建立了一系列库房。为确保文物安全，除了不断改善库房条件、制定严格的文物保管和使用规章制度，故宫博物院还逐步引进了现代化设备，开展文物保护科学技术研究，对原有损伤、残坏、破旧的文物进行了修复，并对重要文物加以复制。

专题展馆

故宫博物院是在明、清两代皇宫及其收藏的基础上建立起来的综合性博物馆。1961年，经国务院批准，故宫博物院被定为全国第一批重点文物保护单位。1987年，故宫博物院被联合国教科文组织列入"世界文化遗产"名录。那么，这座被人们称为世界五大官殿之一的博物院究竟有哪些专题展馆呢？

中国自秦始皇创立皇帝制度以来，历代皇帝都以"天子"自居。皇帝们总是最先享用到当时最先进的科学技术文化成果。明、清两代，统治者对于艺术品的制作和搜集，更是情有独钟，因此，到了清代乾隆时期，宫廷文物的收藏达到了鼎盛。

故宫博物院的文物收藏正是继承了这样丰厚的文化遗产而发展起来的。现在故宫博物院收藏有各类文物150万余件，包括瓷器、青铜器、珐琅器、玉器、陶瓷、书法、绘画、漆器、织绣、金银器、雕刻造像、珠翠珍宝和木竹牙雕家具等方面，其文化价值与所蕴含的历史价值都是金钱无法估量的。

为了使更多的人认识和了解祖国文化遗产的丰富，故宫博物院将百万件文物中具有代表性的一小部分分门别类地放在各个具有代表性的展室里。

这其中有：珍宝馆、钟表馆、珐琅馆、绘画馆、青铜器馆、玉器馆等。另外，部分宫殿也恢复了原状陈列。昔日帝王如何在紫禁城里生活，在此也可一目了然。

故宫的珍宝馆主要是展出清代皇室所用的宫廷珍品。它位于乾隆帝的"养老院"——宁寿宫中，陈列的主要是以宫廷典章为主的文物，品类有宝玺、金印、金册、金编钟、玉特磬、金提炉、金祭器、金佛塔以及清宫武备等。这些文物大多是为皇帝行使权力和在宫中举行大典、朝会、祭祀，以及出巡、行围时使用的。

钟表馆在故宫的奉先殿中，展厅既高大又宽敞。那些昔日里皇家沥粉贴金的天花和华丽的钟表交相辉映，充分地展示了宫廷建筑与钟表的双重华美。这里产出的钟表凝聚了中外钟表匠人的精湛技艺，具有很高的历史价值、科技价值和艺术价值。从中可以看出，18世纪至20世纪的两百年间，世界钟表发展的光辉历程。

文物修复

2002年，以武英殿修缮工程的开工为标志，"故宫百年修缮工程"正式开始，故宫博物院的保护与修缮工作进入公众视野。实际上，故宫博物院的保护与修缮并非始于"大修"，自中华人民共和国成立以来，除1966—1972年以外，其余每年都有相关部门对故宫博物院进行专门的修缮。接下来，就让我们一起简单了解一下故宫博物院的保护与修缮情况。

解放战争中，中国人民解放军兵临北平城下，守北平的国民党将领傅作义对于是打是和举棋不定，古城北平遭受炮火洗礼的危险没有消除。而对于北平城内的许多古建筑，尤其是对于故宫博物院的历史价值和艺术价值，中共领导人早有认识，并在平津战役时专门就保护北平文化古迹问题作出指示。

1948年12月21日，在解放军进入北平之前，北平军管会便成立了由钱俊瑞、陈微明（沙可夫）、马彦祥、李伯钊、艾青、光未然、尹达、徐迈进、张宗麟、范长江、侯俊岩十一人为委员的文化接管委员会。1949年2月4日，又增加田汉、胡愈之、吴晗、楚图南、翦伯赞、周建人、安娥七人为委员，钱俊瑞为主任，陈微明为副主任。接管故宫博物院便是文管会经手的一项工作。

按照接管的原则，解放军应立即对旧机构下的物资进行清点接收。但北平文管会实事求是地提出："贮藏文物较多之机关，如故宫博物院与北平图书馆，其清点工作确甚重要，但如无足够人手或不可能有切实负责常驻该机关之代表，切不可部分点收，最好是安顿他们，仍责成他们负完全责任，加以保护。"与此同时，在经济十分拮据的情况下，1949年5月至6月，由人民政府出资对故宫博物院庆寿堂进行了修缮。这是北平解放后人民政府对故宫博物院的第一项修缮工程。为清运故宫博物院内自清末就存留下来的垃圾，以及清除杂草，花费了许多时间，到1952年年底清理工作结束时，故宫博物院内共清运出垃圾和渣土达25万立方米。

中华人民共和国成立后，在马衡院长的主持下，经过调查，故宫博物院制订了古建筑的维修和保护计划。由于人民政府专款支持，故宫博物院古建筑的修缮一直没有停止过。据统计，从1953年到1966年，故宫博物院的大小维修工程达一百多项。

1966年到1972年，由于特殊的历史原因，故宫博物院的修缮工作一度停止。1972年以后，故宫博物院的修缮工作持续进行，至今没有中断。2001年，故宫博物院开始大修。2002年，以武英殿修缮工程的开工为标志，"故宫百年修缮工程"正式启动，同时进行修缮的项目还有建福宫花园复建二期工程的瓦作和木作的主体部分，北五所一区的维修，西河沿石路面的铺墁，乾清门广场西侧、寿安门前地面翻墁，午门城楼内部维修，慈宁宫东大墙恢复，等等。到2004年年底，武英殿修缮工程完工，建福宫花园工程亦基本完成全部建筑的复建。截至2008年4月，共完成维修面积29773平方米，正在维修面积14226平方米，经过修缮，包括午门展厅在内的十个新展厅投入使用，展览开放范围大幅度扩大。到2008年7月中旬，位于中轴线上的太和门、太和殿、神武门的维修陆续竣工，故宫博物院已完成第一期修缮任务，大修按预定计划转入常规修缮阶段。

为了保护古建，提升展览水平，作为"平安故宫"工程和故宫博物院整体修缮工程的重要项目，故宫博物院开始对午门雁翅楼及崇楼区域进行保护维修及展厅改造。该项工程于2013年9月3日正式开工。工程竣工后，雁翅楼展厅和午门展厅将形成一个占地2800多平方米的大型展区，成为故宫博物院面积最大、功能最全、规格最高的现代化展区，为国内外游客带来更好的参观体验。

2016年11月26日，"故宫城墙修缮工程暨基础设施维修改造一期工程"正式开始。该项工程是"平安故宫"工程的重要组成部分，旨在解决目前故宫博物院基础设施存在的配套设备老化、供应能力不足等安全隐患，以消除对文物建筑安全的威胁，满足故宫博物院的开放接待和事业发展等需求。

根据《北京市"十二五"时期文物博物馆事业发展规划》和2005年制定的《故宫保护总体规划大纲》的要求，同时鉴于故宫博物院的历史地位及重要性，故宫博物院对此次城墙修缮和基础设施维修项目非常重视。经过近十年的反复调查、评估、研究、分析和专家论证，在充分征求国家文物局和北京市文物局的意见后，按照有关部门的要求，维修改造工作分两期进行。

此项涉及改造区域总占地面积约169485平方米工程的开工建设，标志着"平安故宫"工程进入了一个新的阶段。

2018年4月17日，"故宫博物院地下库房改造及通道工程"正式启动。故宫博物院一期地库建于1987年至1991年，面积约4818平方米，二期地库建于1993年至1997年，建筑面积15970平方米。受当时工艺技术等限制，所有不同类别、不同质地的文物只能存储在相同的温度、湿度中，无法实现对不同藏品的差异化藏储。目前，一期、二期地库内储存约97万件院藏文物，仍有80多万件文物存放在故宫博物院地面文物古建筑库房内。

该项目全部为地下工程，具体建设内容包括：一、在原一期和二期地库之间加建

修复师在修复文物

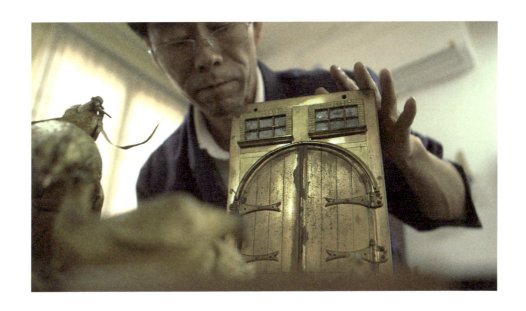

修复师在修复文物

地库，使地库建筑总规模达到29073平方米；二、建设地库至西河沿文物保护综合业务用房地下连接通道。

如今，故宫博物院已走过600年岁月，它的辉煌与沧桑，它所承载的历史，描绘的篇章，将永载史册！

台北也有座"故宫"

大家知道，北京有座故宫博物院，台湾也有座故宫博物院。台北故宫博物院中约有65万件艺术珍品，其中92%来自北京故宫博物院，是当之无愧的国之瑰宝。如今，台北故宫博物院是去台北的游客必游景点之首。那么，这些国宝当年经历了怎样的颠沛流离，是如何被运往台湾的呢？

1948年11月，淮海战役结束后，蒋介石深感南京的危险，为了今后有一个退身之地，决定着手经营台湾。于是，他把大批黄金、机器设备、布匹，甚至工厂等向台湾转移，而且下令将战时藏在南京国立中央博物院（今南京博物院）的原故宫博物院南迁的文物精品及国立中央图书馆、中央研究院的藏品运往台湾。

第一批文物是1948年12月20日离开南京下关的，负责运载的是海军登陆艇——中鼎舰。当时的局势已经非常不稳定，很多人等待机会希望能搭船去台湾。海军部的官员听说中鼎舰要开往基隆的时候，纷纷带了家眷和行李，赶到码头准备搭便船。一时间，船上挤满了人，熙熙攘攘。这种情形使得文物的安全性大打折扣。负责人杭立武没有什么好办法来解决这样的混乱，只好请当时的海军司令桂永清出面告诉大家，还有其他的船只专门运载家属，这才平息了开船前的混乱。

1949年1月初，国民党往台湾运送了第二批故宫文物。到1949年1月底，国民党败局已定，于是开始了第三批文物运送。这次负责运载的"昆仑号"军舰一开到，海军部的眷属就抢先上船。文物箱被运上去的时候，只能与这些人混在一起。杭立武想用上次的办法，找桂永清出面解决。结果，船上的人苦苦哀求，希望能给他们一条生路。看到这情景，负责劝说的"总司令"都落了泪，也只好不再考虑文物，搭他们起航了。不过，正是这些人员占据了船的空间，才使得一部分文物装不下，留在了大陆。

就这样，三批故宫文物分别于1948年12月27日、1949年1月9日、1949年2月22日到达台湾。这些文物主要包括当时故宫博物院的2972箱、中央博物院的852箱书画、

翠玉白菜

肉形石

毛公鼎

乾隆珐琅彩西洋仕女图器物

瓷器、玉器，以及中央图书馆、北平图书馆的善本图书和外交部条约档案等共5000多箱。虽然这只是故宫博物院文物的一部分，却都是筛选过的精品。这些文物、档案都是文物专家翁文灏等人挑选过的精品。诸如被视作台北故宫博物院镇馆之宝的毛公鼎、王羲之的《快雪时晴帖》、玉雕精品"翠玉白菜"和"肉形石"、宋代汝窑瓷器、清宫服饰等。

在故宫文物的辗转流徙中，还有一件值得一提的事情。当时需要南迁的文物主要集中在南京，但是故宫博物院中仍然有相当一部分藏品留在了北平。当时的南京国民政府决定要把这些文物偷运往台湾时，于是下令故宫博物院将留在北平的藏品装箱运往南京，与在南京的文物一起运往台湾。当时的故宫博物院院长马衡反对将文物迁往台湾，他一方面假装布置装箱，一方面以机场不安全为借口，与南京国民政府周旋，为文物留存争取时间。不久，战局发生变化，留在北平的这部分文物得以保全。

那些被运到台湾的文物，先是租借台中市糖厂仓库，趁着不是制糖季节暂且存放，保管条件十分恶劣。到1950年4月，台中郊外雾峰乡吉峰村仓库落成，文物才得以迁入新库。1965年，在现址基础上建成新馆。新址为纪念孙中山先生百岁诞辰，命名为中山博物院。台湾行政机构决定设置台北故宫博物院，1965年11月12日正式开馆。至此，这些文物终于有了一个安身之地。